19 个案例诊断、由浅入深
为您**全方位**、**全过程**、**全维度**呈奉

文旅小镇
的生存法则 陈仁科 著

中山大學出版社
SUN YAT-SEN UNIVERSITY PRESS
·广州·

图书在版编目（CIP）数据

文旅小镇的生存法则/陈仁科著. —广州：中山大学出版社，2018.1
ISBN 978 - 7 - 306 - 06259 - 8

Ⅰ . ①文… 　Ⅱ . ①陈… 　Ⅲ . ①小城镇—旅游资源开发—研究—中国
Ⅳ . ①F592. 3

中国版本图书馆 CIP 数据核字（2017）第 310377 号

Wenlü Xiaozhen de Shengcun Faze

出 版 人：徐　劲
策划编辑：高惠贞
责任编辑：刘学谦
封面设计：黄运丰　曾　斌
责任校对：李艳清
责任技编：何雅涛
出版发行：中山大学出版社
电　　话：编辑部 020 - 84111996，84113349，84111997，84110779
　　　　　发行部 020 - 84111998，84111981，84111160
地　　址：广州市新港西路 135 号
邮　　编：510275　传　　真：020 - 84036565
网　　址：http://www. zsup. com. cn　E-mail：zdcbs@ mail. sysu. edu. cn
印 刷 者：广州家联印刷有限公司
规　　格：787mm×1092mm　1/16　15. 25 印张　322 千字
版次印次：2018 年 1 月第 1 版　2018 年 1 月第 1 次印刷
定　　价：50. 00 元

作者　陈仁科

陈仁科，广州中旗房地产顾问有限责任公司董事长，清华大学、浙江大学、中山大学等客座教授，北京大学信息学院房地产专家委员会副主任、研究员。

在全国各地巡讲授课 300 多场，同时为中交、中冶、中铁、中粮、中电建、绿城、保利、碧桂园、北京金融街、香港恒基、上海复地、西安紫薇、大连一方、南国置业等 50 多家房企进行内训或者受聘为顾问。2013 年，由北京大学出版社出版的专著《地产 6 堂课：拆掉开发商思维里的墙》被评为国内最具实操性的房地产教科书。

近年来，潜心研究特色小镇的政策规划与建设理论，深入考察近百个小镇项目，相继诊断国内 30 多个文旅小镇，亲手操盘多个大型小镇项目，深度结合理论与实践，逐渐形成一整套理论体系、落地方法、操盘细则，其相关专业理论文章和策划思维在国内引起广泛关注。

序　一

文旅小镇的开发已是一个轰轰烈烈的事实，它是中国房地产行业发展到一定程度的必然结果。目前，已蔚然成风的小镇开发，不仅深入发掘出项目土地的文化价值与旅游价值，造福百姓与地方，而且拉动了诸多相关产业，推动了国家经济的发展。当然，从时间维度来看，这种开发历程也是一条需要不断探索的漫长之路。与30多年前房地产行业逐步走上适应市场经济需要、适合我国国情的发展轨迹一样，文旅小镇产业作为中国房地产行业一个新兴的板块，需要开发者投入更多热情与精力，进行思考、探索与创新。

记得我25年前从国家机关转行到房地产行业时，一位建设系统的老领导对我说："你从飞机上往下看，能看得到的都是我们的作品！"言语之间充满豪迈。那时，我国城镇房地产开发已从原来的单位自建进入成片开发住宅小区的阶段，一片片住宅楼群在城乡接合部拔地而起。如今，以"美丽乡村"和"特色小镇"建设为标志，我国部分房地产开发投资已从城市进入农村。它将逐步弥合城乡差别，把城市的投资能力与消费需求带到村镇，努力化解人民日益增长的美好生活需求与不平衡、不充分发展之间的矛盾，把更多的美丽作品更加豪迈地镌刻在中国广袤的大地上。

现在，国家政策层面对特色小镇的倡导和支持力度是显见的，但具体到每一个小镇的构思、设计、规划与建设，都需要每个小镇的开发者独具慧眼与匠心。在政策东风下拿到大块土地做文旅小镇开发，一定要珍惜资源，精心打造，不可贸然从事。文旅小镇的开发建设不仅投资较大，而且对于某一城、某一地都是一件大事，关系到一个地方人文、地理、历史等多维度亮点的汇集与传承，亦牵涉到产业、就业与民生。精者百业兴，怠者百业损。

　　陈仁科先生在文旅小镇领域的理论钻研和实际指导是非常难得的。在我读过其新作《文旅小镇的生存法则》一书后，更清楚地看到文旅小镇的开发建设之于当下中国房地产市场发展的价值。这个事业值得我们这些建设者倾注心力，不断探索发现，以期在中国大地上留下最美好的画图。

　　以上我对中国小镇开发的一点思考，得益于与陈仁科先生的交流探讨。陈仁科具备相当深厚的理论功底，做事业和做研究都本着实事求是的态度。他眼界开阔，思维缜密，不拘泥、不苟同、不流俗。他不断著书立说以明其志，也时常会尖锐抨击一些陈腐、过时、虚妄的观点。他对于许多市场层面的研判都有先知论断。这些都绝非一日之功力，所有真知灼见都是他数十年如一日的实战、观察和精研的成果。

　　我很荣幸以一个同道人的身份，在这里向更多读者推荐陈仁科先生的新著。这部有专业高度和实际价值的书，将在它适合的领域里释放巨大的能量，这是我对这部花了作者极大心力的著作的真诚期许和展望。毋庸多言的是，真正能领会此书精髓的莫过于那些致力于文旅小镇的开发者和建设者了，愿你们辉煌的小镇建设事业与阅读此书的美好旅程一样渐入佳境。

孟晓苏

2017 年 10 月于北京

序　二

众所周知，基于文旅产业发展、城镇化和文化复兴等方面的考虑，国家相关部委近年来出台了一系列关于文旅小镇发展的扶持和优惠政策。从"十三五"规划中也可以看出，文旅小镇已经进入了一个新常态，这种新常态本身既是一种时代的机遇，也是市场的挑战。

文旅小镇方兴未艾，但许多地产商、投资商，甚至一些地方政府部门，也对文旅小镇认知模糊，依然摸不清文旅小镇的门道。

在中国部分地区，有的文旅小镇建设甚至演变成一场"运动式的造镇"闹剧——一个经济不发达的县城要申报16个小镇，西北边陲一个落后镇挥臂呐喊"要创建全国基金小镇"。他们并不知道，不是任何人都可以做文旅小镇，也不是什么地方都可以做成文旅小镇。

更令人担忧的是，很多人在认识上存在偏差：一是认为小镇只要规划不需要策划，画几个漂亮的图纸就可以开干；二是以为有文旅资源就能做小镇；三是否认文旅产业也是产业，一味地追求一、二、三产融合，有些甚至要求引进世界500强企业……种种错误，比比皆是，在此就不赘述了。毫无疑问，这些错误认识如果不予以纠正，将造成非常严重的后果。

这两年，我的很多学生对进军文旅小镇市场饶有兴趣，因为这是一个全新的领域，不免有诸多疑问，他们也确实需要一本文旅小镇"教科书"去进行系统学习。之前，我也希望能有这样的书推荐给他们，可惜的是，市面上关于文旅小镇的专业书籍并不多，也不够全面系统。所幸，今天读到陈仁科老师的专著《文旅小镇的生存法则》书稿，其中系统独到的理论阐述和精彩翔实的实战案例，读罢让人荡气回肠，感慨良多，我在这个领域终于遇得一知己。

陈仁科老师在地产江湖浸染20余年，深谙地产开发之道，之前已著有《地产6堂课：拆掉开发商思维里的墙》一书，在业界产生不小的影响。近些年，他又潜心研究文旅小镇，将理论与实践深度结合，并通过全国30余个小镇项目诊断实战反复论证，整理出了一套文旅小镇的落地方法和建设指南，终于有了我们面前的这本书。

我经过一番研读，认为该书有三大突破。

首先是理论上的突破。该书指出了许多小镇开发者的认识错误，并帮助他们树立正确的开发观念。这是助推小镇建设发展的关键一步。比如《产业小镇不等于文旅小镇》《新镇与古镇的区别》《文旅小镇要避免六大误区》《做文旅小镇不是为了申报》等篇章，篇篇切中要害，鞭辟入里，令人豁然开朗。

其次是策划上的突破。目前市面上的地产专业图书，要么重理论，要么重规划，却忽略了策划的重要性，也许是由于专业能力所限而无法触及，言之无物。该书打破了这一藩篱，把策划的重要性凸显出来，让人耳目一新。

陈仁科老师是专业策划出身，历经多年思考，在书中创造性地提出了"文旅小镇的顶层设计"这一课题，并分为八大板块，逐一论述——文旅小镇的战略定位、文旅小镇的开发模式、文旅小镇的盈利模式、文旅小镇的战略规划、文旅小镇的生存与发展、文旅小镇的运营管理、文旅小镇的服务体系、文旅小镇的品牌建设等，这八大板块涵盖了文旅小镇从选址到开发再到后期运营的全过程，可谓一整套完备的操作指南，避免开发者落入"只见树木不见森林"的窠臼。

最后是实操上的突破。与其他书籍偏重理论说教不同，陈仁科老师在这本书中精挑细选了19个诊断案例详细剖析，完整再现了每个案例的真实推导过程，由浅入深，抽丝剥茧，最终呈现给所有小镇开发者一系列极有参考价值的经验秘籍。

除此之外，书中很多观点与我的想法也非常一致。比如，文旅小镇的选址必须依托文旅资源、交通、人气源距离等三大条件，如果有一个条件没有符合，那么文旅小镇是否应继续开发是有待商榷的。比如，做文旅小镇之前要做好消费研究。文旅小镇主要是面向"度假人"，其消费特征包括减压放松型、享受成果型、感受情怀型、满足新奇型。在建

筑方面，千万不要同质化，而是要力求丰富多彩；在谈到小镇竞争力时，要注重打造强大的 IP，以此突出小镇的特殊性……凡此种种，不一一细述，更多精彩内容和观点有待读者亲自"淘金"。

理论与实践兼备、高度与深度同在——在我看来，《文旅小镇的生存法则》就是文旅小镇开发者、建设者难得一遇的宝典，值得有志于文旅小镇这项事业的所有同行研读。

是为序。

董　藩

2017 年 8 月

前　　言

在国家推动新型城镇化建设的背景下，文旅特色小镇无疑是当下的一大热点。从中央到地方，从政府部门到企业，无不在讨论、研究、规划文旅小镇。然而，关于文旅小镇政策、理论、概念的文章满天飞，却缺乏行之有效的落地方法。业界对于文旅小镇与现实生活的内在逻辑关系也没有太深刻的见解。

文旅小镇是一个新兴的开发类别，现成的案例不多，成功的案例更是凤毛麟角。开发者复制以前大盘开发的经验，或者围绕着现有的概念打转，又或者"摸着石头过河"，将面对更多的风险和不确定性。

做好顶层设计，进行自上而下的系统谋划，才能决胜于市场。这是文旅小镇的开发者必须进行的一项最为重要的工作，更是决定小镇成败的关键第一步。

目　　录

PART 1

预

文旅小镇开发必备要点

1.1 不能把特色小镇概念化

特色小镇正以前所未有的速度发展。目前，住房和城乡建设部（以下简称"住建部"）提出了到2020年建设1000个特色小镇的计划，首批127个特色小镇也已悉数公布。趁着这一波热潮，许多开发商摩拳擦掌、跃跃欲试，其中不乏大牌房企，比如碧桂园、华侨城、绿城中国（以下简称"绿城"）、浙江建工、绿地控股等，他们都希望在这片蓝海中杀出一条血路。但是，有几个开发商能真正理解"特色小镇"的含义？根据百度百科的定义，"小镇"是指居民不多的集中地，一般在自然环境较好、较偏僻的地方。"特色"是指一个事物或一种事物显著区别于其他事物的风格、形式，是由事物赖以产生和发展的特定的具体的环境因素所决定的，是其所属事物所独有的。

而笔者认为，除了百度百科的定义外，现代的特色小镇还必须有一定的人口基础、产业结构、城市建设配套和生活配套，每个特色小镇还要有与居住者相适应的文化环境、氛围。特色小镇的建设不仅涉及房子如何布局、怎么盖，街道怎么设置等细节，更多地包含教育环境、医疗环境、文化环境、商业环境等综合环境如何营造的问题。令人遗憾的是，现在很多大牌开发商做的"特色小镇"开发，其实就是过去"大盘"开发的翻版，只不过换了一个名字，重新穿了一件时髦的衣服，戴上了一顶"红帽子"而已。比如北方某小镇。该小镇占地3000亩，目前一期已建成60多栋别墅、5栋高层洋房以及3栋回迁房，还有一条近10万平方米体量的商业街。但走进这个地方，人们不会把它和风景优美、宜居宜业的小镇联系在一起。环顾四周，这里除了有几栋融合地中海文化和风格的建筑外，没有任何产业和生活配套，唯一能识别的就是在大门口竖立的一块"XX小镇"的牌子。

在笔者看来，开发商其实是打着"小镇"的概念在做房地产开发而已。如今，真正具有小镇意义的莫过于宋卫平的乌镇雅园。作为中国养老小镇产品开发的样本，乌镇雅园依托于1500亩国际健康生态休闲产业园，打造出"健康医疗＋养生养老＋休闲度假"这样一个全新的养老地产模式，并在市场上大获成功。按照宋卫平的构想，绿城未来5～10年将打造5～10个理想小镇，探索中国城镇化建设，带动中国新一轮农村改造。我们尊重宋卫平先生的情怀，但目前绿城的特色小镇在执行过程中也没有避免落入"大盘"开发、张冠李戴的窠臼。

笔者认为，小镇并不是钢筋水泥的简单相加，也不是每个地方都可以做。它需要具备一定的条件，比如有一定产业特色，或者有较为悠久的历史传承，或者有较为突出的自然地理特征等。只有充分发挥这些小镇本来具有的特色，才能避免"千镇一面"，这样的小镇才有市场竞争力和生命力。比如，旅游地产需要旅游资源和交通配套的支撑。但旅游地产不能只成为一个观光项目，它需要度假的功能和体验。度假的功能和体验直接决定旅游地产的成败。

至于文化地产，我们必须知道，文化不仅仅是一个符号、一种元素，它是精神层面的东西，可以使人们获得愉悦和启迪，身心得到益处。因此，仅有名胜古迹的地方只能做观光旅游景点而非文化小镇，文化小镇需要有文化产业支撑。举个例子，浙江的青瓷小镇就把"青瓷元素"融入产业转型、产品创意、小镇提升的各个方面，在建设产业平台、培育文化名企、培养产业人才等方面下功夫，使小镇成为"众创空间"。目前，青瓷小镇已吸引89家青瓷企业、青瓷传统手工技艺作坊入驻，10多位国家级、省级工艺美术大师在这里设立个人工作室，并吸引着越来越多的国际陶瓷文化交流活动在这里举办，成为龙泉青瓷对话世界的一个窗口。

宁波九龙湖镇则最大限度发挥九龙湖山水文化资源和区域内文化创意企业优势，积极打造全国首个互联网电影小镇。目前已经入驻文创企业690家，其中不乏洛可可等知名设计公司。

养老小镇也是开发商主攻的一个方向。笔者认为，养老小镇除了空气好、养老设施配套好外，最重要的是找到合适的运营模式。但令人失望的是，目前国内并没有一个真正成功的运营模式，很多开发商只是以"养老"的名义卖房。

下面，笔者结合自己的策划经验，谈谈特色小镇应该遵循的几大原则。笔者认为，开发商必须做好小镇定位、产业布局、规划等系列工作，这样"造出来"的特色小镇才会受市场欢迎。

原则一：要给小镇进行准确的定位

定位决定项目的成败。定位错了，即使你在产品上下再多功夫、投入再多资金、做再好的设计和装修，都将于事无补。定位最忌"理所当然"。开发商需要根据当地的自然禀赋、产业结构、人口特点等因素进行准确定位，不能人云亦云、随波逐流。

原则二：找到最具有竞争力的产业

产业决定小镇的未来。一个小镇再好，没有产业就没有就业，没有就业就没有生命力，也不会吸引市民定居。美国大多数出名的小镇都有产业支撑。

笔者认为，每个特色小镇都应该主攻最具基础、最具有优势的特色产业，不能"百镇一面"、同质竞争。即便主攻同一产业，也要差异定位、细分领域、错位发展，不能丧失独特性。有开发商说："我家有煤矿、铝矿，是否可以建成一个特色小镇？"不好意思，这种污染环境的传统产业实在不能作为特色小镇的产业支撑。只有绿色产业、新兴产业，才是未来发展的方向。

因此，笔者认为，开发商在"造镇"过程中，应该充分利用现在的"互联网+"等新兴手段，对传统产业进行改造升级，同时积极发展新兴产业，推动产业链向纵深发展，打造可持续发展的特色小镇。

原则三：设施要全面配套

一个项目的建设与发展，基础设施是关键。有些开发商在偏僻的乡村建设"旅游小镇"，这个地方离市中心很远却没有公共交通，也没有基本的生活设施。这样的旅游小镇谁会去，又怎么会成功？

笔者认为，一个好的特色小镇，应该规划包括道路、医疗、文化、给排水在内的基础设施及公共设施，只有提高服务质量，特色小镇才有吸引力。因为产业能解决"宜业"的问题，而"全面配套"才能达到"宜居"的目的。宜居又宜业，这才是特色小镇的内涵。

原则四：规划要到位

一个好的小镇，离不开科学的规划。开发商要根据地形地貌，做好整体规划和形象设计，确定小镇风格，建设"高颜值"小镇。

特色小镇不宜"摊大饼式发展"，它应该是"小而美"的象征。开发商在规划特色小镇时，不能过分强调规模有多大、楼层有多高，而应该用专业的眼光、开放包容的心态去对待。

在笔者看来，特色小镇一般应规划在城郊接合部，规划面积在3平方公里左右，建设用地面积在1平方公里左右，一般按3A景区目标建设，其中旅游特色小镇按5A景区标准建设。

原则五：要有异于其他小镇的建筑风格

小镇要强化建筑风格的个性设计，让传统与现代、历史与时尚、自然与人文完美结合。比如，浙江丽水的龙泉青瓷小镇就引来了4位重量级工艺大师，设立了46个创作工作坊，规划设计了颇具古韵的建筑，让人过目难忘。

原则六：要有独特的文化

文化是小镇的"灵魂"。小镇要注重对地域文化的挖掘与传承，将文化元素植入小镇风貌建设的各个方面。大家都知道，浙江有吴越文化，广东有岭南文化，台湾有闽南文化，在建设特色小镇的过程中，开发商要积极传承这些文化，让游客跟着文化旅游，而不是跟着人流涌动。

笔者曾到贵阳参加琉森堡"琉森小镇"商业项目规划。这是一个文化旅游小镇，但开发商在项目定位、功能业态、建筑风格设计等方面存在很多困惑。在会上，笔者提出，游客到贵州旅游不仅仅是看山玩水，贵州 30 多个少数民族的风情才是真正的核心资源。所以，建筑风格应该尽情表达贵州的"六角楼""屯堡"等民族元素和符号，同时在项目里设置一些民俗文化内容，如戏楼、老茶馆、民族婚庆仪式等，这样能增强更多的吸引力。这个观点得到很多人的认可。

总而言之，特色小镇的发展前景很诱人，但如果缺乏全面的策划，再好的蛋糕你也无法分享。各位准备在特色小镇市场驰骋的开发商，是时候更新你们的理念了！

1.2 产业小镇不等于文旅小镇

真是令人悲哀，到今天仍然有很多人，不，基本上是所有人还没有把特色小镇的定义搞清楚，至少有三个最流行的说法可以证明。一是小镇要去房地产化；二是小镇的核心是产业，对产业的解析局限在农业、工业、高科技、金融等行业；三是小镇环境必须达到3A景区标准。

这完全是对特色小镇概念的混淆，其主要原因就是对小镇类别没有分清楚，就像没有分清楚男人和女人的区别。男人和女人都是人，但你不能没有区别，你不能让男人生孩子，也不能让女人长喉结。都是特色小镇，但产业小镇和文旅小镇就像一个男人和一个女人，是有所不同的。

产业小镇的核心可以是产业，但文旅小镇的核心不一定是。产业小镇可以去房地产，但文旅小镇如果没有房地产，难道你要让所有游客都住帐篷？房地产必然是文旅小镇最重要的组成部分。当然，观光景区可以没有房地产，因为那是景区，不是小镇（很多人仍然分不清景区和文旅小镇）。

产业小镇的产业必须具体，比如说金融小镇、航空小镇、云小镇，你的产业就是金融、航空、互联网，很具体且明晰。但文旅小镇不一定需要这么具体，有的小镇根本没有这些先进的产业，只是有那么一些仅仅能感觉到的文化或者历史的痕迹，令人有某种说不清道不明的体验，那就是文旅小镇。

其实，文旅本身就是产业，而且是前景广阔的朝阳产业，可到了特色小镇，大家都不再认为文旅是产业了。文旅小镇的环境无疑决定小镇的兴旺和发展，但决定产业小镇兴旺的是产业的先进性、独特性，产业小镇根本没有必要花重金打造3A景区环境，有这钱不如多吸引一些人才，多设立一些研究所，环境只要舒适就行。说了这么多，特色小镇到底怎样分类？

其实就两大类：一是产业小镇，凡是生产产品的小镇都属于这类，如金融小镇、航空小镇、互联网小镇、中药小镇、机器人小镇、钟表小镇、动漫小镇等；二是文旅小镇，就是以文旅资源为基础的、主要针对旅游度假需求的小镇，包括田园综合体、休闲观光农业、古镇古城、文化小镇、体育小镇、康养小镇、温泉小镇等，没有具体的产品（当然，文旅本身就是产品），只有体验和感受。

两种不同的小镇，没有必要按一个模式去要求。根据笔者的研究，产业小镇与文旅小镇至少在以下几个方面存在区别。

区别一：开发模式不同

文旅小镇的开发模式有七种，包括游乐地产模式、度假地产模式、旅游商业模式、旅居养老模式、产业观光模式、古镇改造民宿模式、文旅组合模式。开发的主题不同，开发的模式自然也不一样。比如，乌镇雅园的开发模式就是旅居养老，即借助乌镇优美的水乡风情、厚重的江南古镇文化底蕴和品牌效应，绿城独具匠心打造出一个世人惊叹、亦养亦居的经典；而东部华侨城的开发模式则以游乐地产为主，即先做大峡谷水公园、游乐场，以及茶溪谷、云海谷、温泉等观光游乐设施，吸引人气，等到土地的价值提升后，再开发度假别墅等地产项目。

与文旅小镇相比，产业小镇的开发模式则相对简单。有一部分产业小镇是由专业镇演变而来的，比如诸暨大唐的"袜艺"小镇、中山古镇等。而另一类新型小镇则出现在经济高度发达、人才和资本高度集中的地区，比如浙江的云栖小镇、基金小镇等。后者不再依托传统产业，而指向更高端的新兴产业——包括信息、环保、健康、金融、高端装备制造等。产业小镇通常是一边引进或者发展产业，一边建设一些公共配套，包括学校、医院、文体设施等，以推动产城融合。

区别二：盈利模式不同

文旅小镇的盈利模式非常多，主要包括门票模式、综合收益模式、产业收入模式、地产收入模式、资本运作模式等。不同的文旅小镇，其盈利模式就不一样。比如，浙江乌镇的盈利模式就非常具有代表性，游客买票入内有门票收入，看戏剧表演、吃饭、住宿、购买商品等就有了综合收益。此外，乌镇在2006年还引入上市公司"中青旅"开发古镇旅游，这便是资本运作的成功案例之一。

与文旅小镇相比，产业小镇的盈利模式则相对单一。在产业小镇中，门票收入、地产收入等所占的比例可以说非常小。产业决定小镇能否长远发展，而产业是否兴旺则直接决定小镇的盈利收入是否丰厚。比如，浙江的基金小镇是杭州市私募股权投资企业最多、管理资产规模最大的区块，汇集了68家私募、股权投资企业，资金63亿元，管理资产规模300多亿元。产业如此发达，小镇自然生机勃勃，持续发展。

但值得提醒的是，这一类小镇对产业的依赖性非常高，而产业的发展需要人才和资本等做支撑，如何吸引更多的人才、如何做到持续的创新，考验着每一个产业小镇的运营者。

区别三：功能不同

文旅小镇与产业小镇的功能不同。从大处说，文旅小镇承担着传承传统文化、统筹城乡发展的功能，而产业小镇恰是中国破解"城市病"的一味药方。

为什么这样说呢？因为文旅小镇的基础是文化和旅游资源，那它必然承担着复兴传统文化的使命，而依托文旅资源发展起来的产业，必然会带动小镇的发展，从而弥合城乡之间的沟渠。而产业小镇是以产业为主导的，这类小镇的产业体量可以不大，但瞄准的却是细分的产业，其倡导的"产城融合"能很好地破解大城市的"城市病"问题。年轻人依托产业小镇进行科技创新，其生活、制度成本更低。从小处来说，文旅小镇往往具备产业功能、旅游功能、文化功能、社区功能，一般将形成宜居、宜业、宜游的氛围。

而产业小镇具备产业功能、社区功能，但未必具备旅游和文化功能。因为有些产业小镇的自然资源、人文资源并不丰富，很难吸引游客前来度假旅游。有些小镇在产品生产或者科技研发方面，有其封闭性的要求，也不欢迎游客天天来拍照。比如，美国格林尼治的对冲基金小镇，其对冲基金的规模占到全美的三分之一，数百家掌握几十亿乃至上百亿美元的基金在此扎根。小镇内环境不错，各类配套齐全，但基金小镇的"居民"——年薪百万美元以上的基金交易员，对居住安全有着非常高的要求，因此拒绝游客入内参观。

区别四：战略规划不同

文旅小镇是依托文化资源和旅游资源，用于休闲度假的小城镇。为了满足人们深度旅游的需求，文旅小镇的规划应该追求一种"境界"，让人来了还想再来。青石板、灰瓦墙、窄窄的小巷、几棵枯枝的古树、一眼望不穿的深宅，还有几条弯弯曲曲的小溪、三两只水鸭、不安分的狗、午后的斜阳……正是这些让古镇弥漫着一种浓浓的情愫，这就是意境。

那么，如何营造意境呢？笔者认为应该做好"五情"：一是强调小镇的情愫，二是创造小镇的情缘，三是营造小镇的情境，四是设计小镇的情趣，五是培育小镇的情韵。

除了追求"意境"外，文旅小镇还要注重文化的表达。小到建筑的边边角角，大到文化活动，都需要注入文化因子。同时，文化应有传承，不能随意搬来外来文化。而产业小镇更强调产业的规划，我们要确定好产业的定位，比如对于互联网产业，则应在此基础上做好空间布局，梳理产业的结构、产业链等，以获得最大的经济效益。在规划产业的同时，我们还要强化小镇的公共配套，推动产业与人的融合，避免小镇沦为"空城""鬼城"。

总而言之，产业小镇与文旅小镇存在很多不同，我们要学会量体裁衣，千万不要"一刀切"。

1.3 文旅小镇要避免六大误区

笔者认为，文旅小镇应该避免六个误区：一是做成大盘开发，二是做成旅游景点，三是做成游乐园，四是做成休闲农业，五是做成产业园，六是做成养老院。

误区一：将文旅小镇做成大盘开发

类别	用途	配套	交通	选址	盈利模式
大盘开发	以居住为主	日常生活配套	公共短交通为主	中心城市边郊	物业销售为主
小镇	以旅游度假为主	度假体验	飞机、高铁大交通和自驾为主	自然和文化资源丰富的地方	物业销售、二次消费、深度消费盈利

大盘开发满足的是住房需求，小镇除了满足居住需求外，还满足度假需求。两种不同的需求决定了产品类型、运营模式的差异。

误区二：将文旅小镇做成旅游景区

功能	开发模式	盈利模式	体验
①景区虽然同样依托文旅资源，与特色小镇最大的不同是承担的功能不一样 ②景区承担"游"的功能，但小镇更兼顾区域发展、环境保护、文化传播、产业布局、资源再生等功能。可以说，小镇就是一定区域内的经济引擎	①景区对自然资源以展示为主，观赏性是其最大特征 ②小镇不仅要有观赏性，更要有体验感	①景区的盈利模式以收取门票为主，大型景区才有可能二次消费，而且以吃、住为主 ②小镇以深度消费为主，包括度假产品的销售、酒店客栈的租住、餐饮消费、夜间休闲娱乐消费、小镇特色商品的销售	①景区只是表层的玩、看、吃，追求的是感官的享受和刺激，时间短、过程短 ②特色小镇一般以自我融入后的内心体验为主，是一种生活方式的转换

景区是观赏性的，很难吸引游客，游客仅到此一游。而小镇是深度体验，能够吸引游客长时间驻足。

误区三：将文旅小镇做成游乐园

类别	功能	游客	时间	选址	盈利模式	体验
游乐园	以"玩"为主	年轻人、儿童	一天	中心城市近郊	门票、简单的餐饮，人流量决定游乐园的景气指数	游乐园的主题是玩，以感官体验为主
文旅小镇	以旅游度假为主	各年龄段	三天或以上	自然和文化资源丰富的地方	深度消费，吃、住、行、娱	以旅游、深度体验为主

游乐园能带来人气，但是其功能过于单一。

误区四：将文旅小镇等同于休闲农业

文旅小镇不等同于休闲农业。休闲农业受季节影响比较严重，比如四季花海，一旦鲜花处于枯萎季节，文旅小镇就会失去吸引力，这时候该如何盈利呢？因此，不要将文旅小镇做成休闲农业。具体而言，文旅小镇与休闲农业存在六大差别。

差别一：开发模式不同。严格意义来说，文旅小镇和休闲农业是两回事。因为文旅小镇是综合开发，而休闲农业是景区开发。文旅小镇不仅要有美丽的风景，还要满足居住、产业、商业、市政等基本生活要求。而休闲农业主要是田园风光，比如大片花海、大片农田、大片林木，还原的是农业劳作或者是农业生长的景象。当然，文旅小镇也可以包括休闲农业这一类别，但绝不只有休闲农业。这是开发模式的不同。

差别二：盈利模式不同。休闲农业的收入主要是门票，最多再有些配套的小餐饮的收入，不可能有业态丰富的综合商业或者大型商业。而文旅小镇因为有原住和旅居，至少有大量的游客，其盈利的方面更多是房地产开发、商业开发，以及租赁、商业经营、产业生产或加工、游客吃住玩乐等消费，当然也包括门票收入。所以，文旅小镇在盈利渠道上更多样。

差别三：游客停留时间不同。休闲农业主要是观光，所谓走马观花就是指这一类，一般3～5个小时足矣。而文旅小镇更多的是体验，那要游客慢慢地去感受，最少也要两天，有的甚至住下来，一周不算长，一个月也不一定够。

差别四：受季节性影响不同。休闲农业最好的时光是春暖花开之际，当然，夏秋也有不同的风光，但受季节、气候的影响很大，比如，花海、果林、苗木等。可能有人会说，我们做的是四季花海。其实，除了云南、海南、广东等少数省份可以做到一年四季鲜花不断外，其他地区，以室外为主的景区肯定有季节性，这不仅仅存在于休闲农业，其他旅游景区也一样。

差别五：消费群体不同。休闲农业一般是就近消费，依托的主要是最近的城市，一般以一日来回的自驾游为主。而文旅小镇可能需要坐飞机前往，所以，出行方式、时间决定了消费群的不一样。

差别六：同质化是休闲农业最大的隐忧。一个地域最适合种什么农作物是老天决定的，虽然现在可以依靠科技实现一些改变，但毕竟大自然的规律是不可能违背的。既然地域性决定了农作物的生长条件，可想而知，某一地域的农田一般都是同类作物，大家一窝蜂都搞休闲农业，同样的作物就不可避免，主题决定了同质。

误区五：将文旅小镇做成产业园

类别	功能	开发模式	盈利模式	配套	游客
产业园	以研发生产为主	招商、租赁土地出让	产业生产	包括厂房、仓储、研发、安装、包装等生产性配套，没有生活配套	无
文旅小镇	以旅游度假为主	表现为居住、商业、旅游产业、市政等综合开发	地产开发、旅游产业运营的综合收入模式	度假体验生活配套设施旅游服务设施	旅居、度假、养老等相对较长期外出的游客，或此地定居者

误区六：将文旅小镇做成养老院

类别	功能	开发模式	盈利模式	配套
养老院	以医养护为主	单一项目开发	养老院经营收入	项目内部的床位、医疗活动中心、食堂等配套
文旅小镇	为老年人独立自主生活提供配套服务	老年居住、老年教育、老年医养、老年休闲等综合开发	养老物业开发经营以及养老的整个产业各个环节的收入	包括生活配套、养老配套、教育配套等，有医院、活动中心、室内外休闲设施、养老公寓、养老病床以及各类服务

1.4 被特色小镇绑架的旅游风景区

最近，很多旅游风景区的开发商找到笔者说："老师，我拿了一块地，就在旅游风景区，你说有什么办法让它往小镇主题靠？"

"开发旅游风景区与建设特色小镇根本就是两回事，不能混为一谈！"我脱口而出。对方很诧异。

令人担忧的是，很多人都有这样的错误认识：一些地方政府、投资者把旅游开发等同于进行特色小镇打造，有些人甚至恨不得把所有的旅游风景区都开发成特色小镇，这样既可以获得国家补贴，又可以蹭热点，还可以炒作新的概念以吸引人流。

在笔者看来，旅游风景区与文旅小镇开发的基础都是旅游（文化）资源，没有资源，一切开发都是空谈。但一个旅游风景区要变成宜居、宜业、宜游的特色小镇或者说是文旅小镇，还要增加居住、生产等功能，期间要经历多少道工序，又要投入多少资金，经历多少年的沉淀？况且，一些位置偏僻、人烟稀少的旅游风景区，是根本没有办法在短时间内发展成为文旅小镇的。

旅游开发与特色小镇是两码事，它们至少存在以下几点"不同"。

其一，功能结构不同：景区主要是"游"，小镇功能更全面

景区虽然同样依托文旅资源，与特色小镇最大的不同是承担的功能不一样。景区承担"游"的功能，但小镇更兼顾区域发展、环境保护、文化传播、产业布局、资源再生等功能。可以说，小镇就是一定区域内的经济引擎。

具备旅游元素的特色小镇，当然很完美；如果没有，也不碍事。比如，全球最著名的对冲基金小镇（位于美国）就不欢迎游客前来旅游。在我国出台的众多特色小镇文件中，产业始终摆在首位，旅游功能则次之。在2017年6月全国第二轮的特色小镇评选中，住建部也明确提出：旅游文化产业主导的特色小镇推荐比例不超过三分之一。

当然，文旅小镇则另当别论。文旅小镇的出发点本来就是旅游，但我们在开发旅游功能时要深度挖掘其文化内涵，传承传统文化，推动人与小镇的融合。比如，闻名天下的浙江乌镇就超越了普通旅游景区的概念，因为它引入了很多文化活动，如戏剧节、互联网大会、当代艺术展等，让古老的乌镇充满了文化气息。

正如国内一名小镇规划专家所说的，很多旅游景点有很好的"景"，但没有"境"。而乌镇有景，又有境，因为乌镇有浓厚的文化氛围。

其二，开发模式不同：景区强调景点开发，小镇要求全面开发

景区对自然资源、文化资源以展示为主，观赏性是其最大特征。比如，广东广州的百万葵园、河南巩义的康百万庄园（主要展示康百万家族的文化）。景区主要强调景点的开发和包装。而小镇不仅要有观赏性，体验感更重要。比如，2017 年 7月底入选全国第二批特色小镇名单的沙湾古镇（位于广州番禺）。当你置身于这个有 800 多年历史的岭南文化古镇，就能感受到阵阵清幽：百亩荷花争奇斗艳，宗祠古屋星罗棋布，古街古巷韵味十足，经典美食让你唇齿留香……还有各种非物质文化遗产，如飘色、龙狮等，让人大饱眼福。

正因为小镇强调"体验感"，它的开发模式比景区复杂得多。在笔者看来，小镇的开发模式主要包括游乐地产模式、度假地产模式、旅游商业模式、旅居养老模式、产业观光模式、古镇改造民宿模式、文旅组合模式等七种。

当然，文旅小镇的开发模式肯定不止这些，开发主题不同，其选择的开发模式就会不同。不管选择哪一种开发模式，操作起来都比景点开发复杂得多！

其三，客群和消费模式不同：景区面向大众，小镇更倾向于特定人群

旅游景点面对的客群更加广泛、复杂，区域更广；而文旅小镇更强调满足城市中产阶级以上的需求。比如，四川的峨眉山、九寨沟等景点谁都可以去，但是莫干山小镇却不是人人都能消费得起，因为莫干山的一些民宿住一晚都要上千元，高峰时期高达几千元，更不要提其他娱乐活动的消费了。

有些小镇就是富人的天堂，或者说专门是为富人量身定做的。比如，伦敦西郊的温莎小镇，就居住着 850 位身价至少百万美元的富翁。小镇的房价并不比伦敦便宜，这里的两居室平均房价都要 75 万美元，只有平均年收入在 11 万美元以上的家庭才有可能负担得起。

也有一些小镇专门面向年轻人或者妇女，这里不一一列举。总而言之，景区消费比较大众化，而小镇更倾向于特定人群，这也要求我们在开发小镇时要进行更加精细化的设计和管理。

其四，盈利模式不同：景区主要以门票收入为主，小镇以综合收入为主

景区的盈利模式以收取门票为主，大型景区才有可能二次消费，而且以吃、住为主。但小镇则以深度消费为主，其盈利模式包括度假产品的销售、酒店客栈的租住、餐饮消费、休闲娱乐消费、小镇特色商品的销售等。

比如，丽江古城特色城镇的收入有酒店住宿收入，也有各色餐饮收入，酒吧也会带来收入，商铺里的特色商品也能卖钱。它的收入是综合性的。另外，旅游景点的收入还具有季节性特征，而人们去小镇更多的是去体验生活，受季节影响小。

其五，体验程度不同：景区追求感官刺激，小镇追求深度体验

景区只是表层的玩、看、吃，追求的是感官的享受和刺激，时间短、过程短。而特色小镇一般以自我融入后的内心体验为主，是一种生活方式的转换。比如，游览世界地质公园、国家 5A 级旅游景区韶关丹霞山，感受到的是丹霞地貌的壮美；去秦始皇帝陵博物院，感受到的是千年古墓的神奇。但到这些旅游景点游玩的时间不需要很长，最快一个上午甚至几个小时而已。

而特色小镇追求的是深度体验，体验的广度和深度都超越景区。比如，到新西兰皇后镇不仅可以欣赏到最美的自然风景——雪山、森林、湖泊、草原，还能体验各种极限运动——蹦极、高空跳伞、热气球、高空秋千、喷气快艇、独木舟漂流。在皇后镇，你可以住上一个月甚至几个月，因为风景实在太美，活动实在太多！

综上所述，旅游景点和特色小镇存在诸多不同。条件不佳的景区非要按照特色小镇的标准改造旅游景点，很可能得不偿失。当然，也不排除有些旅游景点经过一定的时间沉淀和发展，慢慢发展成为文旅小镇。

千言万语，还是那句话：不要把什么都往特色小镇靠，难道除了小镇，其他事物（如旅游景区）就不能推动中国经济发展了吗？做不了乌镇，做个令人惊艳的旅游风景区也是可以的！所谓各美其美，美人之美，美美与共，天下大同，就是这个道理。

1.5　发现资源需要智慧，表达资源需要情怀

"我这个山旮旯儿，资源很普通，怎么做小镇啊？"

"我这里资源很丰富，可是太多太杂了，现在真是毫无头绪。"

……

作为国内最早研究特色小镇的专家，笔者每天都会收到小镇开发者提出的各种问题。他们的担忧不无道理，但并非没有突破的可能。毕竟，发现资源是需要智慧的，有些习以为常的资源放在其他平台，可能就是稀缺的资源；而表达资源需要情怀。

必须注意资源潜在的四大风险

"九寨归来不看水"，这是人们对九寨沟景色真实的诠释。但这么一个人间天堂、童话世界，却在2017年8月初发生了7.0级地震，真让人心痛！让我们共同为九寨沟祈福！在祈福的同时，笔者在想另一个问题：做文旅小镇的基础是文旅资源，也就是说，在选址时都非常重视自然资源是否优美或者独特，但是资源潜藏的风险却没有多少人考虑。资源潜藏的风险一般有三类：一是人为破坏。比如云南滇池，完全是人为的破坏造成的。二是空气污染。比如北方冬季大面积的雾霾，还有局部地区工业污染等。三是气候变化。曾经四季如春的云南也有炎热的盛夏和凛冽的严冬。特别是北方的旅游度假项目，更要特别注意气候带来的风险。

这次九寨沟地震不得不让我们警醒，越是优美奇异的自然风光，越要注意潜藏的地质灾害。因为，奇山异水本身就是剧烈的地质运动造就的，我们不能左右大自然的运动规律，但在选址时多点责任心，就可以减少灾害造成的灾难。比如认真做好地质勘查，设计时考虑到防震、防滑、防洪等。

发现资源需要智慧

王志纲老师说："这世界从来不缺少美，缺少的是我们的发现能力。发现美好的事物，需要一种智慧。"这句话确实很有道理。

比如，笔者现在在做的新疆戈壁小镇，当地的政府领导就曾遇到一个问题：做湿地公园无法媲美江南水乡，做小镇好像资源缺乏，到底该怎么办？

其实，我们换一个角度想一想：从来不被关注的戈壁滩就是最好的资源，因为对于没有见过戈壁滩的"内地人"，那种"大漠孤烟直，长河落日圆"的壮美，让

多少人向往？还有令人惊叹的地窝子遗址，那就是全国独一无二的资源，关键是在于如何利用。

笔者当时就给他们提了一个建议：以戈壁为主题，以兵团文化为灵魂，充分挖掘农垦的战斗史，充分利用被人漠视的戈壁、大漠、天山等标志性符号，并结合地窝铺，还原农垦战斗的场景，打造一个中国独一无二的"戈壁小镇"。

比如，可以充分利用地窝子这一资源，做成全国独一无二的地窝子酒吧、地窝子咖啡厅，满足人们猎奇的心理需求；小镇还可以尝试还原维吾尔族、回族、哈萨克族、柯尔克孜族、塔吉克族等少数民族的日常生活场景，举办一些富于民族特色的节目，最大限度地刺激消费。而对于4000亩戈壁盐碱地以外的区域，甚至可以规划赛车道、赛马场、戈壁野战基地、沙漠生存训练等项目，让人们在广阔的戈壁滩上自由嬉戏。当地的政府领导听了很兴奋，当场要求合作。（详见《新疆戈壁小镇诊断实录》一文）

无独有偶，丽江永胜县也曾经有这样的困惑：他们本来是想围绕螺旋藻产业做一个产业小镇，但又怕吸引力不够。笔者去现场调研后，却发现了更令人惊叹的文化和资源。

（1）永胜的他留人拥有神秘而富有特色的民族文化，包括粑粑节、刀杆节、青春棚等，令人魂牵梦绕。

（2）三川镇的荷花小镇，若荷花盛开又是怎样的一个美景？

（3）永胜500年前的古地震带千沟万壑、险奇壮观，让人感到震惊。

（4）永胜拥有绿油油的大草甸，白云飘飘，湖水荡漾，牛羊成群，这是云贵高原为数不多的草原美景。

他留人、大草甸、古地震遗址等在当地只是作为一种客观的存在，当地人已经习以为常，但笔者从中发现了美的存在。笔者对永胜县委书记说："永胜县的自然环境独树一帜，自然风光与文化景观紧密相连，完全可以做全域旅游，成为云南省大旅游开发的一张名片。"

他们听了也很高兴，说："老师，我们真是身在福中不知福，听你这样一分析，感觉永胜县旅游业有很大的发展空间。"

类似的案例还有很多。我们要善于发现美，发现资源，然后将这种资源通过各种方式展示出来。

资源好坏，关键是放在怎样的市场

"资源没有所谓的好坏，关键是放在怎么样的市场。"之前笔者曾受邀请为广西中渡镇的一个项目做诊断，但那7000亩地的项目并没有什么亮点：只有山没有水，国家地质公园没有特殊的资源。

笔者考察了该项目以及整个中渡镇后，对他们说："项目这些资源如果面对局部市场，可能毫无特色可言。因为喀斯特地貌在广西随处可见，此山此景很普遍，想用这些随处可见的资源吸引周边的消费者，不太可能。但我们跳出项目看整个中渡镇，就会得出这样的结论：中渡镇的自然资源放在当地来看并不显眼，但对珠三角、长三角以及全国其他区域的游客来说，这些资源就非常美，甚至美得让人震惊。中渡镇离桂林、阳朔只有70公里，其山水并不比桂林、阳朔差，对全国其他地方的人同样有吸引力。如果我们把这种资源放在更大的市场，如全国市场，就有可能成为稀缺资源。"话音刚落，全场震惊，因为他们从来没有想过自己的资源居然能面向全国的市场。

后来，笔者建议要跳出7000亩的范围，把地质公园、洛江、石林、中渡镇进行整合，打造独特的全国知名品牌，而这一切需要政府层面的高度、决心、认知和理念，最需要的是政府的大规划来支持。

对方的总负责人听完以后激动地说："老师，按照您的思路做，整个鹿寨县的经济结构、产业结构都会有很大的提升，甚至柳州就会诞生一个国家级甚至是世界级的文旅小镇。如果真的实现这一目标，我们7000亩项目也会借势而上，水到渠成。下一步我们将收集相关的资料，抓紧时间向政府领导汇报。"（详见《广西鹿寨县中渡镇项目诊断》一文）

笔者举这个例子是想告诉大家：同样的资源放在不同的市场，其价值不一样。横看成岭侧成峰，远近高低各不同，这句话非常有道理。

表达资源需要情怀

在这一股小镇热中，"情怀"是屡屡被提及的词语。没有情怀的小镇，是走不远的。对于资源禀赋优越的小镇而言，如何用情怀将资源表达出来就显得非常重要。

乌镇被公认为是"最有情怀"的小镇。缓缓驶过的乌篷船、斑驳的古街、千回百转的连廊、鲜艳的小花……行走在乌镇，你的心会被这一砖一瓦、一花一世界所触动。这种情怀、这种境界，陈向宏用了近20年的时间进行构思，其中关于建筑图纸的修改，就达千次。

乌镇让我们见证了什么是最好的表达。同样一种资源，有千万种表达方式，我们可以选择一种最好的方式让人看得明白、看了喜欢，把资源做得有情趣、有味道。

如何用情怀表达资源？笔者认为有几个方法：一是把握情韵。这就要求我们从一开始策划、规划小镇的时候就要精准地把握那一丝丝若隐若现的韵味：也许是亘古传承的皇脉，也许是轻轻回荡的音律，也许是飘然而过的温煦，也许是隐藏在暗夜深处的一声哀叹；也许是风，也许是一场细雨、一道远去的背影或小巷中那一袭红裙、屋檐下的风铃和窗格上的贴花；也许什么都不是，什么都没有，就是一种无言的感觉。这些韵味都隐含着或浓或淡的情愫，她不会让你惊叫，却可以让你深深地沉醉。

二是学会讲故事，植入情缘。我们经常在建筑、景观、配套上精雕细琢，却很少去考虑如何让它们更有故事性，如何给它们植入一段情缘。丽江为什么有那么多人去了又去，去了就不走，变成新丽江人？就是丽江有太多的故事，有太多的情缘。同样，正在操作的新疆戈壁小镇，植入的情缘就是"大漠孤烟直，长河落日圆"，有多少热血男儿的英雄情结未了，到戈壁小镇就可以实现。

三是打造一种境界。境界就是高度，我们不能仅仅满足小镇的休闲度假功能，我们要让到这个小镇的每一位消费者除了享受到愉悦和欢乐外，还有更多人生的感悟。因此，小镇的文化，或者说一情一景都暗合了人生的哲理，那么，这个小镇无疑就有了某种境界。如此，小镇才会更有意境，才会让人还想再来。

资源是基础，策划是关键

如果说资源是造镇的基础，那么策划就是其关键。这好比炒菜，没有菜无法进行烹饪，而没有掌握炒菜的技巧，炒出来的菜估计难以下咽。

在与小镇开发者接触时，笔者发现他们普遍存在一个误区：重视规划，忽略策划。他们会对笔者说："老师，您提的设想我都懂，找个设计单位画个图纸就好了，送上去申报，一定会成功的！"可是，在规划之前还要做策划，你知道吗？

没有前期策划，你怎么知道当地的哪些资源可以加以利用？你怎么知道市场的消费特征？你怎么知道同类竞争产品做得如何，又有什么短板？没有策划，你如何定位小镇，设计好相关的运营模式、开发模式、盈利模式？

俗话说，知己知彼，百战百胜。你连自己、对手的情况都不知道，怎么在市场冲出重围？不否认，国内很多规划院的画图水平非常高，让人看得热血沸腾，但能落地的又有几个？规划图纸改了又改，项目推倒重来的成本有多高，你算过没有？

为什么规划方案会改了又改？因为规划设计院是按照甲方要求进行规划的，你要什么他就画什么，资深一点的规划院可能还会提出一些自己的想法，多少有些创意。但说实话，这些想法大多也只在概念上打转转，很难落地。即使能够落地，其中的风险也难以把控。这也不怪规划院，因为他们的专业不是市场分析、项目定位。因为没有策划，没有做好顶层设计，就没有清晰的方向指导，他们也就只能服从甲方，或者依据自己过往的经验进行规划。

策划绝对不是一块抹布，也不是一块可有可无的鸡肋。先策划后规划，做好小镇的定位和顶层设计才能确保小镇开发的有序、不跑偏。

那么，小镇的策划有哪些内容？笔者认为，策划除了要进行前期的市场调研外，还包括小镇的定位、开发模式、盈利模式、战略规划、运营模式、小镇服务体系、小镇品牌等方面。无论是小镇的定位，还是开发模式，都需要专业的机构、专业的团队进行深入的调研和思考，这是一项艰难而漫长的工作，一旦做好了，小镇的发展就不成问题。

　　总而言之，文旅资源对于特色小镇，特别是文旅小镇的重要性不言而喻。我们要搞清楚资源的风险性以及它在市场的位置，才能做好顶层设计，推动小镇事业快速发展。

1.6 关于特色小镇的7个警告

笔者深耕多年，亦研究出了一套特色小镇建设的理论体系和实操方法。

自2016年起，笔者就陆续发表了很多专业文章，其中关于特色小镇的很多预言正逐步应验。

警告一：不要圈地搞房地产

这是笔者关于特色小镇最早期的观点。当时（即2016年7月），国家财政部、中宣部、教育部（简称"三部委"）大力提倡建设特色小镇，并出台了众多优惠措施。一时间，全国的特色小镇如雨后春笋般冒了出来。笔者当时就看到了这一趋势，也提出了自己的隐忧。笔者在2016年12月30日发表的《文旅小镇应该避免四个误区》一文中指出，表面"造城"，实际卖地产——这种"挂羊头卖狗肉"的行为对中国新型城镇化来说是一种破坏。不可否认，地产是文旅小镇最大的盈利方式之一，但并非小镇唯一开发的主题。由于选址等问题，在原本适合建小镇的地方开发体量过大的房地产，也会直接导致项目滞销。至于海南的个别大盘之所以成功则另当别论，因为海南的大盘热销是由其独一无二的资源决定的，而在内地想出现这种"定位文旅，实则大盘开发"的奇迹，等待的只能是万劫不复。这样的例子已经很多，有的已经死亡，有的还在做最后的挣扎。

国家发展和改革委员会（以下简称"发改委"）（2017年5月2日）发出警告：不能以特色小镇行房地产开发之实，要警惕特色小镇房地产化，因为房地产业一家独大，会对其他产业形成挤出效应。

在2017年7月第二批全国特色小镇评选会上，住建部就明确提出：对去年（2016年）特色小镇建设中存在的过度房地产化、房企打着特色小镇旗号"圈地"现象，今年（2017年）的申报要求对此直接"一票否决"。

在此基础上，笔者进一步深化了自己的理念：不能把特色小镇搞成房地产开发，但同时也不能否定房地产。

"没有房地产，怎么留得住人？"笔者认为，中央提出了特色小镇"宜居、宜业、宜游"的要求，其中宜居就需要房地产开发。所以，文旅小镇不必忌讳房地产，只是房地产开发的模式、盈利模式和过去单纯的地产开发有很大的区别！

笔者对中央政策的准确理解得到了业内人士的肯定。

警告二：不要给小镇定框框

自 2016 年下半年起，笔者就受邀为各类特色小镇进行诊断，云南、贵州、四川、江西……足迹遍布全国。笔者在实际考察中发现了一个问题——地方政府都在为小镇定框框。于是，在 2017 年年初，笔者便提出了"不要给文旅小镇定框框"的观点，后来因忙于出差迟迟没有下笔，直到 2017 年 4 月 6 日才将此观点整理成稿。

笔者在《不要给文旅小镇定框框》一文中指出："我发现，很多地方政府几乎照搬中央关于特色小镇的参考意见，急急忙忙地定时间、定数量、定范围、定人数、定投资规模。

"在时间方面，一般规定为'3 年'；小镇范围则定为'3 平方公里'，人数则要求一个小镇容纳'3 万人'，投资规模则要达到'3 年 30 亿'。我总结为'4 个 3'。

"这个框框首先由国家某部委圈定，然后从省到市，从市到县，从县到镇，一级一级地下派任务。一旦没有完成任务，就要问责。也许他们以为，照着中央的规定画圈圈，特色小镇就一定能建成。但他们不明白，每个地方的经济发展水平、自然禀赋、交通条件都不尽相同，为什么要'一刀切'切出一个个小镇呢？"

面对这种泥沙俱下的现状，笔者非常担心：如果再这样继续下去，笔者相信 5 年之内肯定有一批小镇烂尾。还记得当年产业园遍地开花的情景吗？如今不少产业园已成为"鬼城"，现场黑灯瞎火，野狗乱窜、野草疯长，令人后怕。小镇不能再重蹈覆辙了！

笔者的担心，也是国家相关部门关心的重点。一反褒奖特色小镇对经济发展贡献的常态，《人民日报》2017 年 3 月底开始持续发声，对一些地方特色小镇进行厉声批评："中西部有些地区，既不具备投资基础，又没有形成产业群，却去凭空打造特色小镇，也就不能不让人忧虑了。据悉，有的省份为了加快建设特色小镇，还下了硬指标，几年内必须完成多少多少。这样的傻事不能干了！"自此以后，约谈部分小镇负责人、整治规范特色小镇成为中央政府工作的重点。

警告三：特色小镇建设千万不要"生拉硬扯"，不要一哄而上

在 2017 年 4 月 24 日发表的一篇文章中，笔者提出，现在各地都在积极申报特色小镇，有条件的要上，没有条件的生拉硬扯也要上，似乎一个地方政府不申报十几个，就不算响应中央号召，有一个县甚至申报了 16 个。

　　"小镇的推动，无疑是中央的一项正确决策，旨在通过全国众多小镇的开发和建设，加快中国城市与乡村的对接，带动乡村的经济发展。"笔者更尖锐地指出："但是这样一窝蜂地大干快上，有条件的要上，没有条件的创造条件也要上，其隐患和风险路人皆知，最后演变成什么，又由谁来负责？"

　　这种"一哄而上"的现象引起了国家相关部门的关注。2017 年 7 月 20 日，国家发改委规划司司长徐林在举行的国际城市可持续发展高层论坛上就批评：现在很多地方一哄而上搞特色小镇，现假镇真园区。国内主流媒体也纷纷发声：特色小镇不要一哄而上，最后一哄而散。

警告四：小镇的成长，并非朝夕之功

　　对于地方政府文件提出的"三年全面建成小镇"之类的要求，笔者很担忧。

　　在 2017 年 4 月 24 日发表的《文旅小镇建设千万不要"生拉硬扯"》一文中，笔者提出，一个小镇，从策划、规划、设计、建设到运营，少则五六年，多则十几二十年。但有些地方做出硬性规定，3 年必须建成而且见效果。不要说是一个小镇，就是一个不大的房地产项目，从策划到完成也都要三五年。比如，大家所熟知的乌镇，一个有基础的古镇，从重新规划到呈现今天的模样用了近 20 年。

　　小镇建设并非画一张规划图、投一些钱就可以成型，它的成长需要几代人的努力。

　　笔者的担忧引起了业内的关注。2017 年 6 月，国家发改委城市和小城镇改革发展中心研究员冯奎在"丝绸之路"国际博览会上就指出，有很多特色小镇，都是从其他类型的空间开发中脱胎的，它的"根"实际上已经有很多年了。像浙江的这些小镇，因为在浙江一直有这种小空间开发的基因，如今被称为特色小镇，但它实际已经有很长的历史了。

　　一个真正的特色小镇，它从规划、建设、运营到基本的功能完备，最起码得用 20 年。因此，很多地方说 3 年打造成功多少特色小镇，这实际上是一种很粗糙的说法，或者是不了解其中的规律。如果一些地方，满足于一任政府之内就要打造多少工程，只能是揠苗助长，只能是一堆"形象工程"。

　　此后，国家发改委、住建部等专家也持续发声：特色小镇不在于打造而在于培育，而培育需要很长的时间。

警告五：要平衡商业和文化的关系

在《文旅小镇建设千万不要"生拉硬扯"》一文中，笔者专门提到商业开发与文化发展平衡的问题。"商业开发是小镇建设特别是文旅小镇非常重要的一环，可以说，商业繁荣了，小镇就活了。但是，商业的过度开发必然对文化的破坏更深，这从丽江、阳朔、凤凰古城等可以窥见。"

例如，丽江古城由于商业开发过度，已慢慢变味了：纳西文化日渐式微，酒吧音乐震天响，很多游客都不愿意再去古城了。

笔者认为，我们需要把握商业开发的"度"，既不能否定商业的价值，也不能片面追求商业化，丢失了我们最引以为豪、最有价值的文化。科学的开发是最好的保护，这一点对于每个小镇都适用。

笔者在 2016 年 10 月 21 日发表的《不能把特色小镇概念化》一文中已经强调：小镇要注重对地域文化的挖掘与传承，将文化元素植入小镇风貌建设的各个方面。大家知道，浙江有吴越文化，广东有岭南文化，台湾有闽南文化，在建设特色小镇的过程中，开发商要积极传承这些文化，让游客跟着文化旅游，而不是跟着人流涌动。

这一观点与《人民日报》的核心评论高度契合。《人民日报》在《特色小镇最该避免什么》一文中指出：有些地方将镇子一围，镇口设卡，收起了门票，价格还挺高；有的地方处处要钱，故居收费、作坊收费、宅邸收费、老铺收费、庙宇收费、风景收费，小小的博物馆还收费；有些地方连个像样的厕所都没有，游客兴致全无⋯⋯

该评论的作者认为，无论是什么特色，小镇的文化性应该放在首位，但文化性往往赶不过商业性，人一多就老想着如何赚钱。当小镇里弥漫着太多商业气息后，文化味必然被冲淡，最终都会被商业化所淹没。但我们必须知道，游客是来享受文化和服务的，又不是来看利欲熏心的。

该文作者说："文化服务可以现代化，但文化的内容却要承载厚重的历史，否则，特色从何谈起？因为地方特色不是硬造出来的，而是依据文化历史传统特点加以延伸的。"

由国家发改委组织编写、于 2017 年 7 月 11 日正式出版的《国家新型城镇化报告 2016》一书也指出，特色小镇因文化而灵。丢掉了历史记忆和文化脉络，特色小镇就没了灵魂。应把历史文化作为小镇建设的底蕴、底色，从现有的文化保存、阐发中思考如何既利用小镇来展示文化，又借助文化提升小镇气质。如果不能脱离以往那种"文化搭台、经济唱戏"的思维，让商业味冲淡乃至掩盖了文化味，文化受损了，产业也难持久。

警告六：不能盲目克隆别人的小镇

天下文章一大抄，天下小镇一样可以抄。笔者在《不能把文旅小镇想得这么简单》一文中就指出，中国人都有一个毛病，不喜欢思考，喜欢复制，这种复制抄袭的陋习不仅出现在房地产开发上，还蔓延至小镇建设上。

比如，广东某地耗资9.4亿元完全克隆奥地利的"哈尔施塔"，这种复制行为甚至引起了欧洲建筑师的集体声讨，如今这个地方也只是一个普通的旅游景点，供人散散步、照照相而已。又比如，被誉为"关中民俗第一村"的陕西袁家村，依靠特色小吃走出了一条成功的道路，每日入账200多万元，一年收入达到10亿。其他村庄嫉妒袁家村的成功，纷纷跑到当地去学习，回来就复制了20多个一模一样的"袁家村"，其结果当然是惨败。

笔者正告小镇开发者：文旅无圣经。不要去照搬照抄别人的做法，走好自己的路，这样才能形成独一无二的竞争力。

无独有偶，2017年7月，国家发改委发展规划司司长徐林就提到，浙江正在做的基金小镇，有一个半农半牧、工业基础薄弱的县城也想克隆，完全不考虑自己的实际情况，结果可想而知。有一些基金小镇是靠"税收洼地"吸引了一些基金公司注册，但是实际上很多基金公司并不在那个地方运营，也不在那个地方上班，只是利用税收政策，因此在当地根本看不到一个小镇应该有的那种繁荣。

《人民日报》此前也发文指出：做工作需要抓手，但是推广任何经验，一定要因地制宜，实事求是，切莫盲目照搬照抄。橘生淮南则为橘，生于淮北则为枳，叶徒相似，其实味不同。所以然者何？水土异也。不顾客观条件，盲目照搬，肯定是事与愿违。

警告七：避免千镇一面

"千镇一面"是一个很突出的问题。现在很多小镇的建筑都是青砖黛瓦白墙，单调乏味。为什么不能更大胆一些？那么大的国度难道除了灰黑，就容不下红蓝白紫？中国的城市千城一面，难道小镇也要"万镇一孔"吗？

到过欧洲小镇的人，都会为它们丰富的色彩所倾倒：或者纯粹的白，或者大片的红，或者魅蓝如海……总之，第一眼就让你过目不忘，为之赞叹。我们也可以让小镇的色彩缤纷一点。住建部、国家发改委也多次强调，要努力挖掘当地的特色，避免千镇一面、千村一面。

1.7　新镇与古镇的区别

从建设方法来说，文旅小镇分为新建型和古镇改造型两种类型。新建小镇一般选在城郊或者自然资源、文化资源特别丰富的地方。新镇的空间更大，模式更灵活。

而古镇最大的价值在于其历史上所形成的独有文化、别具一格的建筑风格以及原生的人文环境。很多人想复制古镇，这是不可取的。因为古镇拥有几千年的历史，形成了自己独特的古韵味，这种古韵味不是一两天可以形成的。游客到古镇，一是感受其建筑文化，二是感受其历史痕迹。

笔者最近走过不少地方，看到很多古村、古镇到处都在搭手架、刷墙盖瓦、弃砖换石。一问，原来是要增加古镇的古韵，想做第二个乌镇。

笔者曾说过，不是什么地方都可以做文旅小镇；同样，不是什么古村、古镇都可以改造成文旅小镇的。中国的古村古镇何其多，难道就因为它们有一定的历史，就都可以改造成文旅小镇吗？

笔者认为，改造古镇必须有几个基础：一是非常明显的历史痕迹，二是广为流传的历史故事，三是非常著名的历史人物，四是保留完整的历史建筑，五是传承百年的生活习俗，六是穿越恒久的自然风貌……

总之，强烈的历史感和古朴的文化底蕴是改造古村古镇的基础。请问，你的古村、古镇有这些基础吗？即使有了这些基础，也不一定就能改造成文旅小镇。因为没有古韵古味，古韵古味才是古镇的魂。如何打造这个魂，这需要情怀和支撑：一是对历史的提炼，二是对文化的精粹，三是挖掘、重塑、包装……这一切都只是手段和方法，要想古镇有自己独特的古韵和古味，最重要的是——

与历史能够沟通吗？

能把握历史的脉动吗？

会表达历史的传承吗？

能先知游客的需求吗？

能感受到"韵"和"味"吗？

如果上述条件都具备就可以改造古镇，那么，古镇改造可以分三步进行。

第一步：定位或重新定位

所谓定位，就是你想打造一个什么样的古镇。是以历史文化传承为主，让游客在古镇感受到几百年甚至上千年的文化沉淀；还是以古建筑为主，虽然是青砖黛瓦，但各地的建筑风格或建筑形态各异，由于古人对城镇的理解和现在有很大不同，古镇的意境和风水不是我们现今的设计师们所能掌握的；也可以是民风民俗的再现，让游客感受带有强烈异域特色的生活方式；还可以是对某种古迹文物的保护，让游客感受到前人的伟大。当然，我们可以根据历史名人衍生出一段故事，或浪漫或热血或悲壮。总之，定位就是要解决到底做什么，而不是解决怎么做。

为什么是定位或者重新定位呢？因为很多古镇已经有很明显的标签，但可能这种标签已经不适合现在游客的口味，所以，必须重新定位。也可能因为古镇有太多的特色，反而让游客无法辨识古镇最核心的特色。这就需要重新定位，让古镇的唯一性或者独特性更明显、更清晰。

古镇定位的依据和新建小镇完全不同。一是由古镇保留和传承的完好度决定。二是由古镇文化或历史或建筑或民风的独特性、排他性决定。三是由古镇的地域特色决定。如乌镇是江南水乡的代表，丽江是纳西文化的代表，戈壁小镇是大漠文化的代表。四是由自然资源与古镇的融合度决定。乌镇要是没有那条河，还能是江南水乡吗？戈壁要是不在，戈壁小镇又会怎样？所以，古镇定位不能突发奇想，创意不能太过，保护和传承是前提，改造不是破坏。

第二步：重新规划的核心是对古镇古"韵味"的深度表达

对古镇文化和历史的延展，可以通过对建筑的改造去完成，也可以通过对古迹和遗址的再次利用去完成，还可以通过扩充和新建、还原或再现当时的场景来完成。但无论以哪种方式，切记尊重古镇的定位，既不能随心所欲，也不能随波逐流，保守和激进都是一种破坏。笔者反对修旧如旧，因为这根本不可能，修旧就是修旧，只要我们把握好古镇的"韵"和"味"，即使不如旧，也同样能表达古镇的特色。

第三步：把商业做成 IP

古镇没有商业会死，过度商业也会死。这是一对矛盾。现在，很多古镇古城都遇到这一无法调和的矛盾，丽江如此，凤凰古城如此，鼓浪屿如此，大理如此，似乎目前没有更好的解决办法。其实，办法总是有的，关键是胆略和决心。因为好不容易做起来的商业如果被刻意抑制，保不准一夜之间商家就关门跑人。那可是大事，因为只有商业才集聚人气，商业消费是所有古镇、文旅小镇盈利模式中最重要的一块。

那么，办法是什么？给商业贴标签，进一步做大做强。笔者曾经给丽江古城出过一个主意，把所有的酒吧搬出古城，在古城周边的文笔湖、玉龙雪山，还有其他的湖和山，分别设计不同的酒吧类型，如山顶酒吧、湖畔酒吧、深谷酒吧、河岸酒吧……围着古城将酒吧分类，将古城定位为世界酒吧之都！因为，丽江的酒吧已经是丽江的 IP，何不干脆将酒吧极致化，就做世界酒吧之都。但这极大地考验政府的胆略和决心，他们不敢轻易采纳啊！

1.8 文旅小镇拿地的八大风险

只要在网页上输入"文旅小镇"四个字,成千上万的文章都会弹出来,教你如何开发、如何运营。但对于文旅小镇的拿地风险,你又知道多少?文旅小镇拿地有什么风险,总结起来,笔者认为有以下八大风险。

一是资源风险。①看资源是否具有独特的排他性,千万不能听信政府夸大其词的宣传。②看资源是否单一,单一的资源很难支持一个小镇的规模。③看资源的季节性。有的资源,特别是自然资源有明显的季节性。比如,某些地方树木一到秋冬就叶落枝枯;湖泊一到枯水期就一眼见底。

二是规划风险。政府的规划美轮美奂,初看叫人热血沸腾,但仔细研究却大都是想当然,根本落不了地。表面高大上,实则假大空,根本没考虑落地的基础条件和可能性。

三是交通风险。规划的机场、高铁、高速纵横交错,但最后可能就是一条普通省道。

四是时间风险。规划虽好,但何时落地,只有天知道。政府等得起,开发商不能等。

五是承诺风险。不能轻信酒桌上的承诺。

六是政策风险。政策三天一变,五天一换。2017年是重点扶持项目,下一年就可能是鸡肋。

七是领导班子换届风险。他强由他强,我自不过江。你的政绩你带走,我的乾坤我表现。

八是环境风险。大小通吃,肥瘦不限。招商时说得天花乱坠,人进了门等着挨刀。

1.9　做文旅小镇不是为了申报

前段时间，全国各地都忙着向住建部申报第二批国家级特色小镇的名单，一些看似优良的项目在初选阶段已被淘汰，项目负责人为此垂头丧气、唉声叹气。

在这里，笔者只想问申报成功和没有申报成功的人：你们做特色小镇到底是为了申报，还是真心想打造一个小镇？你们到底是为了"国家级"那顶帽子，还是真正想通过小镇拉动区域经济的发展？

如果是为了申报，为了拿一顶"国家级"的帽子，其实你可以做到。你可以聘请国内最有名的规划设计单位，画上最好的图纸；在现场评审会上对各大专家"动之以情、晓之以理"，再展示一下项目无比优越的自然资源。我相信上榜的概率还是挺大的。

申报成功后，你将有首期1000万元的启动资金。如果你的项目在云南，而且在2019年年底通过了国家级的特色小镇验收，你还能领到1.9亿元的补贴。这两个亿的补贴也不是一笔小数目。除此之外，小镇套上"国字号"后，你还能做一回免费的宣传，这可谓"名利双收"。

但国家有关部委也不是傻子。即便你一开始说得天花乱坠，材料准备得天衣无缝，规划做得完美无缺，但后续的投资力度、税收增长幅度达不到目标，专家考核、验收无法通过，你前期得到的补贴也只能如数返还，通报批评也是少不了的。

这就有活生生的案例。2016年，浙江的奉化滨海养生小镇就成为该省特色小镇的首个"落榜生"，从省级特色小镇创建对象直接降格为省级特色小镇培育对象。

为什么"降格"？官方的回答是：该小镇2015年度完成固定资产投资为0，特色产业投资、税收收入、服务业营业收入、工业企业主营业务收入、旅游接待总人数、引进高中级职称人员等数量均为0。

确实也能理解，没有产业或者没有人来旅游、居住，这样的小镇形同"鬼城"，不被摘牌谁被摘牌？

如果真是为了申报，你倒是可以照着国家或者省里建议的那一套特色小镇标准来执行。比如"3平方公里""3年投资30个亿元""3年建成"，但这样依葫芦画瓢，这个小镇就有人来吗？小镇就能活起来吗？一个基础良好的小镇真正成型尚需要七八年的时间，基础薄弱者要个十几二十年也是正常的事情。如果完成不了任务，那是不是只能弄虚作假了？

所以，那些抱着"争个大帽子睡大觉"想法的小镇开发者们，醒醒啊！你一旦入选，就已经被无数双眼睛盯上。做得好，可喜可贺；做不好，颜面扫地。"国家级"的帽子不是那么好戴的！

如果你说做特色小镇是为了拉动经济发展，那你要放宽心。如果你不缺乏良好的资源，即便没有被纳入特色小镇创建名单，也要鼓起勇气做下去。

现在国家、省里挑的是"优等生"，而你是个"潜力股"。做得好，又怎会担心别人不往你脸上"贴金"？要什么称号还不是水到渠成的事情。

所以，"国家级"的那顶帽子真的不要看得那么重要。即便3年有2亿的补贴，但相对于几十亿甚至上百亿的"造城"成本而言，那补贴简直是杯水车薪。小镇仅靠国家补贴不能茁壮成长，拿到"大帽子"也不等于你的小镇就成功了，打铁还需自身硬啊！

我们要摆正对"申报特色小镇"这件事情的态度，既不要忽视，也不要太过重视。上榜者不要骄傲自满，落选者不要垂头丧气，毕竟申报成功不是目的，造福百姓、带动经济发展才是初衷。

实际上，申报成功只是万里长征的第一步，后面的路还很长。申报成功值得庆幸，但最重要的是我们要知道怎么去打造一个小镇。

打造小镇并非想象中那么简单，小镇的建设也不是一朝一夕的事。笔者说过，就是一个小型的房地产项目，从征地到交房，没有个三五年别想完成，何况还是一个小镇呢？小镇不是旅游风景区，也不等同于产业园。小镇要宜居、宜业、宜游，要构建生活、生产、生态三大平台，才能实现"产、城、人"融合的目标。

要满足最基本的居家生活，首先要考虑哪些东西？医疗、教育、商业、休闲、文化、交通、居住，这些都少不了。而生产平台更复杂，不同的产业有不同的要求，如果是加工产业，至少要有厂房、设备、仓储、原料、员工食堂、员工宿舍……如果是纯粹的文旅小镇，虽然无须加工企业的厂房设备，但旅游、度假的配套必不可少，酒店、内部交通、景点打造、游玩设备、商业街……特别是特色的表达，更要花很多心血去营造。比如，足球小镇，除了训练比赛场地、足球学校、酒店、餐饮、商业街，还要有 IP 设计……太多东西要做。

不管是文旅小镇还是产业小镇，最关键的是顶层设计。顶层设计包括小镇定位、开发模式、盈利模式、规划和设计、产业延伸、商业和生活、运营和管理、服务体系、品牌打造、推广和宣传等，这是一个复杂的系统，需要更多的时间、精力、资金、智慧去完成。

比如，小镇定位。定位就是告诉我们想做一个什么样的小镇。定位决策的依据包括所依托的资源、市场、地块的价值以及消费者四个方面，它们都需要通过市场调查来确定。

又比如，小镇的开发模式包括游乐地产模式、度假地产模式、旅游商业模式、旅居养老模式等。你的项目选择哪一种模式，或者考虑哪种组合模式？开发主题不同，其选择的开发模式就会不同。而不同的开发模式决定项目的盈利模式，决定项目的存活率。

　　总而言之，小镇是一项非常复杂的工程，笔者在这里奉劝那些真正想做小镇的开发者，请你们将专注力从申报小镇转移到怎么打造小镇的问题上，不要亵渎了一块块美丽的土地啊！

1.10 不要给文旅小镇定框框

前段时间，受地方政府以及投资商邀请，笔者到云南、贵州、四川等地为几个小镇项目做诊断。一路上旖旎的自然风光和多姿多彩的少数民族文化，让笔者疲惫的旅途变得生趣盎然。但看完几个小镇后，笔者忧思难解、辗转难眠。

文旅小镇的建设热潮始于2016年7月。当时，住建部、发改委、财政部联合发出了《开展特色小城镇培育工作的通知》，并以浙江小镇为参考，粗略地提出了小镇的一些要求，比如占地3平方公里、能容纳3～5万人等。

中央的想法是好的，但部分地方政府执行起来却过于呆板、机械，甚至自上而下地给小镇定框框：定时间、定数量、定范围、定人数、定投资规模。

建设时间一般规定为3年，小镇范围则定为3～5平方公里，小镇数量要求100个，人数则要求一个小镇容纳3～5万人，投资规模要达到1年10亿元，3年30亿～50亿元。

他们基本上是按照这样的要求在打造小镇，达不到数量就滥竽充数。比如，一个并不富裕的区硬是"画"出了10个小镇；一个尚未脱贫的县城居然提出了3年投资80亿，打造国家级文旅小镇的目标。

地方政府这样做的原因有三个：一是要完成上级布置的任务，二是需要政绩，三是要赶浪潮、抓发展机遇。

地方政府依葫芦画瓢，投资者也"跟着感觉走"。既然中央提倡、政策引导，就跟着政策走吧。于是，很多投资者也挥臂呐喊几年内砸多少个亿。要是你问他们什么是文旅小镇，特色小镇和文旅小镇有何区别，他们大多会一脸茫然。说句公道话，这个不能完全怪地方政府，也不能说中央的政策有错，只是在执行时，大家对文旅小镇的理解出现了偏差。

但不得不提醒，无论是产业小镇还是文旅小镇，这种"一哄而上""盲目造镇"的现象十分危险，它不仅会阻碍中国新型城镇化的建设，还会造成生态资源、人力、物力、财力的浪费，最终影响的是中国整体生态格局和经济格局的安全！大家还记得10年前商业地产遍地开花、城市综合体泛滥成灾的情景吗？到现在仍存活的又有几个？

因此，笔者在这里大声疾呼：文旅小镇不能再一哄而上，也不能再定框框了！

不要硬性规定时间

笔者考察了云南、贵州、四川的多个小镇，发现有些地方最喜欢提出"一年初见成效、两年基本完成、三年全面建成"的目标。仿佛只有这样，才能看出他们建设文旅小镇的决心。

要明白，搞文旅小镇不是建房子，一两年就能建好。文旅小镇涉及生态、生产、生活等多个板块，需要精心策划，也要控制好开发节奏，不是大笔一画、大手一挥就可以完成的。

有基础的文旅小镇可以 3～5 年形成，没有基础的小镇需要 10 年甚至 20 年的培育。比如，以浙江的乌镇为代表的小镇，已经拥有了良好的产业基础，只要注入一些功能，文旅小镇很快就能成型。而位于西北、西南等地的偏远小镇，交通不便，旅游资源散乱，经济不发达，投资渠道较窄，则需要时间慢慢整合和培育。

不要定范围

根据中央对小镇的要求，这类小镇一般面积不大，大概 3 平方公里，核心区为 1 平方公里。有些地方就捧着这条"金科玉律"到处画圈，少 1 米不行，多 1 米也不行，让人觉得很可笑。

每个地方的文旅资源都不一样，怎么可以画同一个圆圈呢？比如，云南的泸沽湖项目，周围都是国家公益林，还有各种生态红线，开发不了，如果生搬硬套，只划出一个 3 平方公里的开发区，又能整合多少资源？

又比如，有些小镇的规模小，但始终坚持紧凑型发展，并已形成了集生态、生活、生产等功能于一体的自循环体系，为什么非得让这个小镇的范围扩大到 3 平方公里？这不是画蛇添足吗？

邓小平同志说，不管黑猫白猫，抓到老鼠就是好猫。而笔者想说，不管范围大小，只要自成一派、良性发展，就是一个真正的文旅小镇。

不要定指标

现在一些省份已列出各自的文旅小镇名单，并规定了具体的数量，一般都是"3 年建 100 个文旅小镇"。不管是经济发达的省份，还是欠发达的省份，都是这个目标。

上面有要求，下面的人跟着办，圈地定指标。在考察期间，不少县长、书记向笔者诉苦："老师，我们都压力山大啊，每个县都要申报好几个项目，不整出个东西，我们不好交差！"

于是，戏剧性的一幕出现了：在某省某市某城区，地方政府一股脑地提出了创建 10 个文旅小镇的计划，既有国家级小镇，也有省级小镇，还有县级小镇，什么足球小镇、温泉小镇、运动休闲小镇等，一哄而上。这些规划看上去让人激情澎湃、斗志昂扬。笔者想说，一个省、一个区域能发展多少文旅小镇，与整个省的经济发展、自然资源、交通、文化、市场等各方面因素相关联。

　　一般来说，东部沿海城市以及发达城市吸附力更强，文旅小镇会多一些，而中国西北、西南、东北部经济发展要缓慢一点，吸引外资的力度更弱，相应的，文旅小镇的数量也会减少。千万不要为了赶时髦、蹭热点，就提出与自己区域承受能力不相匹配的目标。更重要的是，文旅小镇更多的是由市场来选择，需要长时间的培育。各个地方可以瞄准具备发展潜质的区域，进行精心策划和培育，并将这些有特色的小镇作为载体，通过规划吸引投资，引入产业，从而推动这些地方城镇化的发展。但是，政府要做的是顺势而为，尊重规律，而不是揠苗助长，更没有必要制定太过详细的指标来束缚手脚。

不要过于突出产业，产业是自然形成的

　　产业对于文旅小镇的重要性不言而喻，但过分强调产业只会适得其反。笔者在云南、贵州、四川等地考察发现，有些地方领导拍胸口说："老师，我们要引入世界500强、中国500强或者某以产业领域公认的领军型、旗舰型企业，这样小镇就能持续发展了。"

　　笔者当时的第一想法是："完了完了，这个文旅小镇要搞成产业园了。"文旅小镇之所以为"特"，关键在于产业有特色。但这种产业不是照搬什么500强企业，而是要根植于当地的文旅资源，发现和开发出新的产业，形成独一无二的竞争力。只要小镇能生存繁荣，产业自然能形成。浙江乌镇、莫干山等一些成功的案例，它们有世界500强企业吗？

　　即便世界500强企业愿意来这个穷乡僻壤的小镇，也是给地方政府面子！地一圈，投几个钱，没多久就直接走了！为什么？因为你这里没有人才、资源，怎么生产啊？这些企业走后，剩下的烂摊子谁来收拾？

不要定人数

　　文旅小镇的打造本意是为了吸纳城镇就业人口，聚集新经济发展，以此缩小城乡之间的差别，实现城乡发展的和谐统一，因此不能单纯地规定要吸引多少人口。

　　对于经济活跃度高、人口密度较高的东部地区而言，长于斯的文旅小镇"磁场效应"会更强，会吸引很多人来居住、生活和工作；而对于经济发展缓慢、人口密度较低的西部地区来说，根植于此的文旅小镇的吸引力会偏弱，人口自然会少一点。

　　所谓人往高处走，水往低处流，每个人都期待更好的生活环境、更好的发展平台。各地方区域发展水平、自然环境的异同，造成了人口分布的不均衡。区域如此，文旅小镇也不例外。因此，在笔者看来，七八千人可以成为一个小镇，七八万

人也可以搞一个小镇，人数不是固定的，关键在于这个小镇能否源源不断地吸引人口，能否持续发展。

不要限定投资规模

"1 年投资 10 亿元""3 年投资 50 亿元"……对于这种屡屡见于报端的数字，笔者非常反感。

众所周知，对于经济发达、民间资本强大、人才济济的浙江小镇来说，随便吸引 10 亿甚至 20 亿的投资不成问题，但你让投资者花 10 亿元去投资一个地理位置非常偏远、经济发展水平落后的文旅小镇，你看他干不干！

有人说："老师，我们主要靠地方企业投资，若我们不行了，我们政府也拉上一把呗！"对于这种想法，只能用"无语"两个字来形容。

与其他经济发达的文旅小镇相比，部分地方的小镇本来就面临着基础设施落后、旅游设施缺乏等问题。你一下子砸了十几亿搞基础设施，说不定最后什么都没有。而且，由于游客数量少，设施的利用效率短时间内不会太高，产生的现金流根本无法覆盖投资。有哪一个企业的老板愿意做这样的买卖？让地方政府举债更是不可行，区域内的公务员的工资都难以保证，还要欠银行一屁股债？

因此，笔者想说，文旅小镇不要限定投资规模，地方政府要根据实际需要和市场可能，合理把握项目建设规模。好汤是慢慢熬出来的，你搞大水漫灌、搞大投资，有什么用呢？一不小心，自己也栽进去了。

不要规定产出效益

笔者最近在研究各个省的文旅小镇政策，其中有一项指标让笔者感到非常可笑。比如，某个经济不发达的省份提出，2017—2019 年，创建全国一流文旅小镇，每个文旅小镇的企业主营业务收入年均增长 25%，税收年平均增长 15%。

文旅小镇有这么好做的吗？现在，我国经济正处于转型期，经济高速增长的日子已一去不复返。2017 年，国家提出经济增长（GDP）的指标仅为 6.5%，"勒紧裤带过日子"已成为大家的共识。这么高的增长率，哪个小镇能达到？何况产业还有一个很长的回报周期，并非三五年可以达到的。

因此，笔者呼吁，文旅小镇不要规定产出效益。每个地方的开发进度不一，产业回报速度不一，政府可以引导开发，但最终的产出效果只能由市场决定。尽人事，听天命，就是这个道理。

不要否定房地产

有专家提出了"文旅小镇去房地产化"的想法。不可否认，确实有一些企业或地方借"文旅小镇"之名，行"房地产开发"之实，主要是为了拿地便宜。但没有房地产就没有镇，没有房地产就没有人，光讲产业，那和过去的工业园、产业园、开发新区有什么区别？现在有几个工业园还活着的？没有房地产，怎么留得住人？产业和城镇以及人如何实现良性互动？所以，文旅小镇不必忌讳房地产，只是房地产开发的模式、盈利模式和过去单纯的地产开发有所区别！

那么，文旅小镇到底应该怎么打造呢？

笔者认为，无论是地方政府还是开发者，都需要了解文旅小镇的基础、核心、灵魂是什么，切勿一哄而上、一厢情愿，应当遵循以下四个准则。

准则一：文旅小镇开发的基础是文化旅游资源

没有文旅资源，怎么打造文旅小镇？文旅小镇的文旅资源应该具有特殊性、独特性，从某种程度来说甚至是稀缺的，这样才能给消费者带来独特的体验价值。

王志纲老师说："这世界从来不缺少美，缺少的是我们的发现能力。"文旅资源也一样。比如，笔者在云南省丽江市程海县就发现了很多美好的事物，有他留人神秘的民族文化，有三川镇的万亩荷花，有500年前的古地震带，等等，但这些非常好的文旅资源在当地只是一种客观的存在，没有人将这些美串联起来，使它们产生联系，并打造全域旅游。

除了文旅资源外，交通和人气也同样重要。文旅选址有三要素：一是文旅资源必须"特"，二是交通条件必须"顺"，三是人气源必须"近"。

交通条件必须"顺"很好理解。无论是观光型还是度假型的，没有便捷的交通，一样难以成就文旅。祖国的名山大川何其多，能去的又有几座？皆因交通使然。为何泸沽湖很漂亮，来看它的游客却很少？交通不便是关键因素之一。

人气源必须"近"。没有人气就没有一切，更没有地产开发的基础和条件。项目与主要目标城市消费人群的距离必须近，大城市周边最适合做文旅小镇。

文旅小镇为何发轫于浙江？皆因浙江城市群发达，经济全国数一数二，产业基础雄厚，人口密度高。因此，靠近大城市的文旅小镇何愁没有人气？

准则二：文旅小镇的核心是产业

没有产业，文旅小镇最终会是昙花一现！产业是小镇能持续发展的基础和条件，是小镇保持永续动力的前提。

众所周知，文旅小镇一般是依托文化、旅游资源形成的，其盈利模式主要来源于休闲服务业，如门票收入以及游客吃喝玩乐住的收入。但这种盈利模式的弊端在于，它是建立在丰富的资源之上，如阳朔凭借旖旎的风光吸引各方来客。而一旦文化、旅游资源不再独特或遭到破坏，一旦游客产生厌倦心理，一旦它被资源更丰富的地方所代替，这种小镇很可能由盛转衰。

因此，我们在做小镇产业规划时，不能局限于眼前的繁荣和热闹，而是要对文旅资源进行深度挖掘和提炼，并形成可进入更广阔市场的产品，而且能迅速建立强大的品牌优势，这才是关键。一般来说，文旅小镇产业需要经历发现、规划、引导、培育四个阶段。

准则三：文旅小镇的灵魂是定位

文旅小镇的灵魂到底是什么？有人说是产业，有人说是文化，不一而足。笔者认为，小镇的定位是灵魂！

因为只有定位才能决定小镇的发展方向，只有定位才能指导小镇开发的所有环节和细节。文化只是小镇的某种特质，有的文旅小镇甚至并不需要特别突出文化的作用，如以自然资源为主题的小镇，如城郊新建的以游乐为主题的小镇，这些小镇最大的核心价值就是自然资源，或者是游乐主题和设施的独特性。

文旅小镇定位的依据包括四个方面：一是依托的资源，二是依托的市场，三是地块的价值，四是消费者。由于篇幅所限，这里就不再做详细的介绍。

准则四：顶层设计是文旅小镇重要的一环

没有做好策划以及顶层设计，就开始搞大规划，会浪费甚至破坏自然资源。

笔者考察过很多个小镇，它们有个共同的毛病，就是没有做策划和顶层设计，就直接请规划院，然后招商建设。其最大恶果就是规划不停地改，建设时不断地加减，也就是想到哪做到哪，想到什么做什么。随意性代替了科学性，个人意志代替了市场需求。我们必须纠正这一恶习。

在文旅小镇建设过程中，顶层设计扮演着重要的角色。顶层设计包括战略定位、开发模式、盈利模式、战略规划、文旅小镇的生存与发展、运营管理、服务体系、品牌建设八大板块，它们之间相互依赖、相互促进，缺一不可。

没有考虑好小镇的定位，你怎么安排开发的顺序？没有确定好开发模式，你怎么知道盈利点在哪里？

总而言之，一个文旅小镇的诞生，有其自身的土壤和逻辑，并不能靠一纸命令、一项规定而成，更不能一厢情愿，随意画饼。在这个过程中，政府应该充当"店小二"的角色，为文旅小镇的建设提供方便，而不是什么事情都大包大揽。另外，那些闻风而动的投资者也应该了解清楚文旅小镇到底是什么、怎么做后，才开始行动。

1.11 文旅小镇建设千万不要"生拉硬扯"

现在，各地都在积极申报特色小镇，有条件的要上，没有条件的生拉硬扯也要上，似乎一个地方政府不申报十几个，就不算响应中央的号召。

笔者几乎每天都接到各地发来的小镇申报资料，有一个县甚至申报了 16 个。笔者问对方："你就那么点资源，那么点市场，你搞这么多小镇是要自己跟自己竞争啊？小镇能活吗？"他说："老师，这不找您了吗？我们是能申报多少就申报多少，能批几个算几个，只要上面批了，对地方经济就一定有好处！"

真的吗？一碗粥一个孩子吃，养活他应该没问题，十几个孩子抢着吃，你看能不能活下来一个？小镇是这么容易建设的？小镇的生命力在于"特"，小镇的基础是资源，小镇的发展在产业，小镇的兴旺在市场。十多年前的商业大开发、综合体到如今还有几个成活？商业体如此，特色小镇也难以避免！

对于目前的"特色小镇热"，笔者结合自己的亲身经历，提出了几点思考，希望对各位有所启发。

思考一

特色小镇的空前热闹，各级政府的不遗余力，这让人喜忧参半。推动小镇的建设，无疑是中央的一项正确决策，旨在通过全国众多小镇的开发和建设，加快中国城市与乡村的对接，带动乡村的经济发展。但是，这样一窝蜂地大干快上，有条件的要上，没有条件的创造条件也要上，由此带来的隐患和风险路人皆知，最后的结果又由谁来负责呢？

思考二

商业开发是小镇建设特别是文旅小镇非常重要的一环，可以说，商业繁荣了，小镇就活了。但是，商业开发过度，必然对文化的破坏更深，这从丽江、阳朔、凤凰古城等可以窥见。商业开发与文化保护该如何平衡，这是一个非常值得思考的问题。

16 年前，笔者走在丽江古城的青石板上，感受到的是古老的街道、悠久的历史——这是一个让人走了还想再来的地方。但最近再来古城时，发现味道变了：没有文化主题的商品泛滥，商铺销售员的吆喝声此起彼伏，酒吧的音乐震天响。整个丽江古城的商业化越来越严重，纳西文化日渐式微。如果继续这样发展下去，古城很有可能在 5～8 年后被边缘化！

这并非耸人听闻，古城区的某领导亲口告诉笔者，他两年没进古城了，因为他觉得商业的味道太浓，没有意思。

因此，我们需要把握商业开发的"度"，既不能否定商业的价值，也不能片面追求商业化，丢失了最引以为豪、最有价值的文化。科学的开发是最好的保护，这一点对每个小镇都适用。

思考三

很多人对文旅小镇和旅游风景区的概念模糊不清，文旅小镇最终有没有可能演变为旅游景点？

这种担心并非空穴来风。有些小镇有一定的文旅资源，但交通不便，人气不足，很容易渐渐成为旅游景点。比如，江西某小镇紧邻 2 万余亩连绵起伏的山林和 4500 亩水域，小镇内的欧式建筑林立，绿草如茵，湖面碧波荡漾，让人心旷神怡。这个地方其实有打造小镇的基础。但可惜的是，这个小镇交通不便利，游客只能开车进入，加上配套全无，最后只能沦为旅游景点，供人"到此一游"。

思考四

文旅小镇的产业到底是什么？现在很多人说，产业是文旅小镇的灵魂，没有产业就没有文旅小镇。文旅小镇的灵魂真的是产业吗？有关这点，仁者见仁，智者见智，但笔者认为文旅小镇的灵魂应该是"定位"。

很多人把文旅小镇的产业理解为必须是第一产业、第二产业，也就是必须是农业或者工业。对此，笔者不禁要问：你到底是做文旅还是做产业园？难道第三产业就不是产业？文化和旅游本来就是最好、最有潜质的热门产业，为什么要规定文旅小镇必须有农业或者工业呢？更可笑的是，有的地方为了满足上面的这些规定，硬是在文旅小镇塞一些不伦不类的东西，好好的文旅资源被破坏。我们必须明白，文旅产业也是产业。

思考五

一个小镇的成长，并非朝夕之功。一个小镇，从策划、规划、设计、建设到运营，少说五六年，多则十几二十年。但有些地方硬性规定，3 年必须建成而且见效果。不要说是一个小镇，就是一个不大的房地产项目，从策划到完成最少也要三五年。大家所熟知的乌镇是一个有基础的古镇，从重新规划到今天的模样用了近 20 年。乌镇景区总规划师陈向宏自 1999 年起就主持乌镇古镇旅游保护开发工作，在全国古镇中率先提出"历史街区保护和再利用"的理论，他画了几千幅草图，考察了很多古镇，引进了戏剧节、艺术展、动漫展、互联网大会等众多文化活动，才将乌镇从观光型古镇打造成了国际性的著名休闲旅游目的地小镇。

小镇建设并非画一张规划图、投一些钱就可以成型，它的成长甚至需要几代人的努力。

思考六

自然风光和文化到底哪个最重要？没有文化的自然风光只能是景区，再美的风景只能让人到此一游，只有文化才能留住游客，才能让游客来了又来，来了就不想走。但是，我们必须明白，自然风光是文旅小镇的基础，没有优美的自然风光，再深厚的文化也只能是学者的研究对象。

思考七

美需要发现，更需要表达。文旅小镇首先是文旅资源，但很多地方资源贫瘠，这并非热情可以解决的。没有资源硬要打造文旅小镇，一是为了赶时髦，二是上面定指标，三是盲目自大、一厢情愿。

不过，有的地方看似贫瘠，也许隐藏着最独特的资源。关键在于是否有能力发现，发现是需要智慧的。比如，茫茫无际的新疆大戈壁乱石遍布、万鸟绝迹，只有黄沙漫卷。粗看这地方，人类避之不及，何谈文旅资源？但是，那些没见过大戈壁滩的人，一想起"大漠孤烟直，长河落日圆"的壮阔，是否有一种冲动和向往呢？所以，看似贫瘠甚至是生命禁区的戈壁滩就成了独一无二的旅游资源。当然，做个文旅小镇，仅有戈壁滩是不够的，但找到了最具特色的资源，接下来的挖掘和演绎就容易得多了。

另一个例子是丽江永胜，那是一个400多年前的地震遗迹，当地寸草不生、沟壑纵横。山崩地裂后的奇异山体，让人对大自然产生畏惧和崇敬之感。这种肃穆感与周边的秀美山水形成强烈的反差，这种绝世壮美就如一幅大师作品，不，那是上帝的杰作。

思考八

资源共享环境下怎样做出不同的特色？最近，笔者在对几个省份的考察中产生了一个很深的忧虑：同一地区甚至是同一区域，有不少的小镇都在申报文旅小镇的建设，资源相同、文化相同、地形地貌相同的地方却要打造几个小镇。这就出现一个问题，如何使每一个小镇具备不同的特色，因为没有特色就没有小镇。

笔者曾经反复强调，文旅小镇的基础是文旅资源，不同的文化和自然风光塑造了各个小镇不同的颜值、气质和内涵。正因为这些不同，才受到了更多游客的追捧和吸引游客前往。但在同一环境下想要打造两个甚至多个小镇，你又如何去区分它们不同的颜值、气质和内涵呢？如果没有不同，无疑会产生恶性竞争，其结果就是在价格、服务、创新上相互诋毁，混乱、低俗、欺诈恣意生长，直至毁掉整个环境。大理是这样，凤凰古城是这样，云南、贵州无不如此。特别是目前，古镇风起云涌，很多地方只要看到青砖黛瓦的小村庄，一股热血就冲上脑袋，古镇啊！于是，一个地区突然间就冒出了无数个古镇，除了名字不同，实在找不到其他差异。

　　在丽江，笔者甚至还看到这样一个笑话：有一个从山里集体搬迁过来的村庄，开发商按当地民俗建筑风格修旧如旧，然后在所有房屋的墙体，粉刷各种颜色的涂料，在村庄周边和道路两旁种植玫瑰，然后取了个名字，叫"××玫瑰小镇"，并且马上收取 100 元的门票。小镇这样个搞法，真是闻所未闻、见所未见，几把刷子，几桶涂料，再栽几朵玫瑰就成小镇了？

　　不管这个项目的开发商是出于何种心态，但有一点可以理解，就是在周围各种小镇奇招迭出的竞争下，实在想不到其他好出路才不得不如此。其实，这不能完全怪投资者，各级政府为了完成上面的指标任务，推波助澜也是一大诱因。

　　在同一区域做不同特色的小镇，很难！但是，真的没有其他出路了吗？也未必。自然资源相同，但文化可以不同，产业可以不同，定位可以不同，就看你如何去发现和表达。

　　比如，丽江古城区有一个小镇，同样是根植纳西文化，但它独辟蹊径，深挖纳西族传承下来的鹰猎文化，意欲将其打造成为一个中国独一无二的鹰猎小镇（详见本书《丽江玉龙县六大小镇诊断》一文）。另一个项目则充分利用云贵高原气候，结合当地纳西人对足球的热爱，意欲打造一个高原有氧足球训练小镇（详见本书《丽江玉龙县六大小镇诊断》一文）。

　　这两个小镇中，一个是以文化为主题，但不再是人们熟知的纳西东巴文化，而是对东巴文化的深度挖掘，将纳西人的某种生活技能还原和再现。另一个则以产业为主，充分利用丽江的资源优势，比如气候和自然风光，打造一个既可以训练又可以度假的足球小镇。这两个小镇的创意值得我们鼓掌！

　　在为玉龙县的诊断中，我们同样发现自然资源一样而定位不一样的小镇，比如安谧小镇（三股水小镇）、拉市小镇，前者以静为主题，后者以动为主题。

　　安谧小镇位于金沙江边，三股水流聚集在一起，水量非常大，自然形成了各种叠泉、瀑布。沿着溪水一路前行，更有"曲径通幽处，柳暗花明又一村"的感觉。而拉市小镇可以围绕马来做文章，再结合拉市海的湖面风光，把玫瑰园、客栈都作为以马为中心的旅游配套，形成一个独立的旅游基地，与古城、玉龙雪山形成三足鼎立之势。

思考九

小镇申报通过就万事大吉了吗？

小镇建设不是一朝一夕的事。即使是一个小型的房地产项目，从征地到交房，没有个三五年就别想完成，何况是一个小镇。小镇不是旅游风景区，不是产业园，小镇需要一个宜居宜业的环境，是一个包括生活和生产的大平台。要满足最基本的居家生活，首先要考虑医疗、教育、商业、休闲、文化、交通、居住……没有这些配套设施，小镇居民怎么生活？

而生产平台更是复杂，不同的产业有不同的要求，假如是加工产业，至少要厂房、设备、仓储、原料、员工食堂、员工宿舍……如果是纯粹的文旅小镇，虽然无须加工企业的厂房设备，但旅游、度假的配套必不可少，酒店、内部交通、景点打造、游玩设备、商业街……特别是特色的表达，更要花很多心血去营造。比如，足球小镇，除了训练比赛场地、足球学校、酒店、餐饮、商业街外，还要有 IP 设计……太多太多东西要做。

不管是文旅小镇还是产业小镇，最关键的是顶层设计。顶层设计包括小镇定位、开发模式、盈利模式、规划和设计、产业延伸、商业和生活、运营和管理、服务体系、品牌打造、推广和宣传等，这是一个复杂的系统，需要更多的时间、精力、资金、智慧去完成，怎么可能一蹴而就？

所以，"申报成功"只是万里长征的第一步，后面的路还很长很长……

思考十

无论是政府还是企业，对小镇如何开发没有一个完整的思路，大部分停留在"我要做一个什么样的小镇"，而根本不清楚"我怎么样才能做好这个小镇"。现在大家都在很努力地做一件事——怎样申报成功。而怎样打造一个小镇却没人重视，或者说不知道怎么重视。

其实，怎样做小镇，不仅政府、企业不清楚，而且连这方面的"专家"，清楚的也不多。即使有那么几个知道要做好"顶层设计"，也不清楚一个小镇的顶层设计怎样做才能真正落地。理论是用来指导工作的，但用于指导的理论首先必须来源于无数次的实践，是从无数个成功或失败的项目中提炼出来的。

这不怪专家们，小镇建设在中国本来就是个新东西，大家都还在忙着征地、申报、规划，远没有进入实质性的开发，根本谈不上成功或者失败，无法借鉴。可能有人会说乌镇等不是早就建成了吗？大家可能没有弄清一个概念，乌镇是古镇改造升级，现在所有的可以参观学习的小镇几乎都是古镇的改造和升级，新建的没几个。而我们现在所讨论的是新建的，即没有古镇的原始基础，在一块中意的土地上新建一个我们自己心中所想的小镇。

专家们善于总结和提炼，但有几个专家真正地从头到尾，从征地开始、顶层设计到项目完成始终都参与和主持项目？如果没有完整地参与和主导几个项目，他们总结和提炼的理论又怎么可能完整呢？

有必要提醒那些真正想打造小镇的政府和企业，现在该把心思从申报转移到怎么做的问题上，用更多的时间考虑项目的方向、定位、规划、模式、运营，不要亵渎了一块块美丽的土地！

1.12　地产商转型小镇的10个当心

特色小镇已进入实质性开发阶段，毋庸讳言，绝大部分开发商都是由房地产转型过来的，大型房企如恒大、碧桂园、绿地、绿城等抢滩登陆，中小房企更是不甘落后。

地产商转型小镇是良机，但同时极有可能是一个巨大的陷阱。

近段时间，笔者接触了很多准备进入或者已经进入小镇开发的开发商，发现一个令人担忧的严重问题——他们承袭着地产开发的理念、模式去打造特色小镇，但根本没有认识到地产开发和小镇建设完全是两码事，不言而喻，风险巨大。

为此，笔者写下这篇文章——《地产商转型小镇的十个当心》，希望能引起大家的重视。这篇近1.4万字的文章，笔者断断续续写了一个月，很多内容都是在出差途中完成的，通宵熬夜也是常事。但如果能够警醒大家，笔者将倍感欣慰。

笔者从来不认为小镇开发要去房地产化，没有房地产开发，就没有小镇。我们必须认识到，特色小镇确实为房地产开发开辟了一条新路，是大小房企转型的一次良机。但笔者也一再强调，小镇建设和房地产开发不是一回事，照搬房地产开发的心态、理念、模式、流程、经验去开发小镇，绝对会痛不欲生、万劫不复！我们先看看小镇建设和房地产开发有哪些不同。

一是功能不同。房地产开发满足的是居住需求，因此，房屋朝向、户型设计、空间布局等无不体现居住的舒适性。而小镇开发首先满足的是旅游或者产业的导入，没有游客，文旅小镇就是一潭死水。

二是产品不同。房地产开发功能单一，其产品就是房子。而小镇的产品除了房子，还有游乐主题、景点、产业等。如果说地产开发的产品就是房子，那么，小镇开发的产品则是"城"。这座城包罗万象，涵盖了人们一天24小时的一切，甚至包括生活和工作。

三是配套不同。地产开发围绕着"宜居"来做文章，尽量满足生活特别是工作之余的生活的设计配套，社区商业、休闲健身、医疗教育等都必不可少。而小镇针对的是游客，游客追求的是体验、感受，因此游乐配套才是主题。

四是服务不同。首先是服务的主体不同。地产开发服务的是"业主"，而小镇服务的是游客。其次，服务的内容不同。地产开发的服务是物业管理，安保和收费是目前大多数社区服务的主要内容。而小镇的服务是"接待"，这种服务是全方位、全时段、全过程的。

五是盈利模式不同。地产开发盈利主要来自房屋的销售和出租。小镇可以是以门票、酒店客栈出租、游乐项目的收费、休闲商业消费、旅游产品的销售盈利。如果是产业小镇，盈利也主要看产业研究成果或者产品转换成商品后销售所得。当然，我们必须承认，小镇度假公寓或度假别墅的销售是一块很大的盈利点。另外，地产开发一般都是一次性销售，房子卖完，开发商的主体工作就完成了，而小镇的门票是天天要卖的。

六是开发模式不同。地产开发节奏快，资金滚动快，产品单一，后期运营简单。而小镇开发是个漫长的过程，融资渠道多。小镇的产品除房子外，更多的是游客和服务设施的建设，后期运营至关重要。

在清楚了地产开发与小镇建设这些区别之后，我们就知道了转型的路上到处都是陷阱，稍有疏忽就会满盘皆输。

谨慎过头是畏惧的表现，但盲目冲动却是失败的开始。因此，我们必须当心。

当心一：有规划无策划

很多地产开发商，特别是中小开发商，有一个很普遍的现象，征地完成后第一时间找一家设计单位画图，然后尽快立项、开工。市场好，房子不愁卖；市场不好，就把所有的责任推给销售。殊不知，没有经过策划的设计方案，只是开发商的自以为是，或者是设计单位的卖弄。策划是什么？策划首先是战略设计，其次是战术把握，最后才是创意。房地产功能单一，相对小镇要简单很多，在"房子最安全，房子最增值"的大环境下，没有策划的房子曾经也风光无限，不愁买家。

但小镇不同，小镇不是必需品，市场的必然性很小。小镇是个新东西，不要看现在热热闹闹，前景怎样谁心里也没底。小镇的消费者是游客，他们的消费心理、消费需求、消费特征到底是什么？地产商转型打造小镇，其目的还是要赚钱，但你对市场、对消费者都不了解，凭什么成功？

笔者曾经给很多项目做过诊断。他们在一个适合做小镇的地方开发了大片的地产，都是低密度的别墅和多层公寓。项目名称就是"某某小镇"，可是，项目销售了几年，一套房子都没卖出去。笔者告诉他们，适合做小镇的地方，就是自然资源非常好、环境和空气都不错的地方。但挂着小镇的名头做地产开发，同时又远离城市且交通不便，周围没有任何市政、生活配套，这样的项目不是小镇开发，也不是大盘开发，那叫自以为是的无知开发。这样的案例比比皆是，大连、广州、丽江、成都……太多太多，这样的项目不死，连上帝都不会原谅。为什么？这就是根本不懂小镇，根本不了解小镇和地产开发之间的区别的后果。

策划的重要性之于小镇更甚于地产。因为地产开发的只是一个项目，只是房子，而小镇开发的是一座"城"。这座"城"存在的根本意义是什么？存在的基础又是什么？主人是谁？客人又是谁？靠什么在几千个小镇的比拼中活下来？

不做好小镇的定位，不做好小镇的顶层设计，你请设计师画个图就敢开工吗？怎么定位？定位的基础和原则是什么？顶层设计包含哪些内容？顶层设计的模型怎

么设计？这些就是策划！这些策划根本不是规划设计院能做的事。本末倒置是当心踏入的第一个陷阱。

当心二：重地产轻游乐

开发商转型小镇的真正心态，有两类是很明显的：一类是借助小镇的政策优势继续地产开发，因此所有的模式和流程都和过去一样；另一类是知道小镇与地产开发不同，但却不清楚不同点究竟在哪里，只好沿用地产开发的经验，边干边摸索。不管是哪种心态，都脱离不了地产开发的主题。

小镇的消费主体是游客或者度假的人群，他们到小镇来就是放松、休息、感受新奇、享受人生，或者追忆某段情缘，这需要场景、氛围、独特的空间甚至是怡人的颜色和气味。这一切都需要独具匠心和情怀去专注地营造，需要更多的资金和空间。如果单从地产开发的心态来衡量，这是绝对不划算的。可以说，没有让游客产生某种情感体验的小镇，哪怕房子再精致，也不过是扔在野外的一堆钢筋水泥建筑而已。

因此，小镇的游乐是决定小镇能否具有吸附力的关键。游乐不是简单的刺激，更不是安装几套玩耍的设施就大功告成。游乐注重的是情趣、情愫、情韵、情景、情节……哪怕一片枯叶、一节断壁、一盏旧灯、一块门楣、一棵小树，能让游客有所触动，或者会心一笑，或者恍然如梦，或者低头沉思。

当心三：重开发轻运营

经过近一年的喧嚣，小镇的热度终于降了下来，现在正式进入开发阶段。既然小镇定位有了，开发模式确定了，盈利点也找到了，规划通过了，那就开工吧。轰轰烈烈，只争朝夕。酒店、客栈、餐饮、商业街、度假公寓、别墅、景点打造、文化植入……一切尽在掌握中。

可是，酒店谁来经营？客栈怎么出租？餐饮有什么特色？商业街如何招商？公寓、别墅卖给谁？还有服务体系呢？安保环保呢？危机处理呢？交通安排呢？所有这一切都不是一句"车到山前必有路"就能解决的。不在开发之初就做好规划和安排，到时候就极有可能"车到山前是绝壁"。

笔者在这里再一次提醒，前期开发只是小镇成立的基础。小镇能否真正运转、存活下来，其根本是后期的运营。凡是重开发、轻运营的，最后必然混乱不堪、难以为继。要处理好开发与运营的关系，就必须在初始阶段做好顶层设计，要预判运营后的复杂难度和风险。小镇的运行并不是一家开发商能完成的，必须借助社会的资源和力量，让更专业的机构和团队参与，确保运营正常而稳定。

当心四：重资源轻规划

我们知道，文旅小镇成立的基础是看资源的禀赋，也就是看资源是否有特色。资源分为自然资源和人文资源。资源是否有特色，很大程度需要看置于什么样的市场背景下。前面我们反复讲到，有些资源在局部市场司空见惯、稀松平常，但放到更大的市场却稀缺珍贵。例如，喀斯特地貌对桂林人来说司空见惯，但对全国人民来说却秀丽无比，因此才有了"桂林山水甲天下"之美誉。

但是否有了资源就万事大吉呢？再好的资源，如果没有很好地表达，就只是一些散乱的风景而已，而最好的表达就是规划。比如，资源的整合、资源的提升、资源的重新包装、资源的文化植入、资源的延伸等，这都必须通过规划来实现。因此就有必要了解小镇规划的如下原则。

（1）突出小镇的特色。不同的小镇应该有不同的禀赋、不同的颜值和气质，规划应该突出小镇的特色。

（2）规划产业发展。没有产业，文化、旅游的资源再丰富的文旅小镇也会走向没落。只有规划好产业的发展，才能保证小镇的长远发展。发展产业需要尊重本地特色，适当引进外部资源，并与旅游进行结合。

（3）强调文化表达。丰富的文化底蕴是吸引人们前往小镇旅游乃至定居度假的主要原因。规划应该注重文化的表达，而文化的表达既可以通过建筑、景观来实现，也可以通过一花一草来实现。同时，文化应有传承，不能随意照搬外来文化。

了解了规划的原则，就知道这里所说的规划不仅仅是方案规划，而是战略规划。方案规划是战术层面的东西，相对简单，战略规划则不然。战略规划的第一步就是研究分析资源与定位的关联关系。在分析资源的基础上，我们至少要搞清楚四个问题：游客为什么会到你这里来？哪些人会到你这里来？他们什么时候来？他们来这里能干什么？

从本质上说，游客的数量决定了文旅小镇的生存和发展，而游客选择什么样的小镇，首先是对资源的选择。比如，想浪漫的人一定选择三亚，想一饱眼福的人会选择桂林，想追求情怀的则会到乌镇，想探寻文化的人则想到泸沽湖窥探摩梭人的母系文化……人们在不同时段会有不同的旅游需求，但不管需求如何变化，其对目的地的选择一定是有针对性的。

但是，选择不等于认同，不等于流连忘返，不等于来了会再来。这就是说，资源只是选择的基础条件，如果资源没有得到很好的表达，没有对资源进行很好的规划，那还是创造不了旅游价值。比如，如果三亚的沙滩没有太阳伞、没有摩托艇、没有氢气球飞人、没有潜水、没有椰林、没有月光烧烤……那么其只是一片原始的沙滩。三亚还会是浪漫的天堂、情人的圣殿吗？三亚的海岸线何其长，为什么不是每一处沙滩都人满为患？

当然，规划不仅仅是对资源的再整合和再表达，规划还有一个更重要的方面，就是对小镇的功能的布局，而功能的布局是由需求决定的。这里有一种现象非常可怕——很多人没有认真研究小镇到底应该具有什么功能，而是随意地按照房地产大盘的模式进行布局，无非就是综合商业、酒店、餐饮、菜市场等，甚至照搬照抄城市的规划，图书馆、体育馆、博物馆、公园、写字楼、大型购物中心等，一应俱全。

笔者反复强调，小镇建设既不是房地产开发，也不是大型城市建设，小镇就是小镇，它不能像地产项目那样单调，也不需要像大城市那样繁华和喧闹。小镇，特别是文旅小镇，就是一个让人放松、小憩的度假之地。所以，其规划的核心就是营造一种氛围，追求一种境界。

通过以上分析，我们可以看到，对于小镇开发，资源固然重要，但规划决定小镇的境界！发现资源需要智慧，表达资源则需要情怀！

当心五：重文化轻产业

记得在"小镇热"刚刚兴起之时，有关"小镇的灵魂"的讨论非常激烈，其中"文化说"得到大多数人认同。后来虽有"产业灵魂说""策划灵魂说"等，凡此种种，不一而足，但笔者不敢苟同。

笔者一直认为，小镇的灵魂应该是定位。比如，你要做个激情小镇，激情就是灵魂；你要做个足球小镇，足球就是灵魂。今天我们不讨论灵魂问题，但小镇有没有文化，决定小镇的内涵，决定小镇的层次，决定小镇的体验深度，甚至决定小镇能否持续发展。这点可能大多数人都不会反对。也就是说，文化无论在文旅小镇、产业小镇、田园综合体或是其他特色小镇都有着举足轻重的作用。

因此，很多小镇开发商从选址开始就非常注重文化的发现和挖掘，有的甚至将文化因子作为唯一的判定标准。没有文化，再好的自然资源也会舍弃；没有文化，编也要编出文化，即使生拉硬扯，也得整出一个文化。于是，历史名人、历史事件、历史遗迹，风俗、神话、传说，天上地下，远古未来，只要和文化沾点边，就一定会大肆挖掘，哪怕就是捕风捉影，也一定会创造出一个"伟大"的文化。

其实，笔者认为，完全没有必要把文化神化，文化只是我们做小镇的一个基础条件，也就是一种资源。文化除了传承，也确实还可以创造，文化非常宽泛，没有必要生拉硬扯，只要我们心有情怀，一草一木皆为文化。

注重文化的发现和挖掘，无论上升到什么高度都不为过。但是，如果将文化作为小镇的救命稻草，作为小镇生存和发展的唯一条件，将文化极端化，就极有可能弄巧成拙。因为小镇生存和发展的另一大条件是产业，没有产业的注入，无论多么好的文化，也只能是过眼烟云。因为文化需要载体，文化需要转换，具有商业价值的文化才更具活力。特别是小镇的文化，我们花那么大的气力和成本去发现、挖掘、表达，绝不仅仅是为了传承。而小镇的产业正好是文化最好的载体和转换器。比如，民宿客栈为什么风起云涌？有的客栈价格甚至贵过五星酒店，但客人仍然蜂拥而至，这就是因为客栈很有"文化"。再比如，迪士尼为什么人满为患，就是因为迪士尼的影视、书刊、动画受众很广，激发了更多人对迪士尼的向往，亲身体验比影视书画更真实。再比如，目前台湾的商业模式正在大陆大小商业中心蔓延，其中最突出的就是休闲商业，在很多爆品商业项目里都能看到台湾美食、台湾咖啡、台湾动漫、台湾文创等的"身影"。它们的出现，从某种意义上说就是人气的保证。

上述例子说明，文化只有依托产业，只有通过产业转化，其价值才能更大化。而小镇因其非村非城的特点，恰好是新兴产业最佳的聚集地，也是文化与产业最好的嫁接平台。

这里有一点必须说明，这一点也是最容易被歪曲和误解的，就是小镇的产业必须是农业或者工业，要不就是高科技、金融、信息等新兴产业。其实，旅游业、商业、服务业都是产业，只要形成规模，具有一定的品牌价值，并能够上下延伸，就是很好的产业。目前，很多地方要求小镇必须有主体工业，甚至还强调必须是世界500强企业之一，要不就必须引进科技产业、金融业，否则一律不得申报。这实际上是对小镇产业的歪曲。如果是产业小镇，尚能理解，但文旅小镇非得生拉硬扯就明显是曲解。

小镇不能没有文化，小镇更不能没有产业。"重文化轻产业"的小镇必将昙花一现，"重产业轻文化"的小镇也必将沦落为加工基地。

当心六：重商业轻文化

重商业轻文化是目前大多数旅游景区的通病，丽江如此、大理如此、阳朔如此、鼓浪屿如此、凤凰古城如此。无商不活，无商不富。所以，本以纳西文化闻名的丽江最终也被商业所污染，致使我们如今走在古城的石板路上，再难感受到东巴舞那直击心灵的优雅与狂野，再难听到东巴鼓飘散在小巷的原始颤音。满街的金属撞击声和声嘶竭力的吆喝声让人觉得索然无味。商业至上，成就了丽江，也毁了丽江，同样，也正在毁凤凰古城、大理、鼓浪屿……

更让人担忧的是，小镇开发大有步后尘而居上的趋势，商业街、酒吧街、饮食街是小镇的标配。所有的开发商都知道，小镇商业不活，小镇必死。因此，如何做好小镇商业成为开发商最为关心的头等大事。

我们必须承认，小镇无商不活！但我们还必须看到，小镇商业相比城市商业更难做活！因为受业态的限制，家居用品、电子商品、大型超市、大宗商品、高端奢侈品一般不会进驻，即使小镇原住民有需求，也会与旅游商业有区别，仅剩的就只有酒吧、餐饮和风情街了。丽江酒吧闻名于世，阳朔西街享誉全球，但这不等于所有旅游胜地的酒吧都可以这样昌盛。袁家村饮食风靡全国，也不等于所有的小镇饮食街都能如此红火。丽江、阳朔之所以如此火爆，一是旅游资源独步世界，二是培育期至少长达 20 年，三是游客数量年达几千万人次。显然，这不是每一个小镇都能拥有的。因此，小镇开发商不得不寻求新的商业模式和创新业态，游乐园、风情街、休闲驿站等层出不穷，开发商各出奇招。

尽管模式和业态层出不穷，效果却不尽如人意，为什么呢？

我们很清楚，小镇商业的主要消费者是游客，其主要特征是休闲消费，注重的是体验感受，而体验感受最能引发情感关联的就是文化。无论形态或者业态，包括商品、场景、展示、包装、服务等，只要与文化相关联，就不再仅仅是商业价值的体现，而是商业与文化价值的叠加，因此便具有了某种情感因素。比如，同样的一双鞋，在商场它就是一双鞋，在某个小镇它却代表了旅游者的一段经历、一次回忆、一次见证。当然，这双鞋必须注入某种文化因子，如具有民族特色的鞋面绣花、传承几千年的制鞋工艺、独特的造型或者原生态的材料等。这双鞋的功能可能不再是穿，而是纪念。

所以，小镇的商业能真正活下来，关键是与文化相关联。小镇文化氛围越浓，人气越旺；人气越旺，商业越活。小镇文化因子越多，商业与游客情感关联越深；情感越深，商业价值越高。重商业轻文化，商业不活！

当心七：重近利轻长效

前面已经谈过，小镇毕竟不是单纯的房地产开发，虽然房地产开发绝对是小镇重要的组成部分，也是很多地产商转型小镇的最直接动因。相对房地产开发，小镇开发需要的资金量更大，开发的时间更长，滚动开发依然是小镇建设不可回避的模式，资本的杠杆作用甚至更重要。但小镇开发不可能将前期资金全部用在地产上，可能更多地投在环境、生活、生产等设施上，这些都不可能像房子一样能马上变现，这意味着前期滚动的资金永远大过地产项目，这对于资金准备不足的开发商可以说是致命的。在这种巨大压力下，开发商不得不想尽一切办法尽快获利，由此，他们极易踏入另一个陷阱——继续房地产开发模式，首先建房子，快建快卖，希望马上能产生利润。但这是极其危险的。我们要弄清楚小镇房子的功能是什么？

（1）投资功能。中国最安全、最具投资价值的将是旅游地产，尤其以海南、云南、贵州为甚。城市房地产开发终有一天会遇到"天花板"，市场无论多么大，总有承载不下的那一天。尤其中国目前的房地产市场，"堰塞湖"现象日趋严重，风险犹如一把悬空的利剑。而中国的旅游地产才刚刚开始，因为资源的稀缺和唯一，且由于其不可复制、不可再生、不可移动的特性，使其价值更加凸显。海边的一栋别墅、山顶上的一座庄园、湖畔的一幢洋房、小镇拐弯处的一座小院，还有怡人的气候、洁净的蓝天，这些都将成为国人奋斗的新目标。

（2）度假功能。度假不是观光，也不是休假。这里有必要弄清楚度假和休假的区别。休假就是疲劳之后进行的一次放松，度假则是"蓄谋已久"的一次享受。放松和享受的区别是，一个是身心的恢复，一个是情感的需要。那么，度假既然是情感的需要，就不能仅仅着力于房子，而是要统筹考虑整个小镇所有环节和细节与情感的关联，哪怕是一个花池也要匠心独运地打造，至少要表达某种情趣。度假房是否真能度假，一切功夫在"室"外。

（3）养老功能。因为小镇选址一般都在山水、植被、空气、气候很优越的地方，无疑对老人的吸引力是巨大的。海南的房子卖疯了，就是基于上述原因。但是，养老不能仅仅只有这些，老人对生活、身体、精神方面的需求更不能少，比如医院、健身设施、老年大学、生活超市、户外休闲等。海南早期很多房地产项目就是因为没有这些配套，一直销售不畅，而乌镇雅园却一飞冲天，对比一下就什么都明白了。

以上说明，无论小镇房子属于哪一种类型，都必须首先完善功能，资金首先要投向这些功能的打造，这不同于房地产项目开发的功能配套，小镇功能更复杂、更全面、更庞大，意味着前期投入更大。这些功能是小镇地产开发、小镇房子销售的前提和基础。抱着房地产开发的心态，急功近利，到头来极有可能不仅是房子无人问津，甚至小镇都会黯然消失。

那么，正确的做法是什么呢？

（1）做好观光区。每一个小镇都一定会有一个观光区以吸引人气。观光区投资不大，可以优选几个项目，一方面可以产生门票和餐饮收益，另一方面可以凸显小镇的未来，增加游客的想象空间，为地产销售做好准备。

（2）做好商业街。有了一定的人气，商业就可以顺势而上，商铺的销售和租赁同样有很大的收益。先做商业街，一方面可以进一步巩固人气，并将观光消费转换成商业消费，初步实现吃、玩、购、住"一条龙"消费；另一方面就是增强小镇的滞客能力，如果游客留宿一晚，其夜间消费是日间消费额的 3 倍，无疑加强了小镇的盈利能力。

（3）做好产品组合。度假别墅为先，养老公寓最宜。但别墅购买门槛高，为了尽快回笼资金，组合好别墅公寓的开发比例非常重要。不要将别墅和公寓混搭，两类不同的购买群体，其需求和要求都有很大不同，把他们置于一个社区是非常尴尬的事情。

（4）有选择地同步进行功能配套。前面分析过，光有房子不会有销售，必须功能配套同步，才能激发别人的购买热情。但又不可能提前将所有的功能做好，所以，有选择性同步才最为明智。

（5）用情怀去对待一切细节和环节。小镇不是房地产开发，客户购买的不是房子、不是外立面、不是面积、不是户型、不是景观、不是地段、不是交通、不是繁华，他们购买的是资源、是功能、是情感关联、是人生享受。所以，小镇开发的每一个环节和细节都必须注满情怀、匠心、专注、创意，都必须隐含情愫、情趣、情韵、情缘、情境（详见《品牌是小镇唯一的依靠》）。这急不得。只有这样的小镇才能稳定健康地发展，开发商的收益才能最大化，也最长效。

当心八：重模仿轻独创

2017 年 6 月，在陕西省举办的中国新型城市高峰论坛上，陕西的一位官员讲，在陕西，至少有 10 家模仿袁家村的，但至今无一家成活。很多地方模仿乌镇，挖一条长长的河，河上建几座石拱桥，河两岸修旧如旧的古建筑，街上再铺上石板……以为又一个乌镇诞生了。

可是，乌镇还是乌镇，模仿的有一个还活着的吗？正是因为全国一窝蜂地模仿、抄袭，国家发改委和住建部终于发文：谨防千镇一面，切忌一哄而上。

模仿确实成本最低、风险最小，但那是针对房地产。小镇模仿，也许成本一样很低，但风险很大。原因如下。

（1）资源不能被复制。我们说特色小镇"特"在哪里，首先看基础资源，而资源具有不可复制性、不可移动性。基础资源包括自然资源、人文资源、社会资源，不同的资源决定了小镇的定位。乌镇之所以不能被复制，是因为"江南水乡"这个资源不能被复制。大理之所以不能被复制，是因为大理的苍山洱海不能被复制。丽江之所以不能被复制，是因为纳西文化不能被复制。没有了特定的资源背景，一味地照搬照抄，搬过去的只是建筑风格和配套设施，却搬不走小镇赖以生存的"基础"。皮之不存，毛将焉附？

（2）灵魂不能被复制。每一个小镇都有自己的灵魂，或是自然资源，如桂林山水；或是文化（包括历史、传说、古籍、风俗）；或是人物（历史有影响的人物）；或是产业，特别是最先进、最前卫、最有技术含量的核心技术产业；或是氛围，说不清道不明，但就是能感染人。

总之，灵魂决定一个小镇的生命力度，赋予小镇内涵、气质、颜色、味道、层次，一个没有灵魂的小镇就像一具没有灵魂的僵尸。而不同的小镇，其灵魂一定不同，无法复制，更不可能模仿。即使在同一资源下的两个小镇，因其灵魂不同，小镇的特色也绝不相同。在丽江，围绕着玉龙雪山、依附于纳西文化申报了不少小镇，但是，鹰猎小镇摆脱了东巴文化的束缚，深耕纳西人游牧狩猎的民族特性，精选了鹰猎这一主题，弘扬纳西民族的勇猛精神，独辟捷径，打造中国首个运动加休闲的鹰猎小镇。相信未来的丽江，鹰猎小镇是所有游客不得不去的一个地方。鹰猎小镇的灵魂就是鹰的骁勇，纳西人的雄迈！这与所有依附纳西文化的小镇直接形成了差异。

（3）环境不能被复制。气候、土壤、空气质量、植被、山湖林海，这些都是构成环境的重要条件，也是小镇定位依据的必要条件。可以说，环境决定了小镇的背景和特色。如果不考虑这些环境因素而生拉硬扯，照抄照搬，其结果也只能走上亡途。因为你不可能在珠三角开发一个戈壁小镇，不可能在黄土高原开发一个乌镇，也不可能在江汉平原建设一个鹰猎小镇。

做养老小镇，最注重的是空气质量和气候；做度假小镇，最注重的是秀美的山水；做观光小镇，注重的是季节对农作物的影响。不经科学手段，椰子树不可能在大东北成活，渤海湾不可能结出榴莲、芒果。既然模仿和复制具有风险，为什么不去做回自己，不去创新，不去成为另一个独一无二呢？当然，创新也有风险，创新需要成本，但在如今"创新生、不创新死"的激烈竞争中，面对生死，你又有什么更多选择？

当心九：重推广轻品牌

以房地产思维做小镇开发，有一个惯性必须改变，就是强力推广项目，无视或者忽视品牌建设。因为房地产开发时间短，销售集中，一般都在开盘时利用各种渠道和工具强力推广，而其他时间则偃旗息鼓。推广内容也主要集中在产品细节，推广的针对性和目的性非常明确，在锁定的目标市场以最快的速度告知产品信息。

这是由行业特点决定的。地产开发一般为一次性生产，即使大盘开发持续十多年，开发完成后，项目依然要交给物业公司，开发公司则撤场走人。所以，很多中小开发商几乎不考虑企业品牌问题，一城一战、一地一战。

还有一个因素促使中小开发商放弃品牌建设，就是地产品牌需要规模和代表性项目，只有大型开发商或央企有这种实力布局全国，一年几个甚至十几个项目同时上市，他们不断开疆拓土，品牌是他们征服新市场最有力的武器。而中小开发商显然无法和这些庞然大物竞争，也就无法建立自己的品牌，只好将有限的营销费用用在推广产品上。

但是，一旦进入小镇开发，因其开发模式和盈利模式的改变，原来的一切都不适用了。更复杂的功能、更长远的开发周期、更多产品的组合、最关键的运营和服务……可以说，决定小镇成功的因素很多，但有一个环节却决定其生死——这就是品牌。

没有品牌，无论你的资源如何优秀、产业如何先进、文化如何醇厚、建筑如何唯美、环境如何幽雅，无论你的推广花多少钱，最终都必然步入亡途。因为，没有品牌就没有市场，没有人气就没有竞争力。品牌就是身份的标识，连身份都没有，或者说到底是个什么小镇都模糊不清，你凭什么让游客青睐？无论产业小镇还是文旅小镇，聚焦和偏爱决定其生存和未来。

不得不说，有很多人并没有重视品牌的建设，他们错误地将推广当成了品牌，以为人尽皆知就是品牌，以为无处不在就是品牌。品牌的核心是聚焦和偏爱，是能与消费者进行情感关联。如果没有聚焦，哪怕你时时刻刻都在，哪怕你如影相随，依然会被无视和漠视。如果没有偏爱，哪怕你硬塞硬给，仍会被弃之不顾。推广不等于品牌，这与成本无关，与渠道无关，与投放无关。

当心十：重游客轻居民

有人说，居民不能安居乐业，小镇只会走向混乱和衰败。一位世界资深人士提出，居民是本，游客附之。笔者到河南郑州诊断一个小镇，也正好涉及这个问题，感触很深。这个项目用地所在的山西乔村马书记对笔者说："陈老师，您对我们这个小镇的定位非常鼓舞人心，一些奇思妙想很让我激动，倒是有一个问题您可得给我们策划好，这就是我的963户村民怎么安置？怎么就业？怎么生活？甚至老人走后的安葬怎么办？这些不解决好，小镇今后要出大问题的。小镇不得安宁，谈何发展啊？"马书记的话犹如惊雷，使我第一次真正认识到居民与小镇的关系直接决定着小镇的生存和发展。

一定有人会说，新建的小镇哪来村民？那么，我们将村民改为"镇民"可以吗？你不能说小镇没有镇民吧？所有服务于游客的人都应该算是镇民，不管是管理人员还是经营者，不管他们是土著还是外来的人口，只要他们从事与小镇的管理、运营、服务相关的工作。相对游客来说，他们就是镇民，而这些镇民就决定着小镇的命运。

居民和游客构成了小镇的人的因素，是小镇不可或缺的重要组成部分。正如马书记说的，居民不稳，小镇就不得安宁。安宁都不能保证，又何谈发展和繁荣？

既然居民如此重要，我们又怎能厚此薄彼呢？就因为他们不是来花钱的而是赚钱的？就因为他们不是旅游度假的消费者？没有他们，何来消费？再说，你怎么就能肯定他们不是消费者？他们同样要吃、要住、要玩、要乐，同样要买化妆品、衣服鞋帽，难道这不是消费？所以，我们必须警醒自己，厚此薄彼和敷衍了事都是短视的行为，居民消费也是小镇的重要盈利渠道。因此，在小镇开发之初，也就是在顶层设计阶段，就必须充分考虑居民的生活、就业、娱乐、生产等问题。

有一种做法是将小镇居民单独成区，同样有学校、医院、商业、菜市场等生活配套，但是在休闲娱乐、环境打造等方面区别于度假区，其居住环境犹如城中村，与小镇游客接待区形成巨大差异。我们承认，居民区和游客活动区在功能上确实不同，但居民不是二等公民，他们在服务别人时同时也需要被服务。因此，在小镇顶层设计和总体规划时，必须充分考虑他们的需求和追求，相应的生活、生产设施不仅要配套齐全，同样要与发展同步。

另一种做法是混搭，将居民生活、生产融进小镇整体设计之中，居住与旅游度假不分离，最简单的规划就是商业街底层做接待，上层住居民。这种布局最大的好处是居民与游客共享所有服务设施。但不利之处也很明显。由于居民和游客的需求不一样，往往在规划时舍弃或者遗漏一些必需的日常生活配套，比如，学校、体育馆、图书馆、老年康复医院等，游客就不需要。而以度假为主题的小镇，因为消费层次和实力不一样，度假配套的高端消费显然不是普通居民能够承担得了的。

　　以上两种做法似乎都难以解决小镇居民的安置问题。出现如此状况，其实是开发商的心态问题。一是因为他们做地产开发时，往往是根据项目的主力客户群进行顶层设计的，包括产品、配套、服务等。即使是大盘开发，也会根据不同组团设计不同的产品和配套、服务。二是因为开发商还没有明白居民和游客两者之间的关系。既然同等重要，那么在规划和投入上就不能厚此薄彼，而是要做到一视同仁，无论是分区还是混搭，都要平衡好两者的关系。

1.13　不能把文旅小镇想得这么简单

当下，文旅小镇是一个非常火的话题，不少政府将其视为新的经济增长点。政府坐镇指导，企业积极投入，媒体卖力宣传……一时间，全国各地冒出非常多的小镇，让人想起"大跃进"时期"村村点火、户户冒烟"的情景。

毋庸置疑，特色小镇建设是一件利国利民的好事，它在推动经济增长、增加就业岗位、改善人居环境、统筹城乡发展等方面起到了举足轻重的作用。但一个令人担忧的现象是，有不少地方政府或者企业把小镇建设想得太简单了。

有人认为，文旅小镇申报成功就可以；有人认为，小镇背靠旅游景区这棵"大树"就能茁壮成长；有人直接圈地搞房地产开发。这种乱象存在的根源是很多人压根不懂什么是小镇，更不明白小镇该怎么规划、运营。一哄而上、一知半解、一筹莫展、盲目冲动，其结果可想而知。

笔者结合近段时间对全国 30 多个小镇的考察和诊断，将各种误区整理如下，希望能引起大家的重视。

误区一：认为小镇申报成功就万事大吉

小镇建设并非朝夕之功，即使一个普通的房地产项目，从拿地到建成，最少也需要三五年的时间，何况是一个特色小镇项目。基础好、条件成熟也需要七八年，新建的则需要十几年甚至 20 年的时间。

申报之前需要做好顶层设计，需要拿好地，设计好相关的开发模式、盈利模式、运营模式；申报成功后，你能得到一笔政府扶持的资金，但后续的运营、IP 打造、社区管理等工作也纷至沓来，各种难关需要你去突破。特别是在这个竞争激烈、各地皆小镇的时代，你稍不留意就可能被踢出局。

比如，浙江的某小镇，由于后期管理不善，就被连续降格，最后变成一个普通的小乡村；又比如，某地的丹麦小镇，建得非常漂亮，但由于产业无法导入、人口无法聚集，最后沦为一个普通旅游景点。

一个小镇能申报成功，说明它有成功的基础，但后续的维护和运营才是小镇能健康发展的关键。

误区二：小镇圈地无非就是搞房地产

现在很多项目打着"小镇"的旗号圈地搞房地产。因为现在小镇是热点，国家有扶持资金，还有各种优惠政策，以特色小镇的名义向政府拿地，成本相对较低，这是一笔很划算的买卖。于是，有些房企主动圈地搞房地产，对外却取了一个小镇的名字，以便享受到各种"政策红利"。至于小镇是什么、该如何做，他们压根没有想过。

另外一种情况是，有些中小房企在大城市已被大型企业挤压得毫无生存空间，被迫转移阵地。但是，三四线城市的库存量又太大，市场风险无法预估，恰逢特色小镇风起云涌，他们自然不会错失这个机会。可以说，他们是被逼到"特色小镇"这条道上的。但是，因为他们并不清楚特色小镇是什么东西，就只能继续沿用过去做房地产时积累的知识、经验和理念去做小镇。

我们经常发现，有些项目本来是房地产开发，特色小镇政策出来后，都纷纷"改名换姓"，晋升为科技小镇、文创小镇、基金小镇。其实，这里面除了房子还是房子。

不可否认，以特色小镇的名义拿地，地价确实很便宜，但是你做的房子没有市场需求，再便宜的房子也没有人买。何况国家现在正严厉打击这种"挂羊头卖狗肉"的行为。

有人圈地搞房地产开发，有人则直接否定房地产，认为小镇不能有房地产，因为一旦引入房地产，就会拉高土地成本，产业难以发展，最后就会变成房地产业一业独大，还会带来大量的小镇库存。

无独有偶，笔者在江西出差有这样一段经历：一个地方的政府领导邀请我们做某某特色小镇的策划，但他一开口却趾高气扬地对我们说："你们怎么做我不管，但我有一点要求，就是坚决不能搞房地产！我们这个地方不能成为房地产开发的翻版！"

请问：没有房地产，怎么留得住人？如何理解中央关于特色小镇"宜居、宜业、宜游"的精神？"居"是什么？产业和城镇以及人如何实现良性互动？光讲产业，那和过去的工业园、产业园、开发新区有什么区别？现在有几个工业园还活着的？

所以，文旅小镇不必忌讳房地产，只是房地产的开发模式、盈利模式和过去单纯的地产开发有很大的区别。另外，这里说的房地产，只是文旅小镇的一个组成部分，而不是全部。文旅小镇最重要的是要打造生活、生产以及生态三个平台，也就是"宜居、宜业、宜游"三个平台，房地产恰恰可以解决"生活"这一问题。

训练三：认为有产业就能建小镇

没有产业，就没有小镇。这句话我相信大家都认同。但有了产业，小镇就一定能存活吗？我看未必。

在四川一个偏僻的地方，当地人种了很多油菜籽。他们找到笔者，希望笔者能为他们的"油菜籽小镇"做策划，笔者当场拒绝了。

文旅小镇的基础是文化、旅游资源，要么有很特别的文化因子，要么有很美丽的山水风光。还有，做文旅小镇的第二个关键因素是交通。他们那里离主城区有 3 个多小时的车程，而且不是高速公路。你认为城里人会开 3 个小时车，只为看一眼你的油菜花吗？

在交谈中，对方再一次强调了当地油菜籽产业的独特性以及市场前景。听了他们的话，笔者顺口问了一句："你们的油菜籽产业能带动多少人就业，一年的产值多少？"对方回答说："现在只开发了第一期，大概能带动 100 人吧，一年的产值大概 100 万。"

"做不了！"我叹了一口气，直截了当地说："你们这里除了油菜籽又没有其他产业，周围的村民也不见得有几个，交通又不便，还能怎么做！"

他们说："老师，不是有一个产业就能做了吗？"我顿时哑然。

他们显然陷入了一种误区，认为有一种产业就能做文旅小镇。然而，文旅小镇并非那么简单，除了要有产业外，它还需要文旅资源和市场。小镇的基础是资源，小镇的发展在产业，小镇的兴旺在市场。

退一步说，即便你的油菜籽是这个行业的"单打冠军"，但一旦市场不行，产业产值下降也在所难免；假如市场不在了，这类产业就岌岌可危。因此，培育多个产业主体项目，形成完整的产业链，才能最大限度地发挥产业的规模效益，这恰好是文旅小镇抵御市场风险、推动自身发展的有力武器。单单的油菜籽能形成多长的产业链？又能做成多大的规模？特别是油菜花的季节性，花开花谢就那么几天，其他时间你让游客看什么？

误区四：重规划轻策划

现在很多地方在建设小镇时都有一个通病：重规划轻策划。

没有策划，哪来的规划？没有前期策划，你怎么知道当地的哪些资源可以加以利用？你怎么知道市场的消费特征？你怎么知道同类竞争产品做得如何，又有什么短板？没有策划，你如何定位小镇，如何设计好相关的运营模式、开发模式、盈利模式？

俗话说，知己知彼，百战百胜。你连自己、对手的情况都不知道，怎么在市场冲出重围？不能否认，国内很多规划院的画图水平非常高，让人看得热血沸腾，但能落地的又有几个？规划图纸改了又改，项目推倒重来的成本有多高，你算过没有？

为什么规划方案会改了又改？因为规划设计院是按照甲方要求进行规划的，你要什么他们就给画什么，资深一点的规划院可能还会提出一些自己的想法，多少有些创意。但说实话，这些想法大多也只在概念上打转转，很难落地。即使能够落地，其中的风险也难以把控。这也不怪规划院，因为他们的专业不是市场分析、项目定位。因为没有策划做好顶层设计，就是说没有清晰的方向指导，他们也就只能服从甲方，或者依据自己过往的经验进行规划。

策划绝对不是一块抹布，也不是一块可有可无的鸡肋。先策划后规划，做好小镇的定位和顶层设计，才能确保小镇开发的有序、不跑偏。

误区五：上行下效，简单地画框框

关于这一点，笔者在《不要给文旅小镇定框框》一文中已有所述及。在考察中，笔者发现，很多地方政府几乎照搬中央关于特色小镇的参考意见，急急忙忙地定时间、定数量、定范围、定人数、定投资规模。

时间一般规定为"3年"，范围则定为"3平方公里"，人数则要求一个小镇容纳"3万人"，投资规模则要达到"3年30亿"。

这个框框首先由国家某部委圈定，然后从省到市，从市到县，从县到镇，一级一级地下派任务。一旦没有完成任务，就要问责。于是，有条件的地方报几个，没有条件的创造条件也要申报。甚至一个非常贫穷落后的县城居然报了十几个特色小镇，其中很多都是"生拉硬扯"的。

如果再继续这样下去，5年之内肯定有一批小镇烂尾。还记得当年产业园遍地开花的情景吗？如今不少产业园已成为"鬼城"，现场黑灯瞎火、野狗乱窜、野草疯长。小镇不能再重蹈覆辙了！

误区六：以为背靠旅游风景区就能成功

最近很多人拿着项目来找笔者，很多项目还是依托国家4A、5A景区。在他们看来，只要在风景区建几个酒店，搞一些房地产开发就成小镇了！至于盈利模式，他们想得更简单："卖房子、收门票、餐饮消费。"这正是乌镇总规划师的三大招。但其实并非这么简单。国家对小镇的要求是"宜居、宜业、宜游"。旅游风景区最多就是宜游，还会宜居、宜业吗？

旅游风景区与小镇是两个概念，它们至少在4个方面存在不同：

一是体验不同。景区只是表层地玩、看、吃，追求的是感官的享受和刺激，时间短、过程短。而文旅小镇一般以自我融入后的内心体验为主，是一种身心的愉悦，是慢慢地去体会和感受。

二是盈利模式不同。景区是以收取门票为手段，而小镇除了地产开发外，二次消费（包括吃、住、玩、购、行等）、产业发展、产品销售才是最大的盈利点。

三是开发模式不同。景区相对简单，设施都有现成的出售，安装即可。而小镇却更为复杂，要经过一系列非常专业的策划、规划和开发，因为地域、文化、消费观念不同，没有可以复制的模式。

四是氛围不同。对于景区游乐园而言，人越多越好，所以热闹和喧嚣不可避免。而小镇营造的却是一种氛围，需要人慢慢地、安静地体会。一旦人满为患，小镇的生命也就开始走向枯萎。

正因为它们之间存在巨大的差异，我们就更不能简单地处理。确实，依托景区的特色小镇有先天的优势，无须担心人气，无须花大力气打造自然景观。但要联动景区一起开发变成小镇，还要清楚理解景区与小镇的关系，这个还要从长计议。

用一句话概括：不是任何背靠旅游风景区的小镇都能成功，不是往风景区乱塞东西就可以做成小镇。

误区七：好高骛远，一味追求国家级、国际化

现在全国各地的特色小镇一哄而上、遍地开花，每个小镇的目标都非常远大，每个小镇的口号都非常响亮，动不动就要打造国家级小镇、国际化小镇。

笔者曾经去一个非常偏僻的小镇考察过，它的文旅资源很一般，还毗邻众多的国家旅游城市。就是这么一个很一般的小镇，喊出的口号却非常夸张："要做国内一流的文旅小镇。"

笔者当时就问他们："你们这个地方很偏僻，底子一般，还面临着多个旅游城市的'夹攻'，靠什么做全国一流的文旅小镇？"他们给了我一句很经典的回答："思想有多远，就能走多远。"

每个小镇的自然禀赋、人文条件、经济发展水平都不一样，有些资源独特的地方可以面向全国乃至全世界的游客，而有些只能做区域市场。为什么原本只能做区域市场的小镇非得要往国家层面上去靠呢？就好比你明明是一株小草，非得要长成参天大树？小草有小草的美，参天大树有参天大树的美，两者没有可比性。

所以，请小镇的开发者脚踏实地地做好顶层设计，千万不要好高骛远。梦是美好的，可梦醒之后呢？

误区八：喜欢照搬照抄，克隆成功的案例

有些开发者不喜欢思考，喜欢复制。因为复制的成本最低、风险最少，所以我们经常可以看到，这个城市要建中国版的"伦敦塔桥"，那个城市要克隆"美国的白宫"。这种复制抄袭的陋习不仅出现在房地产开发上，还蔓延至小镇建设上。

比如，广东某地就耗资9.4亿元完全克隆奥地利的哈尔施塔小镇（哈尔施塔小镇是世界文化遗产，被认为是欧洲最美小镇之一）。这种复制行为在欧洲引起了极大的轰动，甚至引起了欧洲建筑师的集体声讨。如此煞费心机的抄袭也没有带来什么好结果。如今，这个地方只是一个普通的旅游风景点，仅供人散散步、照照相。

又比如，被誉为"关中民俗第一村"的陕西袁家村依靠小吃走出了一条成功的道路，每日入账 200 多万元，一年收入达到 10 个亿。其他村庄羡慕袁家村的成功，纷纷跑到当地去学习，回来就复制了十多个一模一样的"袁家村"，其结果当然是惨败。

乌镇更是成为文旅小镇必学的样板，陈向宏的开发经验甚至被很多人奉为"圣经"。复制、模仿乌镇就成为很多人必然的选择。到如今，又有谁知道哪一种复制品成功了？

文旅小镇无圣经。乌镇之所以成功，除了江南山水的自然资源得天独厚外，还与陈向宏孜孜不倦的努力相关。要知道，他用了近 20 年的时间策划、规划乌镇，这岂是随便能够复制的？

因此，笔者想强调：不要去照搬照抄别人的做法，走好自己的路，这样才能形成独一无二的竞争力。

误区九：以为有文旅资源就可以做小镇

文旅小镇的基础是文旅资源，但并非有文旅资源就一定可以做小镇，因为有些可能适合做风景区。

有个贵州的老板邀请笔者为他的小镇把把脉。他的这个小镇离市区大概 30 分钟，有一座大山，还有几座庙、一点草坪，但周围没有几个人。这个老板看现在特色小镇很火，就突发奇想，想引入温泉 SPA，开发酒店，然后做一些娱乐设施，把它变成一个小镇。

笔者当场就否决了，告诉他："你这个地方在贵州并不特别，山不峻峭也不秀美，温泉已经烂大街了，庙也没有什么名气，那么一点草坪也做不了什么。如果你强行要做，不仅耗资大，而且不会得到市场认可，没有人愿意来，何必吃力不讨好？"笔者建议他做成一个休闲公园，开发山顶运动项目，锁定当地的周末游客户。那个老板非常认同，也按照笔者的建议去做了，投资很少，收益却很大。

2017 年 1 月，陕西有个学生叫笔者为他的拿地计划做参谋，他准备在一个原始森林里建一个小镇。当他介绍了基本情况后，笔者顿时没有了兴趣。

他是这样说的："老师，我找到了一个风景非常漂亮的地方，保证全国没有第二个。这里的山水无比壮美，我们第一次去的 7 个人当时都震撼了，大家都集体下跪，为此地风景下跪。老师，请原谅我无法用语言来形容。"

我问："你这个地方在哪里啊？"那个学生吞吞吐吐地说："老师，这个地方在原始森林里面，缺点就是稍微远了一点，如果你从市区乘车到那里要 5 个小时，还要徒步走 2 个小时的山路，然后再……"

"没有办法搞！"我马上打断了他。

不管这个地块的风景多让人目醉神醉，要耗上这么长的时间和体力，除了驴友、背包客、探险者，一般游客不会如此舟车劳顿。文旅小镇选址的三要素，即文旅资源必须"特"，交通条件必须"顺"，人气源必须"近"。可以说，三者缺一不可。

借这两个案例，笔者想说，不要把文旅小镇想得太简单了，有文旅资源不一定可以做小镇。请记住，文旅小镇开发的基础是文化资源和旅游资源，灵魂是定位，核心是产业，人气决定成败。而定位、产业都需要花很多时间和精力进行策划。

误区十：混淆特色小镇和文旅小镇的概念

特色小镇与文旅小镇是完全不一样的事物，但有人理解错了。根据浙江省的定义，特色小镇是相对独立于市区，具有明确的产业定位、文化内涵、旅游和一定社区功能的发展空间平台。但没有人对文旅小镇下过定义。

根据笔者的研究，文旅小镇是依托文化资源和旅游资源，用于休闲度假的小城镇。特色小镇对特色产业的要求甚严，但不一定要求具有旅游功能，而文旅小镇更注重文旅资源，突出其旅游价值。

比如，美国格林威治的对冲基金小镇就是一个特色小镇，这个镇上聚集了500多家对冲基金，其对冲基金规模就占了全美国的近1/3。但这个小镇却不具备旅游功能，因为居住在对冲基金小镇的都是全美最高级的人才，他们人均年收入在500万美元以上，他们对安全有更高的要求，因此一些旅游元素并没有在这个小镇上体现。

然而在国内，偏偏有人理解错了。举个例子，有个地方生产蛋白粉保健品，在国内颇有名气。他们找到笔者，希望笔者为他们打造"文旅小镇"提一些建议。该项目地没有什么文旅资源，除了一栋栋房子，剩余的就是大片大片的厂房。

笔者忍不住发问："你这里有一定的产业基础，可以做特色小镇；但没有什么文旅资源，怎么做文旅小镇？"对方说："老师，我们不是有蛋白粉产业吗？再修几条观光带、搞个人工湖泊、种多一点花，不就成了文旅小镇？"笔者一时语塞。

无独有偶，还有一个企业准备建一个啤酒厂，也想结合文旅做个小镇，主要突出啤酒文化，如建立啤酒博物馆、啤酒工艺展示厅、啤酒广场等。笔者建议其不如直接做一个啤酒产业小镇，在产业链上做文章，但是与文旅实在难以对接。

类似的例子并不鲜见，他们的错误在于没有分清楚特色小镇和文旅小镇的区别，把文旅小镇想得太简单。

误区十一：千镇一面，缺乏创新

"千镇一面"是一个很突出的问题。笔者在考察中发现，很多小镇的建筑都是青砖黛瓦白墙，单调乏味。而到过欧洲小镇的人，都会为它们的色彩所倾倒：或者纯粹的白，或者大片的红，或者蔚蓝如海。

比如，意大利波西塔诺小镇是一个坐落在岩石上的童话小镇，该小镇上的房子都盖在悬崖上，房子五颜六色、鲜艳夺目，与湛蓝的海水、蔚蓝的天空和悠悠的白云相互映衬。

波西塔诺小镇的黄昏和夜景很美，而且充满了神秘感。到了晚上，小镇上家家户户黄色的灯光把小镇装饰得像是一个小皇宫，从远处看就像是天空的繁星点点，又像是在草丛中小憩的萤火虫，神秘而美丽。

反观国内，无论是云贵高原还是东海之滨，无论是华北大平原还是西北黄土高坡，除了东北因受俄罗斯建筑文化影响，尚有一些异国风情外，神州大地无不都是灰砖青瓦，黑乎乎的一片。徽派、岭南派、四合院、吊脚楼，甚至客家围屋，颜色上除了灰就是黑。

可能有人会说，这就是中国文化，沉稳、内敛、低调。笔者不反对这正是中国文化的最直接表现，但为什么不能更大胆一些，更疯狂一些？中国的城市千城一面，难道小镇也要"万镇一孔"吗？

万紫千红一点绿，万片灰中也可一点红。让我们的小镇也五彩缤纷吧！让它们再灿烂一点、惊艳一点、激情一点吧！

误区十二："等靠要"思想严重，小镇发展依赖政府扶持

政府在小镇建设中起着引导开发、制定政策的作用，企业才是小镇建设的主角。可偏偏有些企业反其道而行之，"等靠要"的思想严重，一心想向政府要资金、要支持。在这样的环境下，政府也有意无意地参与了小镇建设的太多事务，搞得精疲力竭。

笔者可以很负责任地说，天下没有哪个小镇是靠政府扶持起来的，"市场的手"永远起着关键的作用。试想，一个县要建 10 个特色小镇，每个小镇要投资 30 亿，加起来就是 300 亿的投入，哪个县级政府有这样的能耐？

所以，最好的结果是：政府做好引导和服务，企业找好资本，做好规划，搞好运营，两者相互联系但互不过多干涉。上帝的归上帝，恺撒的归恺撒，就是这个道理。

因此，笔者劝告小镇建设的引导者、投资者以及开发者，要在乱象之中保持冷静，既要有高瞻远瞩的高度，也要有滴水穿石的韧度，更要有与时俱进的态度。只有用情怀和责任培育出来的小镇，才能惠及百姓、利在千秋。

PART 2

立

文旅小镇开发全流程

2.1 文旅小镇选址的三大要素

小镇选址正确与否，直接决定小镇的兴旺。没有小镇的兴盛，就没有房地产开发的基础。皮之不存，毛将焉附？

那么，小镇依托的必要条件有哪些？一是文旅资源，二是交通条件，三是与人气源的距离。这三大要素必须具备如下特点。

文旅资源必须"特"

山、水、林、田、城等生态优势突出，或者是特色文化底蕴浓厚，会有利于提高小镇的核心竞争力，更有利于传承地域特色文化，培育文化产业。龙泉青瓷小镇、定海远洋渔业小镇就属于文旅资源比较独特的一类小镇。

龙泉青瓷小镇核心区位于上垟镇，其山水资源优越、瓷土资源丰富、民间制瓷盛行。依托小镇良好的生态环境和浓厚的青瓷文化，青瓷小镇迅速崛起，目前已吸引了89家青瓷企业、青瓷传统手工技艺作坊入驻，带动了当地经济的发展。

定海远洋渔业小镇的发展如出一辙。该小镇的远洋渔业全国领先，岸线腹地资源极佳，渔港人文底蕴深厚。依靠殷实的"家底"和国家政策的支持，一个集现代化远洋渔业母港、远洋渔都休闲风情湾和远洋健康产业基地于一体，3年总投资52.58亿元的远洋渔业特色小镇迅猛发展。

从上面两个案例我们可以看出，文旅资源优势突出且比较独特的小镇，其发展潜力往往更大，市场前景也非常广阔。由于其资源的独特性，也使得它们能在激烈的市场竞争中独占鳌头、称霸一方。

交通条件必须"顺"

有人也许认为，只要有独一无二的资源，酒香就不怕巷子深。那么请问，地球上独特优美的自然资源何其多，可为什么被人类发现的又何其少？祖国的名山大川何其多，能去的又有几座？为什么？皆因交通使然。交通不通，纵然美如天堂，你也只能望美兴叹！

广州市花都区的九龙湖欧洲小镇就是一个例子。该小镇集欧式建筑、高尔夫球场、高端酒店、临江别墅于一体，里面绿树成荫，竹影婆娑，是一个不错的度假胜地。

然而，这里有一条不成文的规定：客人必须开车入内。这里没有公交车，很多步行的游客也只能止步于大门。原本定位为一个小镇的地方，最后变成了"供人一游"的景区，甚是可惜！也因为对外交通的不便，导致整个小镇冷冷清清，商业街仅有几家商店开业，别墅产品乏人问津。

无独有偶，浙江的奉化养生小镇也因交通因素的限制，遭到香港企业撤资（500 亿元），不得不从省级特色小镇创建对象降格为省级特色小镇培育对象的项目。

关于交通距离，笔者认为项目距离机场 45 分钟车程为最合适，超过一小时则难以吸引游客。

人气源必须"近"

这个"人气源"更好解释，那么多的小镇选址城郊，不就是因为人气源足够近吗？没有人气就没有一切，就没有地产开发的基础和条件。

浙江的特色小镇无论是规模还是质量都引领全国，一个关键的因素是浙江经济发达，消费力强，人口活跃度高。乌镇、云栖小镇、梦想小镇……哪个小镇不是依托浙江发达的城市群以及强大的购买力？

一些边远山区的特色小镇为什么难以发展起来，除了交通不便外，人气源缺乏是一个非常重要的原因。

文旅资源必须"特"，交通条件必须"顺"，人气源必须"近"，三者缺一不可。你记住了吗？

2.2 如何准确定位文旅小镇

现在我们来谈一个重要的问题——文旅小镇如何定位。大家都知道，定位决定生死，定位决定价值。

很多人说文化是文旅小镇的魂，而笔者认为定位才是小镇的魂。因为只有定位才能决定小镇的发展方向，只有定位才能指导小镇开发的所有环节和细节。文化只是小镇的某种特质，有的文旅小镇甚至并不需要特别突出文化的功能。如以自然资源为主题的小镇，如城郊新建的以游乐为主题的小镇，这些小镇最大的核心价值就是自然山水或者其他自然资源的独特性，而游乐主题则是游乐设施的先进性。

定位既然是指导小镇开发所有环节和细节的原则和方向，那么，小镇的规划自然也必须被定位所决定。

其实，定位就是要告诉人们想做一个什么样的小镇。比如，乌镇就是一个有江南水乡特色的安静小镇，东部华侨城就是一个以观光游乐为主的度假小镇。

那么，定位决策的依据是什么？

首先是依托的资源。文化资源也分为两类，一是文化底蕴，二是文化产业。不同的资源就有不同的定位思考。旅游资源也分为两类，一是观光游乐资源，二是适宜度假的资源。同样，资源不同，其定位思路也会有很大不同。比如，游乐观光资源，其定位思路应该以玩为主，而度假资源则应考虑旅居的需求。

其次是依托的市场。无论什么样的特色小镇，没有市场，就不可能存活和发展。因此，不同的小镇必然面对不同的市场。比如，有些资源只能满足区域市场，如果你定位全国市场，结果可想而知；如果你的资源完全可以面对全国甚至是全球市场，但你只是定位于区域市场，其规模、配套、设施都不会太大，那么大的市场白白流失，你又会有什么样的感受？

再次是地块的价值。地块价值往往决定项目的价值。地块所处的自然山水、地形地貌、交通都关系到地块价值的大小。

最后是消费者。这是为小镇定位时必须研究的一个重要参数。如果不知道小镇未来的消费者是谁，不知道他们到底在哪里，不知道他们的消费预期、消费需求、消费偏好，那这个定位到底是定什么，为谁定，又该怎么定？

比如，以老人旅居度假为主的小镇，你不建设医院、养护中心、老人康乐、老人室外活动，反过来建些过山车、迷宫、烧烤场……老人怎么办？所以，小镇定位才是灵魂！

2.3 文旅小镇消费的四大特征

不了解消费者，就无法在市场上获胜。这一条简单的道理对于文旅小镇也同样适用。

文旅小镇的消费特征包括两种：一种是观光型的消费特征，以玩、吃、看、乐、购为主；另外一种是度假型的消费特征，这一类将重点介绍。

人为什么需要度假？人在度假时的心理状态是怎样的？度假的层次如何划分？度假和日常生活应该有哪些区别？这些问题研究不透，谈何度假需求分析。要研究度假需求，首先要分析人们度假的目的是什么。我们可以将人们的度假需求归纳为四种类型，即减压放松型、享受成果型、满足新奇类型、感受情怀型。

第一类：减压放松型

这种类型的关键词是"随心所欲、无拘无束"。不管是谁，长期重复从事同一种劳动必然会产生心理疲劳，从而导致工作热情的消失，直至影响生活的热情，而一旦生活热情消失，就只能用"行尸走肉"四个字来形容，这绝不是人们辛勤劳动后希望得到的结果。

因此，适时安排一次远行，投入到一个全新的环境，改变一下生活的节奏，让身心放松，让激情重回，就变得尤其重要。

第二类：享受成果型

这种类型的关键词是"舒适、享受、奢侈、服侍"。当然，度假不止一种状态，享受成果是另一层次的表现。来一次"蓄谋已久"的舒适度假，放肆地享受，毫无顾忌地奢侈，享受被精心服侍的贵族感受。

第三类：满足新奇型

这种类型的关键词是"猎山猎水猎风情，新趣新乐新心境"。满足新奇型的度假，可能是大多数人的度假选择。猎奇猎新是所有人的本性，特别是这种新奇能够让人或耳目一新，或豁然开朗，或神清气爽，或血脉偾张，或情动天地。

所谓新，就是从未看过、吃过、玩过、经历过、触碰过、感知过。所谓奇，就是从未想象到的、怎么也不相信的、根本无法判断的、突破人类极限的。什么是特色，这就是特色，绝无仅有、独此一家就是最大的特色。

为什么到海南的人趋之若鹜？因为海南的海浪、沙滩、阳光、椰林在中国独此一家。为什么阳朔被这样追捧？因为那奇山、奇水、刘三姐独此一家。为什么乌镇成为样板？因为古朴的江南水乡风情和文化最具代表。当然，新奇不仅表现在山水，科技进步带来的游乐体验，同样让游客如过江之鲫。

第四类：感受情怀型

这种类型的关键词是"环境、氛围、情致"。感受情怀型的度假，更多的是一种精神回归。我们每个人在内心深处都有一种向往，也许是年少时种下的情愫，也许是不经意间发现的风景，也许是梦中偶遇的一段故事，也许是源于某部影视情节的触动。

总之，不愿被轻易谈起，不愿被他人窥见，就希望有一天一个人独行，在找寻中感受到无边无际的愉悦。从一方小亭、一盏清茶、一片飘叶，或者一条小巷、一湾旧水、一块灰瓦、一截断石感悟人生。度假的最高境界是静静地回归、静静地追踪，从内心到情怀进行一次洗礼，人生被再一次升华！

上述所总结的四类是从更深层次的度假需求进行分析的，这里没有重点讲度假配套、度假设施、度假服务。但如果将四类的关键词进行展开，其实所有的需求都已经包括。如环境、氛围、情致就包括了建筑布局、风格确定、景观打造、小品运用、文化注入等；如舒适、享受、奢侈、服侍就包含了配套、功能、服务等。而每一项如何做，就要根据小镇的不同定位进行设计。比如服务，首先要考虑的就是度假人的接送、度假日程的安排；如果是业主，还要考虑房子无人住时的通风、采光、卫生和出租等细节。所以，重点是对上述关键词的理解和想象。

只有真正满足了度假需求，旅居才能真正实现。只有实现旅居，小镇房地产开发才有基础。

2.4　文旅小镇开发的核心以及七大模式

文旅小镇的开发模式是什么？有人说是改造和新建模式，有人说是乡村模式，也有人说是游乐场＋地产模式。众说纷纭，不一而足。

其实，从提出特色小镇到现在不过两三年时间，大家都在摸着石头过河，尚没有成熟的、可借鉴的模式供参照，但并不等于我们不去探讨。因为，开发模式决定项目的盈利能力，同样也决定项目的存活能力。

那么，文旅小镇的开发模式到底有几种呢？笔者试着概括出以下七大模式。

模式一：游乐地产模式

以深圳东部华侨城为典范，先做"世界之窗""民俗村"，再做"欢乐谷"，等地块成熟后再进行大片地产开发。"欢乐谷"地产开发成为被普遍借鉴的模式。但这种模式有两个先决条件：一是资金实力雄厚；二是有耐心，等得起。

不过，看目前全国开花的"欢乐谷"，有些项目并非理想。仅靠游乐设施吸引人气并不能真正提升项目的居住价值，还不如建医院、学校来得实在。因此，此种模式如果不创新、不改良，其前景同样令人担忧。

模式二：度假地产模式

这类模式以观澜湖为代表，先做环境，再考虑居住。观澜湖的高尔夫球场享誉世界，以火山岩为主题的水上乐园独一无二，还有一个中型的游乐场。

除了精心提升硬件外，观澜湖度假区还保留了一部分原生态的野生次林，所有的景观装饰都是由火山岩自然堆砌，让人感受到原生态的自然文化。独特的环境优势自然为后期的地产开发奠定了成功的基础，所以其产品价格是周边同类项目的2倍。

观澜湖的成功不能简单复制，但其理念可以推而广之。创造核心价值，打造真正的度假功能，追求更高层次的度假服务，这就是观澜湖给我们带来的启示。

模式三：旅游商业模式

这类小镇一般都建在城郊，主力消费群以主城年轻人和外地游客为主。此种模式的关键是处理"游和购"的关系，它对商业环境、商业形态、商业业态、商品展示、商品类别的选择有着和城市百货商业完全不同的组合（详见《贵阳弘宇·琉森堡项目诊断手记》一文）。

模式四：旅居养老模式

绿城乌镇雅园是目前该模式最成功的样本。借助乌镇优美的水乡风情、厚重的江南古镇文化底蕴和品牌效应，绿城独具匠心地打造出一个令世人惊叹、宜养宜居的经典。这一模式最重要的是对老人"养和护"的流程设计，关键不在硬件设施，而在后期的运营和服务。

模式五：产业观光模式

此模式以休闲农业最为突出，多以花海、果林、农场等形式出现，目前在成都周边、云贵等丘陵山地区域开发最多。丘陵、山地等自然风貌是基础条件，游客亲身体验、参与的场景和方式才是关键。

这里要注意的是，回归自然不等于回归劳作，游客是来休闲放松的，不是来干农活的。这类场景让游客浅尝辄止就好，但过多则无聊。现在有些休闲农业走偏了，布置很多劳动的场景。

这种模式还有一个需要根本重视的问题——如何利用自然资源、地形地貌打造观赏性强的视觉效果，如大片的玫瑰花海、油菜花海、葡萄棚架等，并在其间营造一些浪漫、舒适的情调，使农业与休闲实现对接融合。

当然，产业和旅游观光模式不仅仅只适用于农业，其他如体育、艺术、美术等产业一样可以组合。如浙江丽水的"艺谷油画小镇"就是将油画产业与文化旅游结合的例子。

模式六：古镇改造民宿模式

该模式的关键是：古镇是否有文化基因，或者风情，或者民俗，或者饮食，或者自然风光，这些文化因子必须是独特的，甚至是独一无二的。

古镇的核心虽然是"古"，但如果不加以重新定位和改造，也很难成为游客的新宠。虽然我们崇尚原始、自然、古朴、历史感，才去寻找和追随它们，但也因为其闭塞、落后、原始，而与城里人最基本的生活要求相去甚远，如果不重新改造，很难留住游客。

那么，改造什么呢？既然是改造，就不是新建，而是在其原有基础之上，改掉不适应的东西，造出原本缺乏的东西。但无论是"改"还是"造"，基本原则还是尊重历史和文化。改造不是破坏，而是丰富或提升。所以，古镇改造一样要有顶层设计，要有定位，要有新的规划方案。

原则七：文旅组合模式

因为项目规模大，单一的形态和业态难以支撑。所以，很多人就将更多的类别组合进去，也就是"文旅是个筐，什么都往里面装"。

这样看似业态丰富、功能更全、风险更小，但这种模式的顶层设计一旦没做好，反而风险最大。当然，这种模式也并非就一定不能成功，关键是处理好几种类型的逻辑关系，将能够相互依存、相互提升的类别进行组合。如度假和养老的组合、观光和游乐的组合等都可以大大提升小镇的生存和发展能力。

不过，必须着重提醒：这种模式最怕乱，切忌想到什么做什么，什么都往里面装，最后到底是个什么，可能连自己都不知道。这样的小镇的特色荡然无存，结果当然可想而知。

文旅小镇的开发模式肯定不止这些，但不管还有多少新模式出现，选择什么样的开发模式都同样有一个决定因素——开发主题不同，其选择的开发模式就会不同。

主题决定模式！不同的开发模式决定项目不同的盈利模式，决定项目不同的存活率。

2.5 文旅小镇的规划

科学的规划可以指导小镇有序地发展。若想到哪里做到哪里，小镇最后就只能做成"四不像"产品。在笔者看来，规划应该追求一种境界，规划的核心是环境、建筑、产业和人的有机融合。

规划的原则

（1）突出小镇的特色。不同的小镇应该有不同的禀赋、不同的颜值和气质，规划应该突出小镇的特色。

（2）规划产业发展。没有产业，文化、旅游资源再丰富的文旅小镇，也会走向没落。规划好产业的发展，才能保证小镇的长远发展。发展产业需要尊重本地化特色，适当引进外部资源，并与旅游相结合。

（3）强调文化表达。丰富的文化底蕴是吸引人们前往小镇旅游乃至定居的主要原因。规划应该注重文化的表达，大到文化活动，小到建筑的边边角角，都需要注入文化因子。同时，文化应有传承，不能随意照搬外来文化。

规划的境界

为什么游客喜欢古镇，除了其厚重的文化和独特的民俗，还有一个很重要的因素，就是建筑布局和建筑风格。青石板、灰瓦墙、窄窄的小巷、几棵挂着枯枝的古树、一眼望不穿的深宅，还有几条弯弯曲曲的小溪、三两只水鸭、不安分的狗、午后的斜阳……正是这些才让古镇弥漫着一种浓浓的情愫。这就是意境。

笔者并不排斥修旧如旧的手法，也不排斥复古和民族。当然，笔者更喜欢新的现代小镇，只是那种意境该如何营造？现在只要一谈小镇，大家首先想到的是马头墙、青砖灰瓦、苏州的园林、江浙的水乡风情等。走遍全国，就会发现这种小镇到处都有，千篇一律，千镇一面。可是，当你漫步于这些小镇中，却没有心动的感觉——街道笔直悠长，建筑整齐划一，分布排列有序，从东到西、从南到北，一眼望穿、一览无余。这样的小镇何谈意境？

笔者对意境的解读应该是曲径通幽、欲掩还现、柳暗花明、别有洞天。不是故作迷宫，也不是故设幔帐，一花一草、一砖一瓦、一屋一巷，总有道不尽的韵味，总有说不明的情趣，总有看不完的精彩，总有想不透的空间。这样的小镇规划设计才是游客来了又来的理由。

规划的核心

做小镇规划，应秉持"天地人和"的传统发展观念。比如，环境和建筑应该相得益彰。好的建筑设计和布局应是整个自然环境秩序中的一个组成部分；而产业发展与游客、居民之间应形成良性的互动，相互依存、共同发展。

规划的核心就是在认识环境、尊重环境、利用环境的基础上，融入具体建筑形象和功能，满足发展需求，创造和谐的生存环境。

文旅小镇规划的重点是什么？有人说是产业，有人说是配套，但笔者认为，文旅小镇规划的重点是功能布局，而功能布局是由需求决定的。

小镇一般面积不大，人口不多，但五脏俱全。小镇要活，首先是人能活。人要生存，就得满足其最基本的需求。而小镇的功能设置，则是根据人们的需求决定的。人们的需求大概可以分为以下四类：

基本生存需求：吃、住、行、医疗、商业、教育。

精神追求需求：休闲、娱乐、学习、健康。

游客度假需求：玩、看、乐、吃、住、购。

小镇发展需求：产业、人才培训、生产资料。

根据上述四类需求，我们自然能够罗列出小镇应包括的具体设施。如住宅、商业、学校、医院、老年活动中心、幼儿游乐园、饮食街、电影院、酒吧、交通集散地、产业区、加工生产基地……由此延伸，小镇的功能布局就包括产业、环境、交通、居住、商业、配套等六个方面。

（1）产业。产业之于小镇，如同汽油之于汽车。没有产业，再"貌美如花"的文旅小镇，也只能成为"到此一游"的景点。在做产业规划时，不能仅限于眼前的繁荣和热闹，而应该着眼于更长远的持续发展。吃、住、玩、门票的收益模式依托的是游客消费，而要保持长久的持续发展，则要对文旅资源进行深度挖掘和提炼，并形成可以输出、进入更广阔市场的文化商品，建立强大的品牌优势，这才是关键。

（2）环境。环境塑造了某个地方的精神场所，是文化和其他物质活动的载体，也是与游客和居民沟通的桥梁。因此，环境规划使居民（游客）对小镇的认同感和归属感极为重要；环境规划应表达出项目所要追求的精神意境。需要注意的是，环境规划要从项目的整体定位出发。

（3）交通。没有交通，文旅小镇就无法站稳市场。文旅小镇的交通分成三个层面：一是大交通，主要是接入性交通；二是小交通，即内部交通的串联；三是休闲、游览的交通。

（4）居住。居住产品的开发是小镇不可或缺的重要一环。但小镇的居住产品开发不同于单纯的商品住宅开发，因此不能沿用过去的开发经验和开发理念。定位不同的文旅小镇，其主力产品也必然不同。

（5）商业。商业做不活，小镇就无法生存。城郊文旅消费的业态要以玩、吃、乐、购为主，这里次序很重要，玩是第一位的。

（6）配套。小镇的配套要考虑生活配套、旅游配套、产业配套等三个方面。小镇配套开发的要求，一方面要完善，尽量考虑周到，麻雀虽小，五脏俱全；另一方面也要注意控制合理的开发规模，最好根据入住的人口、接待的游客规模进行量化，不要一味因贪大求全而产生浪费。

2.6 文旅小镇运营的关键要点

小镇运营对小镇的长远发展起到非常关键的作用。当下，小镇运营主要存在三大难点：

一是缺乏成熟的、可以借鉴研究的案例。特色小镇是 2016 年才推出的，大家都还在概念上打转转，真正去实践的并不多；即使有已经开始的，目前也只是在规划和开发阶段，远没到运营阶段。所以，没有案例可以借鉴。

二是小镇之间的差异导致运营重点的差异。产业小镇和文旅小镇的运营模式不同，养老小镇和文旅小镇又不同；即使同为文旅小镇，古镇和新建的小镇，其运营模式也不相同。因此，很难找到一个有普遍指导意义的模式。

三是前置和后行的矛盾。小镇一般都要等到开发完成后才进入运营阶段，模式是否可行，必须在运营中检验才能确定。但我们做小镇开发又不可能在其进入运营阶段时才开始设计，而必须在开发之前，也就是做顶层设计的时候就要设计好运营模式，否则，开发时就没有方向和原则，就不可能给之后的运营打好基础，也不可能为之后的运营留下空间，这对小镇的生存和发展是致命的。

小镇的运营模式很难摸清楚，但是再难总得有人破题。首先我们需要知道小镇的运营到底是什么。从宏观来说，小镇运营是指小镇的可持续经营和发展方式；从微观上说，小镇运营涉及人员、商业、产品等方面。小镇是多功能的发展复合体，各发展要素的特殊性与关联性导致它们需要一个高效、完整的协同机制，而小镇的运营模式就是协同机制的体现。一套科学的运营管理模型，是推动特色小镇可持续发展的基础。

针对小镇运营所涉及的方方面面，笔者认为小镇完整的管理架构应包含一个体系、两种功能、三大平台。

一个体系

一个体系是指服务体系。服务体系的建立，是从上至下打造小镇核心竞争力的关键。小镇的服务体系包括服务对象、服务内容、服务标准。

两种功能

两种功能是指外链、内生功能。小镇虽是具有一定独立功能的区域发展空间，但小镇的发展并非封闭的，除了内部的造血功能外，也需要理顺与外部的发展关系，这就涉及外链和内生两种发展功能。其中，内生功能是指内部自循环经济和社会的运营模式，包括产业孵化、产品研发、成果转化、资产运作、智能信息管理、生态保育、旅游服务、公共服务等；外链功能是指与外部发生关联及合作的运营模式，包括市场开发、招商引资、资本运作、人才导入、品牌推广、文化传播、公共关系维护等。

不同功能的小镇，这两种运营模式在具体的管理内容或侧重点上可能不同。

三大平台

三大平台是指开发平台、资源整合平台、管理平台。开发平台涉及小镇从土地开发、规划、建设等各开发流程的管理和运作，资源整合平台是对小镇发展所需要的各类资源进行整理、开发和利用的运营平台，管理平台是针对小镇的基础功能而建立的综合管理架构平台。

服务体系是整个小镇运营的支撑架构，两大功能统合小镇内外发展需求，而三大平台则是为实现具体的运营目标而建立的公共发展环境。值得注意的是，不同的小镇，其运营管理的重心存在差异。

比如，产业小镇是以某种产业（金融、科技、制造等）为中心的特色小镇。旅游小镇是以旅游（观光、休闲、体验、养生养老、商务会议等）为中心的特色小镇。二者之间的差异则决定了前者的运营必然是以生产为核心，而后者是以消费为核心。

在服务体系方面，产业小镇主要是服务产业发展，为产业发展提供各类产业发展要素的支撑，如生产设施、技术、人才、信息和配套的优惠政策等。文旅小镇主要是服务游客，满足他们吃喝玩乐的需求，增加游客的旅游体验，以及更深层的精神需求。

在运营模式方面，产业小镇是生产主导型小镇运营模式，包括产业孵化、产品研发、生产、人才培养等内生模式和产业链组织、产品销售、市场开发、人才引进等外链模式；而文旅小镇是旅游消费主导型小镇运营模式，包括生态环境保护、自然及人文景观资源开发、旅游服务配套等内生模式和品牌推广、文化传播等外链模式。

在运营平台方面，产业小镇重点针对产业、科教等开发项目，侧重于人才以及生产资源的整合；而文旅小镇重点针对景点、商业配套、旅游配套等开发项目，侧重于自然资源以及人文资源的整合。

总而言之，我们要正确掌握小镇的运营方法，推动小镇的长远发展。

2.7 文旅小镇的持续发展动力

文旅小镇的永续发展动力，无疑是特色和产业。但有些特色经过几年的"风雨"后，特色就不再"特"了，特别是人为创新和打造的"特色"，更容易褪色。那么，小镇的持续发展肯定就会受到影响。

可能有人会说，那我们再创新，再打造新的"特色"。可是，再创新，其投资成本要多少？上一次的投入都还没收回，现在又投？再说，创新是那么好创的？特色是什么都可以"特"的？所以，如何给小镇安上一部"永动机"，必然是在顶层设计阶段就要面对和解决的问题。

因此，产业就成为至关重要的核心问题。文旅产业一般是依托文旅资源而形成的。如阳朔所依托的山水资源让人流连忘返，那么游客的生活和娱乐消费，包括西街的经营就成为主要的收益。

这一类小镇得益于大自然的馈赠。可是，像乌镇这样的小镇，其所依托的江南水乡文化和历史沉淀，其主要收益同样来自门票以及吃、住、玩、购。如果突然有一天冒出一个比她更"乌"的镇，或者乌镇遭遇到某种不可抗拒的破坏，其竞争力和吸附力肯定会减退。若真有这一天，乌镇的繁荣还能保持依旧？

我们不得不承认，无论依托什么资源的文旅小镇，人气最重要。但人气并非亘古不变，没有哪个小镇可以保证人气永远那么旺，就像没有人能够保证他的运气永远那么好。

因此，我们在做产业规划时，就不能仅限于眼前的繁荣和热闹，而应该着眼于更长远的持续发展。吃、住、玩、门票的收益模式依托的是游客消费，而要保持长久的持续发展，则要对文旅资源进行深度挖掘和提炼，并形成可进入更广阔市场的产品，而且能迅速建立强大的品牌优势，这才是关键。如迪士尼的动漫、卡通人物、电影、出版物等，它们面向的消费者不只是到游乐园的游客，而是全世界的民众。乐高乐园也堪称文化输出的世界榜样，除了在全球建立了5个由乐高积木搭建成的主题公园外，它还搞电影跨界合作、出书、举办乐高雕塑展，让文化品牌成为永不停歇的"印钞机"。

其实，我们有很多资源是完全可以比肩迪士尼的，如广东肇庆的端砚（端砚居中国四大名砚之首，是"文房四宝"之一）也是一个小镇的产业，但因为没有从文旅角度去规划，只简单地将其当作一件文化用品去生产，其价值就大打折扣。

关于端砚，我们还可以有更多的联想和挖掘：砚台为什么会成为文房四宝之一？端砚为什么是四大名砚之首？这中间有什么名人典故、民间传说？试想一下，如果有一个岭南风情的文化小镇，再嫁接端砚这个文化产品，注入更多的文化因子。那么，这个小镇的生命力是不是会更长久？

令人遗憾的是，现在很多文旅开发者太急功近利，只是挖掘了历史传承下来的商品，但对传统文化缺少提炼和提升，无法形成文化产业或文化品牌，这也使得特色小镇流于表面，难以持续发展。

实际上，像这样经过深度挖掘后形成的文化产业其实还有很多。各地都有其独特的资源或者可以叫"土特产""名特产"的东西，如酒、茶、中药、石、木、剪纸、泥塑等，都可以加以发掘和提炼，甚至冬天每家每户晾晒的腊肉腊鱼都可以形成产业，关键是怎样把简单的土特产注入文化因子。

笔者说一个故事。笔者的老婆四川老家冬天都会晾晒腊香肠，特别美味，笔者就鼓动她在网上开卖。但她一查网站，此类产品铺天盖地，她认为很难做成。笔者告诉她说如此如此，仅仅一个下午就销售 3000 多元。笔者怎么说的呢？与一个被小山城追捧了整整百年的传说有关。

在四川一个丘陵起伏的小山城里，有一片被烟熏得乌黑的老门店，每到冬天，从早晨到傍晚，街坊乡邻排队等候，就为了那一个传说：罗锅四川乡下土猪香肠，没有包装，没有推广，只有精选的上等瘦肉、25 味自制香料、17 道晾晒工序，山后的土猪，腊制的原味，更有四川人世世代代难以忘怀的乡情。就最后一句"世世代代难以忘怀的乡情"，一下子就将漂泊在外的四川人给彻底"麻辣"了。

当然，这只是个小例子，但这同时说明：任何一种独特的资源都可以形成产业。还是那句话，关键是如何注入文化因子。

2.8 没有产业，文旅小镇最终只会昙花一现！

受大众度假旅游需求的推动以及国家政策影响，文旅小镇在全国迅速发芽、生长。我们惊叹于文旅小镇的美，但对于小镇的产业却缺少专业的探讨。

产业是什么？根据百度百科的定义，广义的产业是指国民经济的各行各业。从生产到流通、服务以至于文化、教育，大到部门，小到行业都可以称为产业。

从狭义上看，由于工业在产业发展中占有特殊位置，经济发展和工业化过程密切相关，产业有时指工业部门。

众所周知，文旅小镇一般是依托文化、旅游资源形成的，其盈利模式主要来源于休闲服务业，如门票收入以及游客吃喝玩乐住的收入。但这种盈利模式的弊端在于，它是建立在丰富的资源之上，一旦文化、旅游资源不再独特或遭到破坏，或者游客产生厌倦心理，这种小镇很可能由盛转衰。

因此，我们在做小镇产业规划时，不能局限于眼前的繁荣和热闹，而是要对文旅资源进行深度挖掘和提炼，并形成可进入更广阔市场的产品，而且能迅速建立强大的品牌优势，这才是关键。

比如，牡丹作为观赏性花卉，是一种旅游资源，而提取出牡丹食用油或者精油，就是一种产品。

又比如，戈壁里的石头、沙子，与普通的沙石是否不同？抑或有一段美丽的传说故事？这样奇异的石头是否可以加工成项链、手镯、耳环售卖给游客呢？

每个小镇都有自己的文化或者旅游资源，但要发现和开发出具有商品属性的产业，关键在于能否用心发现。

比如，肇庆有一个这样小镇：屋舍俨然，阡陌交通，风景优美。来到这里的游客既能欣赏肇庆的好山好水，又能了解到端砚的制作流程，并参与从采石、开璞、选料、画线、雕刻、打磨到成型、配盒的制砚全过程，最后在自己亲手做的端砚上刻上"祝福"，用于收藏或者作为礼物赠送给别人，这是一种怎么样的文化体验？

又如，西南、中南地区都有过年吃香肠的习惯，在他们眼里，没有香肠就等于没有团圆饭。当把香肠作为一种商品，向全国甚至全世界推广时，如何将它与文化结合在一起？我们可以在包装上打上"永远忘不掉的也许是你的乡愁"的标语，这就与文化因子联系起来了。

也许有人说，香肠怎么可以作为文旅小镇的一个产业，即便成功了，它也无法支撑小镇发展。但是大家必须明白，川蜀地区饮食文化发达，除了香肠外，还有四川腊肉、张飞牛肉、川北凉粉、郫县豆瓣等各种各样的美食。每一种食品都可以形成一条产业链，多条产业链便可以振兴整个镇域经济。郫县豆瓣就已形成一种产业，其产品畅销国内外。

我们可以设想一下，在一个具有川西风貌的古镇或者一个新建的小镇，家家户户都在室外腌制、晾晒香肠。游客可以自己动手做香肠，临走时还可以带走一袋袋具有浓郁地方特色的香肠。这样的小镇肯定会备受欢迎。

另外，温泉也是很多文旅地产开发者主打的招牌。有的温泉小镇做得很好，有些却没落了。为什么呢？因为很多小镇只在概念上做文章，号称文化温泉、数字温泉、艺术温泉等。其实，除了一汪热水，什么都没有，有的甚至是假温泉。这样的温泉小镇能走多远？

素有"温泉王国"之称的日本可以为文旅开发者提供启示。日本从北到南有2600多座温泉，有7.5万家温泉旅馆。据悉，每年日本约有1.1亿人次使用温泉，大致相当于日本的总人口数。各地几乎都有有名的温泉，对日本人来说，泡温泉（俗称"泡汤"）是一种享受。

日本的温泉礼仪源远流长。"泡汤"前客户需要进行简单的洗浴，进入场池时必须全裸、盘起头发，进入温泉池时要与旁人示意问好……日本人泡温泉，就像泡茶一样韵味十足。这种富有仪式感的步骤，就是一种文化的象征。

而中国的温泉省略了很多烦琐的流程，这使得它变成一种快餐式的文化，降低了大家的体验感。

日本的温泉质量也相当高，有"砂蒸"温泉、"猪肉拉面"温泉、泥温泉、啤酒温泉等，功效不一，深受大众喜欢。

与此同时，日本还发掘出包括红叶时节泡温泉、雪中泡温泉、初春赏新绿泡温泉、群山中泡温泉、海边泡温泉、山涧溪流旁泡温泉等多种形式。

在日本，你能得到这样的极致体验：大雪时分，山林间银装素裹，玉树琼枝。你泡在43摄氏度热气缭绕的温泉水里，时而远眺高耸挺拔、白雪皑皑的富士山，时而抖落肩膀、手指间的雪花，身心将感觉到无比的轻松。

温泉旁边，木质结构的温泉旅馆高低错落。夜幕时分，灯光点点，你裹着温润的身体走向小巧精致的旅馆，迎来的是身着传统和服、笑容可掬的老板，一种"家"的感觉油然而生。置身于明亮的温泉旅馆，你可以舒舒服服地躺在沙发上看电视，品尝点心，甚至享受私密的SPA按摩。

在日本，拥有这种极致环境的温泉不在少数。除了注重营造良好的环境外，日本还利用温泉这一独特的资源制作温泉馒头、黑鸡蛋、温泉玻璃等，最大限度地发挥温泉的经济价值。

在这里，笔者还要提醒：一个产业能否形成优势产业，关键在于创新以及品牌的力量。

景德镇（历史上称为"昌南镇"）是世界著名的瓷都，从东汉时期开始烧制陶瓷，其造型优美、品种繁多、装饰丰富、风格独特的瓷器曾远销欧洲，欧洲人甚至就以"昌南"作为瓷器（china）和生产瓷器的"中国"（China）的代称。

然而，进入近代，特别是改革开放以后，由于缺乏创新，加上日本、德国等国家争相研制特种陶瓷研发技术抢夺市场，中国景德镇的地位由"巅峰"迅速掉入"低谷"，甚至沦为瓷器"高仿"制作基地，其命运让人唏嘘不已。

与景德镇形成对比，日本的瓷器生产可谓是创新的典范。日本瓷器制作始于镰仓时代（即中国的宋元之交），其在仿制中国瓷器的基础上不断创新，最终在世界瓷器行业获得一席之地。如今，日本每隔一段时间都会发布新型瓷器，如"世界最高强度"陶瓷材料、反复蓄热散热的新型陶瓷等，引发了世界的关注。

技术要创新，文化也要创新。举个例子，新疆有大片大片的戈壁，也有见证边成军垦战斗史的地窝子遗址。在建设小镇时，我们就可以充分利用地窝子文化和兵团文化，将其改造成地窝子酒吧、地窝子咖啡馆、地窝子旅馆，让这种文化在创新中得以延续，在延续中实现更高的经济价值。

……

总而言之，在开发文旅小镇时，我们很难避免产业同质化的竞争，但却可以倾注更多的心血，更加努力创新，打造出独一无二的原创产品。

除了打造精品外，品牌的宣传也非常重要。同为阿胶，工艺和成分也相差无几，为什么东阿阿胶的价格是其他阿胶的几倍？同为鸡蛋，打上"农家散养鸡"的鸡蛋为什么比一般的鸡蛋贵？品牌宣传使然。在产品质量相差无几的情况下，通过恰当而连续的品牌宣传可以提高产业的知名度，从而在市场上站稳脚跟。

综上所述，我们可以明确小镇产业的成长逻辑：发现文化或旅游资源——开发成产品（期间注入文化因子）——持续的品牌宣传——形成具有优势的产业。

我们还必须明白，产业的形成并非是朝夕之功，它需要10年甚至20年的积累。另外，一个产业要成长为行业的领头羊，同样离不开持续的创新。

2.9 文旅小镇产业和特色产业小镇产业的区别

产业是小镇发展的核心。特色产业小镇的产业，与文旅小镇的产业存在比较大的区别。特色产业小镇分为两种，一种是改革开放以来自发形成的专业镇；另外一种是根植于当地发达的经济体系，通过人才引进和科技驱动形成的新型小城镇，比如云栖小镇、基金小镇等。

我国的专业镇经济以浙江与广东为代表。20世纪80年代初期，浙江"以商兴工"，通过发展家庭工厂，形成了"轻小集加"的产业格局。而广东则以优惠的投资政策、丰富且廉价的劳动力和邻近港澳地区的区位优势，迅速发展加工业，各类专业镇风起云涌。

经过三四十年的产业培育，这些自然形成的专业镇规模不断壮大，并且拥有自己的市场和品牌，在全国乃至世界上扮演着非常重要的角色。

比如，浙江诸暨大唐生产着全国65%的袜子，平均每秒生产365双，被誉为"袜艺小镇"；义乌的小商品、永嘉的纽扣、嵊州的领带业曾分别占全国市场份额的70%、85%、和90%，温州打火机销量更是占全球市场份额的80%以上。

广东的专业镇也比比皆是。比如，中山古镇生产的灯饰占全国灯饰照明行业70%的市场份额，每年大约有各地采购商320万人次造访古镇，该镇是名副其实的"中国灯饰之都"。全国最大塑胶原料集散地之一——东莞市樟木头镇的塑胶产业成交量占全省的30%以上，在行业内素有"北有余姚、南有樟木头"的美誉。还有增城的牛仔裤、花都的皮具等。

这种以产业为主导的专业镇是发展特色小镇的"优等生"。但过去的专业镇只是在产业方面有所作为，而国家明确的特色小镇有三大标准：一是所有特色小镇要按3A级以上景区标准建设；二是突出历史文化传承，注重保护历史遗存和民俗文化；三是城镇功能要完善。

因此，在这样的背景下，就必须对这些自发形成的小镇进行升级改造，使之变成特色产业小镇。它们不再依托传统产业，而是指向更高端的新兴产业——包括信息、环保、健康、金融、高端装备制造等，其释放出来的经济效益将更加惊人。

比如，浙江基金小镇已集聚了68家私募、股权投资企业，到位资金63亿元，管理资产规模达300多亿元，成为杭州市私募股权投资企业最多、管理资产规模最大的区块。而梦想小镇已入驻创业项目500多个，新注册投资机构和各类基金108家，集聚管理资本总额逾362亿元。

这类小镇对自然环境的依赖性不高，但对资本、人才等高端要素"求贤若渴"。我们可以在原有古镇的基础上引入人才和科技，形成产业聚集的新型小镇，也可以新建一个小镇。小镇是否成功的关键在于选址，即是否背靠或者位于经济发达的地区。

文旅小镇产业的成长路径则并不相同，其主要方法有以下四种。

第一，文旅小镇本来就有丰富的文化、旅游资源。

如果文旅资源利用得好，能吸引游客前来观光度假，这本身就是一种产业，被称为旅游业或者文化休闲产业。

比如，浙江乌镇以其原汁原味的水乡风貌和深厚的文化底蕴，每年吸引 200 多万海内外游客前来观光游览，成为浙江省年接待外宾数量最多的单个景点。凭借着上等的"姿色"，乌镇还成为茅盾文学奖永久颁奖地，各类戏剧节目表演、各类影视剧拍摄活动层出不穷。

第二，结合当地的资源，开发出具有商品属性的产业。

乌镇模式在市场大获成功。但一个不得不深思的问题是，乌镇的主要收益来源于门票以及吃、住、玩、购，若突然有一天她"美貌不再"或者有更强大的竞争对手出现，乌镇的吸引力和吸附力肯定会减退。

考虑到文旅资源有可能消失或者被替代，我们应该在原有自然禀赋的基础上，发现和开发一种具有商品属性的产业。比如，戈壁小镇的主要产业为观光、度假、养老，但结合新疆哈密的资源，我们可以在哈密瓜、葡萄、红枣等农产品上做文章，注入文化因子，改变单一的水果功能，对其进行深加工，开发出礼品、化妆品、旅行食品等新产品，并形成上下产业链，增强戈壁小镇的生存发展能力。

在这一方面，迪士尼可以说是典范。2016 年的数据显示，迪士尼一年营收超过3700 亿元，净利润超过 627 亿元，其收入相当于万达集团的 3 倍。但其门票经济（即迪士尼乐园的门票收入）仅占总收入的 30%，迪士尼开发的文化产业链，如邮轮、服饰、出版物、音乐剧、玩具、食品、教育、日用品、电子类产品等几万种消费品，则是盈利的"大头"。

第三，引入外来资源，开发新产业。

这里的产业包括两种，一种是具有商品属性的产业，另一种是新兴产业。

提起玫瑰，大家自然会想到云南和兰州苦水镇，很少人会想到海南三亚。那么，三亚亚龙湾国际玫瑰谷风情小镇为什么会闻名天下呢？

原来，玫瑰谷的玫瑰并非本地自然生长的，而是通过一家公司在三亚试种热带玫瑰获得成功后，才实现规模化种植的。三亚的玫瑰是引进来的资源。

以五彩缤纷的玫瑰花为载体，占地 2755 亩的玫瑰谷已开发出玫瑰花茶、玫瑰精油、玫瑰酒、玫瑰食品、玫瑰服饰等产品。数据显示，亚龙湾国际玫瑰谷每年线下游客接待量超过 150 万人，衍生产品玫瑰精油、玫瑰护肤品等营业额过亿。

第四，在开发产业的基础上，还要不断培育主导产业项目，形成完整的产业链，实现多产业融合。

对于一个小镇而言，单一的产业容易受到市场波动的影响。即便你是这个行业的"单打冠军",一旦市场不景气,产业产值下降也在所难免。培育多个产业主体项目,形成完整的产业链,可以最大限度地发挥产业的规模效益,这恰好是文旅小镇抵御市场风险、推动自身发展的有力武器。

浙江丽水古堰画乡小镇风景迤逦,是一个主打旅游的景区,吸引了很多画家来这里作画。瞄准了这一市场,当地政府主动对周围的土地进行统一规划,建设了美术写生基地、创作基地和商品油画生产基地,并大力发展民宿产业、养生农业、创客产业,实现了多产业的融合发展,推进了小镇的持续发展。其中,油画产业链条已经形成。据了解,目前"巴比松画派"画家群体已达300余人,画廊企业49家,油画年产值已达3500万元,并初步形成了集油画原创、销售、邮寄托运等相关产业体系,油画作品远销欧美等20多个国家和地区。

通过上述分析,我们明确了文旅小镇产业导入的基本方法。但是,我们必须明白,文旅小镇的产业不是轻易可以形成的,要发现和找到与之相匹配的产业并非那么简单。

一般来说,文旅小镇产业需要经历发现、规划、引导、培育四个阶段。文旅小镇产业必须结合当地的资源,必须经过时间的培育,必须注入文化因子。

2.10 交通，文旅小镇的基础

文旅小镇的规划运营模式、盈利模式等的重要性不言而喻，而文旅小镇的另一个基础性的条件——"交通"却屡屡被人忽略。

为什么深圳华侨城的人气高居不下？为什么浙江乌镇的人群总是熙熙攘攘？除了其独特的文化旅游资源外，一个重要原因是，四通八达的交通使得美景变得唾手可得，人们自然愿意亲近。

如果说互联网改变了人类对美景的心理距离，那么交通则重新定义了人类对美景的物理距离。要想让文旅小镇的旅游文化产品更多更好地输出，不做好交通设计，便只有死路一条。

提起交通，大家首先想到高铁、大巴、公交、小汽车等，这些都没有错。但如果我们将交通从物理区间进行分割，文旅小镇的交通就包括以下三个层面。

（1）大交通，主要是接入性交通。大交通包括飞机、高铁、大巴等。

（2）内部交通。我们必须明白，小镇并非是封闭的景区，在这个几平方公里的小镇里，我们需要建立内部交通体系，串联起生活、生产、商业、娱乐等各个板块，实现互通互联、自由转化。

（3）休闲、游览的交通。这包括摩托车、自行车、人行步道等交通方式，是游客在"线"上扩散或运动所使用的交通工具。比如，如何从山脚登顶，是步行还是通过索道或者大巴？

很多文旅小镇的建设者都明白交通的重要性，然而在现实中总忍不住犯一些错误。比如，没有设计大巴、公交的专用通道以及停车场，让人无所适从。

广州市花都区的九龙湖欧洲小镇就是其中一个例子。该小镇集欧式建筑、高尔夫球场、高端酒店、临江别墅于一体，里面绿树成荫，竹影婆娑，是一个不错的度假胜地。

然而，这里有一条不成文的规定：客人必须开车入内。没有公交车，很多步行的游客也只能止步于大门。原本定位为一个小镇的地方，最后变成了"供人一游"的景区，甚是可惜！

又如，云南丽江市的程海也一样。程海湖面如镜，周围芳草萋萋，牛羊成群，好一派高原草甸风光。人往那草地一躺，看云卷云舒，听花开花谢，多么舒服的享受！只可惜路途遥远且山路颠簸，再好的美景也只能藏在深闺，乏人问津！

事实上，很多小镇的对外交通并非靠开发商一己之力就可以解决，比如高铁、高速公路等，这些都依赖于政府的规划。但在小镇的内部交通体系方面，开发商却可以尽心为之。

大家去文旅小镇旅游，更多的是体验一种"逆城市化"的感受，体验乡村美好、安静、慢节奏的生活。然而，有些"造城者"过于注重游客的感受，将弯弯曲曲的乡间小道改造成机动车道，让呼啸而过的车轮破坏了乡村的宁静。也有些人好大喜功，大兴土木，直接忽略人流量，建成大型停车场。

有些小镇则缺乏管理，一些村民随意圈地对外收停车费，搞得游客怨声载道；有些小镇则喜欢追求现代化、城市化，把当地一些特色交通（比如游船）全部淘汰了，让人看了索然无味；有些小镇有高山峻岭，却一味强调"原始"，连最基本的上山的路都没有，让游客在荆棘密布的树林里"披荆斩棘"。

交通的设计既不能"无为而治"，也不能"想当然"。如何拿捏其中的尺度，在提升游客满意度与保护乡村原貌之间做好平衡，是一个非常值得探讨的问题。

那么，如何做好文旅小镇的交通设计呢？首先，我们必须明白，开发者大多难以把握对外交通的设计，但有个不争的事实是，处于交通集散地的文旅小镇更具有吸引力。越靠近大城市，小镇更容易依托城市的辐射、带动作用，从而获得长远发展。但这又有个矛盾：越靠近大城市的文旅小镇，其商业气息更浓，而远离城市的小镇却面临着人气不足的问题。如何在考虑交通的基础上进行合理的选址，则是一道难题。

笔者认为，做好文旅小镇的交通设计，需要做到如下几点。

第一，做好交通流量预估。

在做交通设计之前，做好交通流量预估是必要功课。这个小镇每年预计有多少游客？高峰期是什么时候？高峰期有多少人？他们是自驾、坐大巴还是步行？做好交通流量预估，开发者就能提前做好准备，迎接人流。当然，这其中还包括小镇居民的出行需要。

第二，动静结合。

既要有机动车等快速交通，也要有自行车、人行步道、林间道等慢性交通，做到动静结合。因为小镇是一个开放的旅游文化圈，小镇与其他城镇或者城市属于一种共生共荣的关系，快速交通可以强化小镇与其他区域的联系，并为小镇的长远发展提供动力。

慢性交通是短距离出行的主要方式，可以形成与各种机动化交通方式之间的接驳，同时兼具活动、休闲、健身、商业等功能，能满足人们释放城市压力、回归自然、返璞归真的需求。因此，快速交通与慢性交通结合就显得非常必要。

第三，新旧结合。

新旧结合是我们应该遵守的另外一个原则。文旅小镇既要有传统意义上的交通，也要有一些富有当地特色的交通方式，比如直升机、索道、热气球等。当然，这些交通方式要因地制宜，不能随便照搬照用。

第四，梯级转化。

要注重接入交通与内部交通之间的转化，即进行梯级转化。这种转化的交通工具可以是大巴，可以是船，也可以是自行车。开发者要因地制宜，进行合理规划。

　　只要做好这几点，整个小镇的自我循环和对外循环就不成问题，同时，完善的交通网络也能帮助小镇更好地发展。

2.11　小镇房子卖不动的四大原因以及对策

　　大家都知道，地产开发是小镇盈利的重要板块，也是实现小镇宜居的一个重要标尺。但如何做好小镇的地产开发是一道难题。与普通的住宅开发相比，文旅小镇的地产开发更加复杂，更需要专业的知识和团队。开发者如果用过去的经验、理念开发小镇，必然只有死路一条。

　　需求决定产品。这个道理相信大家都懂，但懂和做是两回事，笔者在《地产6堂课》一书里举了四川青城山的例子。那里云集了如龙湖、中信、泰达、海航、中铁等10多家中国知名房企。2012年，16个项目的销售总和仅5亿多，还不及上海星河湾开盘一天销售额的一半。

　　按道理说，这些大牌房企都是在全国市场真刀真枪打拼出来的，其产品无论是户型、景观、外立面都绝对称得上样板，可为什么都折戟沉沙了呢？总而言之，就是这些开发商都抱着过去的开发理念和经验在开发旅游度假产品。

　　青城山作为旅游度假胜地，最主要的需求就是度假产品，这一点从政府到开发商无人不明白。可真正开发后，所有的一切仍被过去的经验所左右，其结果自然是惨不忍睹。当然，我们不能责怪开发商。2012年，文旅地产开发才冒头，到底怎么搞大家都是摸着石头过河，理念的转变是需要启发的，更需要时间和过程。但今天我们不能再犯同样的错误。

　　具体来说，文旅小镇的地产产品大致可分为四类：一是小镇居民住房，这和过去的商住开发一样。二是旅居度假住房，一般以民宿小院为主。三是观光游客住宿，以度假酒店、度假公寓为主。四是商业经营用房，以小商铺和中小卖场为主。

　　但是，定位不同的文旅小镇，其主力产品也不同。比如，以观光游为主的小镇，其小镇居民一般很少，甚至没有真正意义上的居民，因此居民住宅开发就退为其次，甚至可以不考虑。民宿小院自然也不能成为主力产品，但度假酒店不可少，以餐饮为主的食街、当地特产销售和旅游纪念品的商铺就成为主力产品。

　　文旅小镇开发投资大、周期长，快速回笼资金、实现滚动开发是必然。可是，房子建好了，大部分却卖不出去，小镇开发被蒙上一层阴影。为什么？原因如下。

原因一：选址错误

　　小镇选址正确与否，直接决定小镇是否兴旺。没有小镇的兴盛，就没有房地产开发的基础。小镇依托的必要条件有以下三个方面：一是文旅资源，二是交通条件，三是与人气源的距离。

文旅资源必须"特"，交通条件必须"顺"，人气源必须"近"。三点缺一不可。那么多的小镇选址城郊，就是因为人气源足够近。没有人气就没有一切，更没有地产开发的基础和条件。

原因二：定位不清晰

首先是小镇的定位不清晰。小镇开发的一般规模都比较大，少则几千亩，多则上万亩，规模大意味着单一的业态肯定无法支撑。于是，小镇就成了一个筐，养老、度假、文化等什么都往里面装，到最后，小镇到底是个什么东西连自己也不明白。这正是小镇开发最忌讳的——乱。杂乱无章、乱七八糟，没有主题、没有主体，也就是根本没有定位。

不同的小镇应该有不同的禀赋、不同的颜值和气质。正是有这些不同，才能非常清晰地区分各自不同的游客群。而不同的游客群，其旅游方式又有很大的不同。比如，有走马观花的观光游，有暂居小憩的度假游，有家庭集体出游，有个人独处背包游；有的纵情山水，有的追求浪漫，有的沉迷历史文化……因此，这就决定了某一类游客对某一类小镇的情愫。正是这一批又一批满怀情愫的忠诚游客，最有可能由暂居变旅居，继而成为小镇的"镇民"的群体。

原因三：度假需求研究不够

人为什么需要度假？人在度假时的心理状态是怎样的？度假的层次如何划分？度假和日常生活应该有哪些区别？对这些问题研究不透，谈何度假需求分析？

要研究度假需求，首先要分析度假的目的是什么。我们可以归纳为以下四类：减压放松类、享受成果类、感受情怀类、满足新奇类。关于对这四类的需求分析，详见《文旅小镇消费的四大特征》一文。

原因四：产品没有创新

产品设计没有创新。具体说，就是小镇产品品质和档次要求更高。户型不一定太大，风格必须契合小镇的整体定位，景观以原生自然为主，配套以玩、吃、看、乐为主。这里特别强调的是户型的功能与居住有很大不同。如厨房、客厅、衣帽间、储藏室等，其功能作用不大，完全可以简化，有的甚至可以舍弃，而室外空间成为重要的需求，如前后小院、屋顶露台等，这需要设计师更多的创新。

控制室内面积，增加室外空间，功能满足度假需求，景观原生自然，风格表现独特——这是文旅小镇地产开发的要点。

至于度假酒店，不要盲目追求星级标准，而应根据小镇的总体定位，以主题酒店的形态出现，更能增强小镇的文化氛围。所谓主题酒店，就是以表现某个或某种主题为原则，并不一定奢华，需要表达文化或者情怀。主题酒店档次和舒适度并不比五星六星级酒店差，但情趣和风格更具个性。

至于小镇商业开发，应该分为两种形态：

一是以满足小镇居民日常生活为主的商业中心，不要盲目追求高大上。因为小镇居民的消费实力和消费观念，他们不一定能接受购物中心、商业广场等。商业中心可根据小镇人口密度和交通距离设置一个或多个，面积无须太大，但业态要丰富，购物功能和购物环境同样不可忽视。

二是针对游客特点，最好以商业步行街的形态出现，吃购为主，但呈休闲业态，如咖啡吧、书吧、游戏室和销售西点、艺术品、书画、土特产、纪念品等店铺都应整合设计。建筑风格可以是民族风，也可以是欧陆风情；既可以古朴，也可以现代。这需根据小镇的整体定位决定。但不管以怎样的形态出现，针对游客的商业街，文化和游乐是不变的主题。有关于文旅小镇的商业，笔者将在后面接着阐述。

2.12　文旅小镇的商业关系到小镇的生存发展

无论是哪一种类型的文旅开发，商业做不活，就甭想赚钱。因文旅小镇的定位不同，其商业的开发模式、盈利模式、运营模式也不一样。

先谈城郊的观光文旅项目。笔者至少在 8 年前就说过，中国商业地产的无序开发将成为一个巨大的灾难。现在到处都是商业综合体、步行街，真正存活的有几个？城市中心商业尚且如此，城郊的文旅商业更不用说。为什么这么多的商业都成了陷阱呢？笔者认为，对商业的研究不够、开发商过于自以为是是其主因，另外还有如下三个因素。

一是对终端消费者研究不够。做住宅首先研究的是地块，而做商业首先研究的是终端消费者。过去我们做常态型商业如此，现在做文旅商业同样如此。只是，终端消费群体不一样，消费需求和消费特征不一样。

那么，首先要明确的是：消费者是谁？他们在哪里？城郊小镇主力消费群体可以以年龄划分，一类是个体消费者，包括高中生、大学生、刚开始工作的小白领，年龄在 18 ～ 35 岁。另一类则是家庭消费者，年龄跨度较大，从 25 ～ 55 岁，他们往往以家庭为单位，更多是考虑小孩的出游愿望。所以，儿童消费可以带来三代消费，这一点已被很多开发商所认识。

二是城郊文旅消费的业态以玩、吃、乐、购为主。玩是第一位的。城郊商业要想活起来，首先就是让游客有得玩、玩得嗨，否则，无论是布局国际一线品牌，还是走民族风，都难以存活。

所以，现在有很多类似项目先做游乐园，再做其他开发。但是，这里有一个问题，我们到底是做文旅小镇开发还是做游乐园？在项目顶层设计阶段可能很明确，但做着做着，就不由自主地加大了游乐部分的投入和规模，因为我们总是担心人气不够，而最能吸引人气的无疑就是游乐园，所以，不断修改图纸，不断加大游乐设施和场地的投入，不断提升游乐项目的档次和难度，最后与开发初衷相去甚远。

说到商业研究，离不开商业环境的打造。

文旅小镇的商业环境不同于城市中心的购物商场和步行街，这一类商业环境更多依靠色彩、音乐来营造一种鲜明、活泼、热闹的气氛。但文旅小镇的商业环境却必须根据小镇的整体定位来确定，不仅仅表现在色彩、音乐方面，而且表现在整个建筑的风格、景观、墙体、步道、灯饰、门头、休闲设施、小品、广场，甚至楼梯、停车场、洗手间等，都必须在统一的定位指导下，按照不同的主题进行打造。

它不一定要热闹，但一定要有特色。如小镇的定位是浪漫，那么所有的环节都必须聚焦在这个主题上；如果定位是温馨，那么，不仅色彩、音乐要舒缓，其整个风格包括上面所说的一切环节和细节都必须围绕舒适、柔缓、不疾不徐做文章。阳朔的西街为什么出名？丽江的酒吧街为什么让人流连忘返？乌镇为什么享誉世界？无不都是尊重了这一原则。

我们必须时刻牢记：我们是在做文旅小镇，直白地说，是在做文旅地产开发，最大的盈利是商铺的销售和租赁，仅靠游乐园的观光门票，什么时候才能收回投资成本？

三是业态组合。城郊小镇商业不同于城市商圈的商业，购物的功能被弱化，但这不代表就没有购物的功能。否则，为什么还有那么多商铺、大卖场？

那么，到这里来游玩的人又有什么购物需求呢？这还是要看项目的消费主体。既然年轻人是消费主体，那么时尚、潮流的东西就是他们的最爱，游乐园一样可以卖服装、化妆品、小精品、时尚包等，这在国外很多游乐园并不鲜见，关键是把握住游客的需求，做好业态的组合。

2.13 如何打造文旅小镇的环境和配套

　　环境塑造了某个地方的精神场所，是文化和其他物质活动的载体，也是与游客和居民沟通的桥梁。因此，环境规划对小镇的认同感和归属感极为重要。

　　环境规划应表达出项目所要追求的精神意境，比如，追求的是浪漫、激情，还是平静、安详。需要注意的是，环境规划要从项目的整体定位出发。

　　如果这个小镇的灵魂是安静，那么所有的环境都要围绕着"安静"两个字来做文章。一块块青石板诉说着历史的沧桑，爬山虎不紧不慢地占领了整个墙面。夕阳西下，渔夫撑着乌篷船，欢快地唱着晚歌……

　　这样的小镇没有此起彼伏的叫卖声，没有熙熙攘攘的人群，大街小巷、边边角角，都透露出一种宁静、一种安详。你可以在一座古亭里驻足，可以伫立在花前发呆，也可以悄悄地为一只慵懒的小猫拍照。

　　如果这个小镇的灵魂是浪漫，那么所有的环境都要围绕着"浪漫"来做文章。修剪成各种心形的花海，在湖边戏水的鸳鸯，拉着小提琴的帅哥，一顿浪漫的烛光晚餐，还有情人桥、爱情邮局……你与情人手牵手，轻声耳语，许下一生的承诺。

　　如果这个小镇的灵魂是激情，那么所有的环境都要围绕着"激情"来做文章。震耳欲聋、激情四射的酒吧，高难度的蹦极游戏，惊险无比的过山车……在这样的一个环境里，你只需要准备尖叫，准备目瞪口呆。

　　还有其他的小镇，或是美丽，或是神秘，或是新奇，或是恐怖，关键是要根据项目的整体定位来规划环境，不能偏离主题。

　　自然环境要以保护为基础，当然，人类活动本身就是具有主观能动性的，对自然环境进行局部的修改、装饰是有必要的，但大体上还是要保持自然环境的原始风貌。

　　比如，泸沽湖就是一块美丽的处女地，远远看上去就像一条镶嵌在山间的蓝色项链，美得让人惊叹。但由于交通不便、基础设施较为落后等原因，到泸沽湖旅游的人还比较少。如果我们要开发泸沽湖，就需要对它现有的基础设施进行改造，并增加一些配套，让游客能住得下来。科学的开发是最好的保护，但开发过度就会酿成悲剧。举个例子，由于过度开发，大理洱海的水质趋于恶化。为了保护洱海，几千个客栈近期被要求停业整顿。

　　人文环境的规划，需要通过建筑符号或其他视觉符号来表达，但更重要的是凝结在其中的精神追求的塑造。比如，云南的丽江东巴足球小镇，其足球文化就通过建筑、足球商业街以及其他的东西来展现。

　　在这个过程中，我们还要推动自然环境与人文环境的有机融合。这一点非常重要。笔者曾经看过一个小镇项目，周围的环境非常幽静，有大山有瀑布，但结果开发商硬是建了一栋高楼大厦。这个大厦已经成为一大败笔，因为与周围的环境实在不协调。

如何设计小镇的配套是大家关心的问题。小镇的配套要考虑以下三方面的需求。

（1）生活配套。比如，社区商业、学校、医院、邮局、银行、健身设施等。没有生活配套，哪来的小镇？小镇要让人能住得下来，自然要有各种配套。

在这方面，花都九龙湖欧洲小镇犯过错误。小镇里面绿树成荫，小桥流水，异域风情的建筑独领风骚，但是很少人愿意住下来。为什么？因为没有配套，大家买菜、看病不方便，为什么要住在这里？结果，现在这个欧洲小镇已沦为一个旅游风景区，供人到此一游，很可惜！

（2）旅游配套。这主要指为游客服务的配套设施，如游客集散中心、公共交通设施、自驾游基地等。

比如，丽江市永胜县程海村就是一个非常好的度假胜地，这里湖光山色，有神秘的他留人文化，还有500年前的古地震带。但由于山路崎岖，从丽江市区到程海村都要3个小时，因此游人寥寥。如果程海村今后要发展旅游，进一步完善旅游配套是非常有必要的。需要考虑游客可以乘坐什么交通工具到这里来，景点之间的微交通如何循环等，让大家可以玩得更加尽兴。

（3）产业配套。针对项目中具体的产业所需的配套，如发展养老产业，就需配套老年人专业医院、养老护理机构、老年大学、老年活动中心等，而不只有养老公寓。

笔者最近诊断过很多特色小镇，当笔者提出要做养老产业时，很多人就直接反对："老师，我们不做养老院和养老公寓，不赚钱，也没有人来！"但是养老产业不等于养老院啊！养老产业包括老年人专业医院、养老护理机构、老年大学、老年活动中心等，不仅能吸引老年人消费，还能带动三代人消费。你说，他们的子女每周或者每个月不用过来看老人吗？这些人不用吃喝玩乐吗？所以，我们要对产业有充分的理解，不要断章取义。

2.14　品牌是小镇唯一的依靠

品牌是一个小镇的身份标识。没有品牌的小镇，无法在激烈的市场竞争中脱颖而出。在未来 3 年中国几千个小镇的搏杀中，品牌是其唯一的依靠。

按照中央的部署，到 2020 年，全国将建设 1000 个特色小镇，与之相对应的，各省、市、县也定有各自的指标。粗略估计，3 年后，全国将有 3000 多个小镇诞生。且不说这突然涌现出的 3000 个小镇到底有多少个是打着"小镇"的旗号圈钱圈地的，即使是真正地投入、带着情怀地去做小镇，在这惨烈的竞争环境中，生存、发展都很艰难。

无论产业小镇还是文旅小镇，聚焦和偏爱决定了生存和未来。也就是说，是否被关注和喜欢，决定了小镇能否活下来。特别是在一个过度交流的社会，信息被瞬间覆盖，记忆被强迫更新，爱在转换，欲望在泛滥，所有的一切都可以被替代，最后世界被淹没，我们还能记住什么？

唯有品牌，唯有品牌伴随我们。我们记住爱马仕，记住肯德基、麦当劳，记住奔驰、宝马，记住苹果、华为，当然还记得三亚、丽江、乌镇和桂林，只要我们有能力，我们就一定和品牌站在一起。因为品牌能给我们带来品质和信心，给我们带来愉悦的享受，给我们带来生活的激情。

品牌就是如此重要！但遗憾的是，我们很长一段时期都没有重视品牌。幸好已经开始觉醒。以华为为代表的大企业正努力地创造着中国的品牌。我们的大企业已觉醒，广大的中小企业呢？

3000 多个小镇同时涌现，你凭什么就认为全国的消费者就一定非你不可？即使没有 3000 个小镇的今天，乌镇一骑绝尘、独领风骚，可 10 多年前同样闻名遐迩的周庄、同里今天又在哪里？小镇品牌的重要性不言而喻，那么小镇的品牌到底如何打造？

产品和服务是品牌的基础

第一，品牌代表的产品必须具备四个属性。

这里肯定会有人质疑，有的品牌并不是指产品，而是指企业，如万科；或是指地名，如桂林。

我们提到万科，首先想到的是什么？房子。房子就是万科品牌的产品。提到桂林，首先想到的是秀丽的山水，山水就是桂林品牌的产品。

提到乌镇，江南水乡的建筑、文化就是乌镇品牌的产品。但是，这里我所说的产品与我们通常意义的产品有所不同，品牌代表的产品必须具备以下四个属性。

（1）产品的特指性。乌镇代表的是江南水乡"古镇"的建筑和文化，提到乌镇，一定特指"古镇"。碧桂园的产品是房子，但碧桂园的房子一般都是特指"别墅"。提到新疆戈壁小镇，戈壁就是她的特指。没有特指性的产品，不能成为品牌的基础或者说很难成为品牌的基础。

现在几千个小镇都在申报，你的特指性是什么？有人会说我也有奇丽的山水资源，那你告诉我你"奇"在什么？"丽"在哪里？祖国的奇山秀水何其多，那是不是都可以做成小镇？即使都可以做成小镇，关键是你能存活吗？

（2）产品的竞争性。有特指性，不代表你就具备了竞争性；当然，没有特指性，根本就谈不上竞争性。没有竞争性，你又凭什么在几千个小镇中活下来呢？竞争性依靠的是产品的力量，而力量来自品质和自信。品质的字面理解就是"品位"和"质量"的组合，仅有质量、质地、质感是不够的，必须还要具备能够带来情感愉悦的品位。因为质量好只能使人冲动，而品质好却能让人感动。自信来源于产品的长处，就是你的产品在功能上比同类多一点点，在使用时好一点点，在外观上美一点点。这"一点点"就是你的竞争力量。

（3）产品的延伸性。手机一开始是用来通话的，后来又可以发短信、微信，这是手机功能的延伸。但是，当手机能照相、录音、照明时，就不仅仅是功能的延伸了，而是产品的延伸；也就是说，你完全可以把手机的通话功能去掉，只因它用于拍照比照相机更轻便、更方便，质量更好，而且可以马上编辑和发送，即使它不能通话，你外出一样会带着它。这个时候，它不是手机，而是照相机。

因为摩托罗拉、诺基亚没有跟上产品延伸的步伐，所以被淘汰。丽江最早的产品是玉龙雪山和古城，但现在提到丽江，更多的是酒吧和想象中的"艳遇"。

乌镇是旅游胜地，乌镇艺术节也即将闻名中外。也许有一天，游客到乌镇的主要目的不是看水乡文化，而是看艺术节，这就是产品的延伸。

（4）产品的美好性。外观漂亮，材料上乘，"颜值"高，这些都是产品的美好性。具体到小镇，即文旅资源是否秀美和醇厚？产业是否先进？建筑是否有代表性或者历史感？景观是否雅致和有情趣？服务是否更人性化？吃住是否舒适？出行是否方便？这一切都意味着你的产品是否能够给消费者带来美好的体验。

第二，小镇品牌的四大属性。

前面谈到，作为品牌基础的产品必须具有四个属性，这是区别于一般性产品的关键。具体到小镇，则包含以下四方面的特征。

（1）特指性要明确。足球小镇的特指就是"足球"，云栖小镇的特指就是"云"（互联网），拈花湾的特指就是"禅"，郁金香小镇的特指就是"郁金香"。

没有特指性，就没有身份识别。特指性是小镇真正"特"的基础。千万不要搞什么四季花海、田园小镇、度假小镇等，你的特指虽然也有，但太宽泛，特指不明确。

（2）竞争性要从顶层设计开始。产品的竞争力量是由竞争环境决定的，所以我们必须预判小镇建成后的竞争环境。目前，全国到处是小镇，三五年后将是一个怎样的竞争环境？无论是产业小镇还是文旅小镇，没有竞争力就很快会死亡，这绝不是危言耸听。如果等到小镇建成后再考虑其竞争性，可能你连战圈都进不去，何谈竞争？所以，竞争性必须在一开始就要做好设计。

（3）延展性必须注意产品的内在关联性。你可以让手机替代照相机，但你不能让手机替代化妆品。手机和照相机的内在关联就是它们都是工具，办公工具也好，旅游工具也好，通信工具也好，它们都是工具。比如，郁金香小镇可以延展为养老小镇，但你不能将其延展成玩具小镇、物流小镇，因为它们没有内在的关联性。

（4）美好性要注意和人的情感相关联。一切美好都是由情感决定的，这就是所谓的"萝卜青菜，各有所爱"，但无论是萝卜还是青菜，它必须是人们钟爱的一种蔬菜。所以，小镇的美好性一定是从人的内心情感去把握的，无论是建筑风格还是景观、小品，或是一片旧瓦、一节断石、一方小亭，都要能引发游客的某种情感呼应。

第三，小镇服务体系。

文旅小镇的服务是一个很不好谈的话题，因为它几乎不在小镇建设初期体现，而后期运营又无处不在。其复杂之处还在于，它虽在后期运营中体现，却又不得不在策划规划阶段就要做好设计。因为，如果我们说产品是品牌的身体，那么服务就是流动在身体里的血液。没有血液的身体意味着什么？

血液必须周而复始地不停流动，这就需要强大的造血功能。小镇的造血功能就是服务体系，服务体系包括服务内容、服务标准、服务机制。

不同的小镇定位，其服务标准和内容肯定不一样。比如，产业小镇和文旅小镇的服务内容就有很大不同。产业小镇的服务更多的是在生产方面，如技术、物流、人才、原料、生产环境等方面做好支持；而文旅小镇则主要是生活和体验方面，如交通、住宿、餐饮、游乐指导、商业环境等。

即使同是文旅小镇，观光和深度旅游又有所不同。观光主要在停车场、旅游线路、餐饮、人流疏导、景点介绍等方面做好服务，而深度旅游则更注重细节的服务。比如，咖啡吧从游客进门、落座、点单等每一个细节是否与咖啡吧主题吻合，是否能满足游客的心理需求，包括你的环境设计、道具设计、问候设计，无不体现你的服务水平，更不要说酒店住宿针对不同层次游客的不同服务标准。

真正的度假小镇更注重服务体系的完善和服务创新，具体到一座小亭、一张木椅、一个导示、一盆花草都表达着你的服务体系是否紧贴度假主题。

三亚蓝湾小镇的《业主服务公约》就很值得我们学习，它不仅规定了蓝湾小镇服务团队具体的服务内容，甚至对业主的一言一行做出了规范。比如，它提出"时间银行""互助提成"等服务创新。

而海口桃李春风度假小镇则是将服务体系延伸，从业主进岛前电话通知服务中心开始，一系列的服务已安排就绪。比如，接机要举牌"欢迎回家"，用车、路线、门岗标准礼姿、钥匙交接、进门拖鞋放置、茶几上的鲜花、度假日程安排建议，包括老人、小孩、主妇在度假期间的需求等都考虑得非常周到、全面。可以说，从你准备去海南度假开始，你的吃住行玩乐购，包括商务活动等一切都有安排建议。注意，这是建议而不是规定。这就是体系。

有了好的产品、好的服务，品牌的建立才有了基础。但这只是基础，建立一个强大的品牌还有更多环节和步骤。

小镇品牌如何进行情感关联

人们丰富的情感，有时很难用一个词语来表达。爱、向往、尊贵、美好回忆、理想、愉悦、欢乐、浪漫、舒适……情感往往主导人们对事物的偏爱和憎恶。某个商品一旦被偏爱，即使瑕疵再多也会被忽略甚至被转换。

如果某个商品被市场偏爱，它就一定是品牌，尽管这个品牌并非那么理想。比如苹果手机，尽管使用时还有这样那样的缺陷，尽管苹果公司的某些行为已引发很多国人的愤怒，但"果粉"仍然那么庞大，他们对苹果实在是太过偏爱了。我们无须担忧偏爱给品牌带来的隐患，我们只需牢牢记住：没有偏爱就没有品牌，而偏爱就是情感关联。

当然，这种关联一定是美好的正面关联，那些痛苦的、麻烦的关联虽然也是情感，但对品牌有害无益，也不属于本书讨论的范畴。那么，小镇如何做到情感关联呢？首先我们来看看情感的六种表现方式。

（1）没有理由的喜欢。世界上没有无缘无故的爱，但可以有没有理由的喜欢。有一个词叫"一见钟情"。现在信息高度发达，甚至没有"见"，也可以爱。只要某种情感元素被传递，就极有可能被很多人莫名其妙地喜欢。

丽江有个小镇叫"九色玫瑰"，其实就是一个搬迁的村庄，开发商将所有的墙面粉刷成各种颜色，然后在道路边上栽了几棵玫瑰，就开始在网上大肆宣传，一时风头无两，来观赏的游客如过江之鲫，网上众筹也如火如荼。但是，只要去过一次，你就知道这是一场骗局。当你兴冲冲地花了100元购买门票，准备一睹"九色玫瑰"的风采时，却发现看不到几支玫瑰。

那为什么大家还是趋之若鹜呢？说白了，人们就是冲着"九色玫瑰"这四个字来的，因为玫瑰代表爱，"九色玫瑰"传递了一种情愫。我们不得不佩服想出"九色玫瑰"这个名字的人，因为这个名字准确地传递出了爱的情愫，尽管这是一场骗局。

（2）不可抑制的向往。每个人都有一片没有到达的天空，在远方，不管是泥泞还是鲜花，总有一种呼唤在等待，于是就有了"生命诚可贵/爱情价更高/若为自由故/两者皆可抛"的名诗。人们对自由的向往是何等执着和勇敢。同样，因对一场

"艳遇"的向往，有多少人飞奔丽江？因对洁净天空的向往，又有多少人冒着高原缺氧的风险而踏上西藏？其实，向往就是一种情缘，你总感到那里有一种东西让你魂牵梦绕，那是你未曾知道的一个梦。我们说"人总是活在梦中"，不如说"人总是活在向往中"。如果一个人连向往都没有了，那就只能用"行尸走肉"来形容了。

我们向往爱、向往富贵、向往自由、向往蓝天白云，甚至在饥饿的年代向往一顿饱饭。正是因为向往，我们才坚持着；哪怕身处逆境，只要我们还有向往，就一定不会倒下。这就是向往的力量。

（3）酣畅淋漓的快感。沙漠越野，深海踏浪，珠峰攀登，密林探险……与其说是挑战极限，还不如说是在寻找一场酣畅淋漓的快感。

（4）无须忌讳的虚荣心。人人都有虚荣心，虚荣心被满足是一件无限快乐的事。可能有的人会说，内心不丰富才会虚荣，境界没突破才会虚荣，真正成功的人是很低调的。

其实低调本身就是一种虚荣，无论是刻意低调还是与生俱来的低调，无非显示低调是有本钱的。所以，任何人都无可避免地有虚荣心，我们没有必要忌讳。满足虚荣心，让自己快乐并没有错，但千万不要因为虚荣心而炫耀。

虚荣是一种情态，就像痛苦、愤怒、高兴、哀怨一样，是一种极其正常的情感反应，我们为什么要刻意去压抑呢？我们之所以嘲笑和诋毁别人的虚荣心，是因为我们没做好或者做不到。

（5）会心一笑的享受。享受总是美好的，无论是毫无顾忌地奢侈还是纵情放肆地宣泄。但我们不得不承认，会心一笑的享受才是一种境界，我们称这种享受为情调、情趣。

享受不仅是一种感官的愉悦，而是从内心深处弥漫的欢乐，轻轻地、静静地流淌，无须雕饰也不能模仿，更难以描绘，不在乎环境的好坏，也不在意结果如何。即使你一贫如洗，只要能会心一笑，那份雍容华贵同样令人敬仰和羡慕。

（6）无可替代的体验。体验，通俗来讲，就是在感受某一环境或参与某一事件的过程中所表现出的情感、能力。感受是体验的基础，感受有好有坏，体验当然就有喜有悲。

好的体验就像一场浪漫的恋情，让人心动、愉悦和充满期待。好的体验，一定会有一个好的情节、一个好的情景，乌镇如此，丽江如此，阳朔如此。人们趋之若鹜，就是因为这些环境不可再生、不能移植，必须亲自前往。

走在乌镇的石板路上，站在石拱桥上，看日出日落，看游人如织，那一抹灰白，承载了多少美好的故事。我们享受这美好的体验，感受着每一个细节的情韵，最终我们醒悟：即使今天风狂雨骤，明天也一定会艳阳高照。

情感的表现方式还有很多种，但最直接、最明显的大概就是以上六种。我们知道了情感的表达方式，就很容易理清情感与品牌的关联。也就是说，无论是产业小镇还是文旅小镇，无论是产品还是环境，我们都必须刻意地注重与消费者的情感沟通，只要能让他们产生偏爱，小镇的生命才会长久。

具体到小镇如何与消费者进行情感关联，笔者认为至少要做好以下"五情"。

（1）强调小镇的情愫。情愫就是没有缘由地喜欢、爱。要让消费者没有缘由地喜欢，就必须有让消费者心动的东西，可以是环境、氛围，可以是颜色、味道，可以是包装，还可以是一截断石、一块灰瓦、一座小亭、一片枯叶。当然，人各有所好，我们无法满足所有人的爱好，却总有一种情愫会令人感动。因此，如何做好小镇的整体规划，具体到一条小道、一个小巷、一处小景、建筑立面、植物选配、活动空间等，都要考虑如何植入某种情愫，也就是说，如何使小镇更有情调。

（2）创造小镇的情缘。有一种牵挂叫远方，有一种期待叫守候。冥冥之中，仿佛有根红线在牵动，迫使你去拥有。如果我们的小镇真能做到这样，还何愁不能辉煌？

三亚的椰林是一种牵挂，鼓浪屿的涛声是一种牵挂，张家界的奇峰是一种牵挂，乌镇的乌篷船是一种牵挂，袁家村的菜肴是一种牵挂。有人牵挂的是一片红叶，有人牵挂的是一汪流水。牵挂就是一段故事，就是一抹回忆，就是一种向往，就是挥之不去的情缘。如何给小镇植入一段情缘？丽江为什么有那么多人去了又去，去了就不离开了，变成新丽江人？就是因为丽江有太多的故事，有太多的情缘。情缘未了，此生难安！我们正在打造的新疆戈壁小镇，植入的情缘就是"大漠孤烟直，长河落日圆"，有多少热血男儿未了的英雄情结，到戈壁小镇就可以实现。

（3）塑造小镇的情境。情境的第一层意思是环境的打造，打造环境必须要有主题，要与小镇的定位相吻合，切忌建筑、景观两张皮。比如，你做的是古镇，白墙、青砖、灰瓦，可你的景观却是典型的西班牙风情，那则不伦不类，极不协调。

文化同样如此。小镇本来想打造浪漫、激情的主题，可我们表达文化的符号却更多的是民俗，如铜雕黄包车、木制风水轮等，那小镇的命运则可想而知。美的基础是舒服、和谐，环境不一定要多么奢华和高贵，一份优雅同样凸显一种气质。

情境的第二层意思是打造情景，即弥漫在整个小镇的某种氛围，要让人触景生情就必须以情造景，小到一些小品、符号、标示，大到建筑、景观、配套，不能单纯注重表面的精致和美观，更重要的是注入更多的情感元素，并强调情节和故事的场景化和拟人化。

情境的第三层意思就是打造一种境界。境界就是高度，我们不但要满足小镇的休闲度假功能，还要让到小镇的每一位消费者除了享受到愉悦和欢乐外，还有更多人生的感悟。因此，小镇的文化，或者说一情一景都暗含人生的哲理，如此，这个小镇无疑就有了某种境界。

（4）设计小镇的情趣。视觉文化与影像媒介使得我们逐渐脱离传统文化的"静观"，陷入对视觉文化的消遣。传统文化可以让我们凝神注视，而摄像的出现则使得我们与艺术之间的距离感消失，美感可以被大量复制。人们乐意对感官的直接消遣。人们不仅关注于空间的物质与功能层面，更倾向于空间精神层面的表达。小镇要强调文化与情感的交融，情感的表达形式更多地融入了愉悦性和趣味性的元素，即情趣的表现与感知。因此，在小镇的整体布局中，我们必须考虑如何将情趣的理念融入设计策略之中，以一种新的情感交流方式来弥补单纯的感官娱乐带来的情感迷失。

至于情趣如何营造，要结合小镇的定位和拥有的资源来考虑，任何抄袭和简单的复制都将破坏原有的特色，那样便会毫无情趣可言，这样的例子遍地都是。迪士尼乐园无疑是情趣设计的典范，原本令人厌恶的老鼠、笨拙的丑小鸭，因为别出心裁的设计而引发全世界儿童的追捧和热爱。国外很多小镇无不在情趣上挖空心思，即使是简单的花盆花架，都极力设计出某种独特的趣味。

情趣设计并不困难，只要你敢想并把握以下两种方法，你的小镇就一定可以妙趣横生。一是利用形、色、音或结构功能的仿生来塑造有机的空间形式，这种空间往往具有极强的亲和力，容易形成直接趣味。荷兰托斯卡纳小镇是典范。情感也可以是诙谐幽默，调侃、调戏、戏谑形成了娱乐性和消遣性。二是利用游戏将动物或者人的拙态进行放大和变形，对观众进行刻意的逗笑，让人们在期望的落差中收获愉悦。迪士尼是这方面的典范。这些设计荒诞怪异，不合常理，莫名其妙，将现实中不存在的事物，以怪诞的形象呈现出来。比如位于美国佛罗里达州底朝天倒着盖的博物馆，远远望去，这栋建筑就像歪倒在另一栋低矮建筑物上。这样的设计偏离常态、逆向颠倒。这座博物馆通过建立与现实相反的视觉来颠覆人们的认知，引发"原来还可以如此"的妙趣。

（5）培育小镇的情韵。"情韵"这两个字，让人马上就会想到品位和情调。的确如此，这是更高层次的精神愉悦。

小镇有没有情韵，首先要看其资源和禀赋，如秀丽的山水、独特的地形地貌、奇异的植被、传承的历史文化和风情风俗、极具标示性的建筑等，这是基础。但仅有这些还不能说就一定有了情韵，后天的培育更显重要。这就要求我们从一开始策划、规划小镇的时候，就要精准地把握那若隐若现的韵味，也许是一丝亘古传承的皇脉，也许是一丝轻轻回荡的音律，也许是飘然而过的温煦，也许是隐藏在暗夜深处的一声哀叹，也许是一阵清风，也许是一场细雨、一道远去的背影、小巷中那一袭红裙、屋檐下的风铃和窗格上的贴花；也许什么都不是，什么都没有，就是一种无言的感觉。这些韵味都隐含着或浓或淡的情愫，不会让你惊叫，却可以让你深深地沉醉。

清晨，我们站在乌镇的石桥上，望着小河里缓缓驶过的乌篷船，朝阳初升，晨雾渐散，有一种圣洁会弥漫全身。这就是情韵，直透心底，让你瞬间能感到升华的一种大美。可是，有多少人知道，为了捕捉这道情韵，培育这道情韵，陈向宏用了近 20 年的时间去感悟、思考、策划和规划。

陈向宏说，乌镇的天际线本身就是一道风景，与建筑、石桥、小河融合在一起，表达了一种江南水乡的古镇情韵，这才是他孜孜不倦追求的美，这也是乌镇不同于其他古镇的最具竞争力的核心。这很难，但他做到了。

情韵看不见、摸不着、闻不到，只能用心去感受。就像鼓浪屿的那一缕海韵，站在黑礁石上，听海涛澎湃，看浪花朵朵，潮来潮去，感受海风中传来的那一缕极有节奏感的海音，人被融入海天一色之间。情韵就像春雨，无声无息地浸透大地。小镇的情韵将是无敌的存在！

偏爱来自于情感，偏爱成就品牌！

2.15　没有 IP 的小镇是永远长不大的"侏儒"

回想近段时间的考察，有一个问题非常突出，就是没有任何一个小镇、企业、政府考虑过 IP 的建设，有的甚至都不知道什么是 IP。必须纠正一个问题，IP 不只是一个符号，不是披在小镇身上的一件衣服，更不是随意更换的广告词。

那 IP 到底是什么呢？

通常认为，IP（Intellectual Property）即为知识产权，而笔者却有其他的理解，认为 IP 应该是一种身份识别。

任何商品，如果没有 IP 就不会成为品牌，没有 IP 就是永远长不大的"侏儒"。商品如此，小镇更是如此。在国家制定 1000 个小镇的目标后，"一哄而上"已不可避免。在小镇遍地开花、无处不在的今天，没有突出身份识别的小镇，一定会被冷落、遗忘，直至最后消失。这并不是由你的地域和资源决定的，而是因为祖国大地最不缺乏美丽的自然风景，更不缺乏超越者！

令人痛心的是，现在特色小镇已泛滥成灾，一个地区竟同时有十多个甚至几十个小镇诞生，个个都说自己是特色小镇，但实则换汤不换药，就是名字不同而已。什么温泉小镇、四季花海、养生小镇、度假小镇、双创小镇、科技小镇、体育小镇、航空小镇……你在全国找不出几百个至少也有几十个。这些连名字都相同的小镇到底"特"在哪里？又如何让人记得住、识别得清楚？

做特色小镇，首先要让人记得住，然后要让更多人喜欢。这是小镇能够继续活下去的真理。

提起迪士尼，人们首先想到的就是米老鼠、唐老鸭；提起乌镇，首先想到的就是那条小河里的乌篷船；提起首都，首先想到的就是天安门；提起丽江，首先想到的就是酒吧、"艳遇"；提起泸沽湖，首先想到的就是摩梭人的走婚习俗。这些首先被人们想到的就是它们各自具备的 IP。

由此，我们不难看出 IP 的五大特性。

（1）最先想到。也许这并不是它最核心的本质，但一定是它最突出、最让人记忆深刻的一个标识。

（2）最快延伸。米老鼠、唐老鸭是儿童的朋友，迪士尼是儿童的乐园。乐园里不仅仅有米老鼠、唐老鸭、白雪公主、古城堡，还有好多的电影、书籍、卡通……同样，丽江不仅仅有酒吧，还有玉龙雪山、拉市海、客栈、蓝天、白云……只有延伸，而且是最快延伸的东西，才能让人加深对你的印象，不仅记得住，而且记得牢。

（3）最大的想象空间。白雪公主长大了，她的美丽被恶毒的继母所妒忌，她逃离王宫，在森林里和 7 个小矮人成为朋友；她又认识了很多的动物小朋友，最后，她和白马王子相爱了。这个成长过程发生了多少事？又能引发多少想象？说到丽江去旅游，其实有多少心思是期待一场"艳遇"。艳遇——邂逅——然后呢？这该有多少故事和想象？是否真的能够艳遇不重要，关键是对艳遇的想象。同样，泸沽湖是否真正有走婚不重要，关键是对走婚的想象。假如没有这么大的想象空间，丽江每年还有多达 3000 万的游客吗？

（4）最美形象。IP 的形象必须是美好的，只有美好才能让人向往，而当"向往"强烈到必须亲身体验的时候，IP 的力量才真正发挥出来。但是，一个美好的形象是那样难以建立，因为你不知道消费者的审美情趣。所谓"萝卜青菜，各有所爱"，你的消费者到底喜欢萝卜还是青菜，这是一个非常专业的问题。没有一定的美学常识，没有对人性最深刻的理解，没有将商品（这里指的是小镇）的属性解剖透彻，你根本分不清是青菜好还是萝卜好。

特别是我们好不容易建立起来的美好形象，因为缺乏有效维护，总会在不经意间被污损和破坏。形象一旦不再美好，想重塑光辉，其艰难程度无疑是"难于上青天"。

（5）最好的故事。每一个 IP 都应该有一个或多个故事与传说，否则 IP 就不丰满。IP 的空间无限大，所以其故事也是多种多样的，可以哀怨，可以浪漫，可以激情，可以妙趣，可以悲怆壮阔，也可以神秘朦胧。但有一点必须注意，就是故事或者传说的完整性、生动性、感染性。

IP 的五大特性只是笔者自己的理解，至于具体到每一个小镇的 IP 如何打造，则要根据小镇的基础资源、产业、规模、地理位置、整体环境、面对的市场等各种因素进行综合研究、提炼。比如，丽江鹰猎小镇，IP 到底是鹰还是猎？抑或是放鹰的人？这都必须根据小镇的实际进行深度策划。

另外，值得关注的是，IP 的五个特性只是告诉我们一个 IP 必须具备的基本条件，到底怎样建立却是一个复杂的工程，还必须联系到项目的很多因素。建立 IP 难，但 IP 的传播和推广更难。

那么 IP 如何传播？首先我们要知道传播的方法，然后才考虑传播的渠道。具体而言，IP 的传播方法有以下四种。

（1）进入公众视野。人们往往记得两类人，一类是恶人，另一类是好人。多做好事，特别是大家都关心但又没有能力去做的好事，比如捐助希望小学、扶助孤寡老人，这都是大好事，或者可以借助大众媒体引起大众关注。

（2）制造新闻。这是一个最直接、最快速的方法。新闻事件每天都会发生，只是有大有小，但如果你刻意去制造呢？记得 2015 年台湾有个人说大陆人吃不起茶叶蛋，于是保利集团在某个早晨给广州人派发了 10 万个茶叶蛋。此事件迅速发酵，瞬间传遍全国，世界各地也纷纷报道。保利一炮再红，其品牌效应被无限放大。类似的新闻事件太好炮制，关键是新闻的时效性，也就是时机把握得好不好。

（3）强迫记忆。建立 IP 首先必须要建立一个代言形象，它可以是人物，也可以是动物，甚至还可以是一朵鲜花、一支铅笔、一块香皂。不管是什么，它必须有一个具体形象，高矮胖瘦不论，丑美俊烨不管，但一定要特别，或者可爱憨厚，或者开朗热情。无论哪种特点，一定要做到极致。然后，将这个极致的形象作为产品的代言，利用各种渠道进行反复长期地传播和表达，强迫消费者记忆。唐老鸭和米老鼠就是通过电视、卡通玩具、书刊等方式风靡世界的。广州长隆则通过广告和网络让野生动物园的名字响彻中国。

（4）编好故事。好的 IP 一定会有一个或多个好故事。也许欢快，也许哀怨，也许浪漫，也许有趣，不管怎样，一定要和人的情感相关联，这点非常重要。所以故事情节要跌宕起伏，人物要鲜活真实，哪怕是童话，不管你怎样夸张，人物都必须有真实感。迪士尼的白雪公主在找到白马王子前经历了多少曲折？桂林山水的刘三姐又遭受了多少欺凌才变得智勇双全？IP 的故事多是编出来的，但故事能否迅速传播，除了渠道选择正确与否，故事的生动性、与人情感的关联性也至关重要。

怎样建立 IP 与人的情感关联？如何最快缩短受众从认识、接受到喜欢的过程？好的传播渠道正是完成这三个过程的关键。

IP 的传播渠道一般分为形象展示和心智占领两类。其中形象展示包括三个方面。

一是户外展示。户外展示一般以擎天柱、墙体、屋顶、LED 屏为主。当然，公交车车身、路灯灯箱甚至雨伞等都可以作为户外展示非常有效的传播渠道。户外展示是典型的强迫记忆，不管你是否愿意接受，只要你睁开眼，它们就一定会撞入你的眼球，看的次数多了，自然也就记住了。但户外展示与户外广告还有所不同，它不需要过多的文字，不需要联系方式，就是单纯的形象展示，越简洁越能强化记忆。

二是电视和网络传播。电视的辐射面无疑是最广的，而网络则针对性更强。不过，现在电视频道多，选择什么频道、什么节目、什么时段，不仅直接与成本挂钩，更重要的是是否属于有效传播。与节目格格不入的展示会倒观众的胃口，再好的 IP 形象也会被唾弃。

微信推出后，朋友圈营销越来越成为最直接、最有效的工具。这里可别忘了公众平台的建立。现在，消费者无论是购物还是休闲，首先是上网做功课，旅游更是如此。所谓的旅游攻略，就是指出发前对线路、景点、交通工具、住宿、消费等进行事先研究，这些一般都在网上实行。所以，公众平台的建立非常重要。

三是卡通图片、卡通雕塑和卡通代言。IP 卡通化是普遍运用的手段，因为卡通形象略带夸张，能最快让受众接受和喜欢。特别是利用大型公关活动强力推介，IP 以代言人的卡通形象出现，直接活动于现场，与受众面对面进行情感关联，极力彰显 IP 的特质，效果非常明显。卡通图片、卡通小公仔则更便于携带和转送。

形象展示只是 IP 被受众认识的开始，能否被接受和喜欢，还需要进行更深层次的情感关联。每一个 IP 都有一个或几个故事，故事的代入性、感染力无可替代，而将故事进行各种演绎，则会使 IP 形象更丰满、更容易深入人心。只有真正从眼球跨越到心灵，IP 的作用才能真正发挥。如何做到呢？有以下五点。

（1）电影电视剧的传播。"桂林山水甲天下"的名句流传已久，但真正让世界认识桂林山水秀美的是一部《刘三姐》的电影。可以说，是《刘三姐》这部电影成就了桂林、阳朔的旅游业。没有电视剧《似水年华》，又怎么会有乌镇的一飞冲天呢？而《米老鼠和唐老鸭》的电视剧同样陪伴了几代人。所以，上海迪士尼公园开门至今，游客络绎不绝，乐园风头无两。当然，制作电影和电视剧的投资太大，而且将故事演绎成电影、电视也需要更专业的团队，这不是谁都能做到的，也没有必要都这样做。大电影不能做，但随着科技的发展，微电影可以做。一部微电影投资十来万，自己当演员，一台摄影机足矣，策划得好，一样可以引起轰动。比如，三亚绿城蓝湾小镇的微电影就极具观赏性，震撼了很多人，也使蓝湾小镇仅仅半年就创造出自己的品牌。

（2）书籍图画的传播。迪士尼到底出版了多少书籍和画册，无从知晓，但许多儿童都是看着迪士尼的童话长大的。有关丽江的书籍和画册出版了多少，同样不知道，但有关丽江的纳西文化、东巴文化流传很广。虽然丽江的 IP 经过 20 多年的打磨，已经从"玉龙雪山"转换成了"艳遇"，但 IP 的传播从来没有离开过书籍和图画。

（3）一首歌胜过一万次的呼喊。如果没有《吐鲁番的葡萄熟了》这首歌，有多少人知道吐鲁番这个地方？如果没有《草原之夜》和《天堂》，又有多少人会不远千里跑到内蒙古去仰望星空？一首好歌传播的速度往往令人始料不及。为你的小镇编一首好歌，速度快、成本低，为什么不试试呢？

（4）书画的力量。提到黄山，令人最先想起的一定是吴冠中先生的《迎客松》。提到乌镇，首先映入脑海的则是那幅《乌篷船》。文旅小镇的基础是文旅资源，而且是自然山水或者文化特征非常突出的优势资源，这本身就是大自然恩赐给我们的一幅幅传世名画。如果再由大师级人物进行艺术再创作，那么小镇的 IP 极有可能就是这幅名画。没到过泸沽湖的人，怎么也想不出她有多美，"那天那水那山那个蓝"想用文字描绘几乎没有可能。只有大师级的画笔才能略显一二。如果真有这样一幅名画，我相信泸沽湖早已成为旅游的天堂。

（5）举办国际大节，提升 IP 档次。提升 IP 档次是传播的一个重要环节，而举办国际大赛或者大节是最直接的方法，如国际摄影节、书画节、写生节、电影节、花节、风筝节……更专业，意味着更高档次；更高档次，意味着更高品质。

PART 3

行

经典案例回放

3.1 泸沽湖大旅游诊断纪实

泸沽湖的美让人膜拜，但到底怎么美，却总说不清，隐约觉得这种美有种魔力，迷人情志，乱人心境，仿佛在催眠：忘却一切、放下一切吧，开始膜拜。所以，在泸沽湖考察的那两天，笔者总在反复提醒自己：我不是来旅游的，我是来工作的，宁蒗县委还等着我的诊断意见呢。

果然，2017年3月31日的上午，我们坐在了泸沽湖管辖单位宁蒗县委会议室，望着对面坐着的县委杨书记、李副书记、常务副县长，以及发改委、旅委、土地局、规划局等一干领导，笔者在想：我的思考和建议他们会接受吗？

泸沽湖诊断会议现场

首先由县委杨书记介绍泸沽湖的基本情况。泸沽湖是云南省九大高原湖泊之一，但目前泸沽湖面临着旅游基础设施较差、游客承载能力不足等问题，虽然已经制订了区域专项规划提请省政府审批，但怎么做大旅游，怎么借助泸沽湖优良的文化旅游资源打造几个在全国有影响力的特色小镇，他们心里没底，现在希望能多听取专家的意见，期盼专家开好药方，尽快提升泸沽湖大旅游产业的发展水平，以此改变宁蒗县贫困落后的面貌。

随后，泸沽湖大旅游整体开发单位、云南能投集团黄总也介绍了集团公司和他自己对泸沽湖大旅游的设想和思路。黄总说："我是陈老师的学生，希望通过这次陪同老师考察，尽早找到切入点，进入实质性的开发。"

杨书记和黄总的发言让笔者顿感压力：我这本来被邀请做文旅小镇诊断的，怎么一下子就要为泸沽湖大旅游开发做思路了呢？

笔者首先提出三个问题：

（1）泸沽湖如此之美，为什么游客又如此之少？难道交通的制约真的是最根本的原因吗？

（2）游客跋山涉水到底是冲着泸沽湖的什么特色来的？是美丽的自然风光还是摩梭人独特的文化？

（3）为什么泸沽湖留不住客？"到此一游"成为多数游客的选择，深层的原因是什么？

现场顿时陷入静默。接着，笔者说道："泸沽湖很漂亮，但是缺乏体验感和参与感，游客到此一游就走了。在交通不便的情况下，人们没有必要花几天的时间在路上，只为了看一眼美景。游客跋山涉水并不是为了自然风光，虽然泸沽湖的自然资源很美，但放眼全国并不是很起眼，他们是冲着以走婚文化为代表的摩梭神秘文化而来，但来到这里，大家并没有感受到女儿国的神秘。泸沽湖之所以留不住客，与其缺乏吃、喝、玩、乐等功能相关，当地的酒店设施差，服务不到位，让人来了不想再来。"

"改变泸沽湖，就要从改变她的现状和思路开始！"笔者说。泸沽湖要吸引人、

泸沽湖风光

留住人，仅靠自然风光是不行的。走婚文化是泸沽湖的特色，但走婚文化延伸出来就是摩梭人神秘的母系文化，这种母系文化在中国是独一无二的。

因此，在大区域开发的背景下，自然风光只是泸沽湖的背景，摩梭人的神秘母系文化才是主题和核心。我们应该先做好顶层设计，确定好定位、开发模式以及规划，同时还要做好以下八大点：一是加强管理，点状开发，坚决制止无序、散乱、一哄而上。二是画好红线。三是主打文化品牌，深挖摩梭文化。资源独一无二不等于吸附力独一无二。四是完善景区内的交通，包括道路、交通工具、交通管理。五是提升整体环境，完善配套，创新游乐项目，延长游客驻留时间。六是重点打造自然风光观赏中心、度假体验中心、民族文化展示中心，重点重建女儿国。七是全面加强游客的体验感和参与感，以历史还原、场景再现、民俗展示为主。八是加强品牌宣传力度，转变单一以泸沽湖风光为主题的宣传，而是大力表现摩梭人的历史文化。

3.2　丽江古城诊断纪实

2017 年 4 月 9 日上午，丽江市古城区政府组织了古城区特色小镇申报方案座谈会，市发改委李琰主任、古城区委周书记、常务区长及各局办、拟申报企业有关领导等 40 多人参加了会议。小小的会议室看起来很拥挤。

丽江古城诊断会议现场

在场的领导以及企业高管腰板挺得笔直，每个人手上都拿着纸和笔，似乎生怕遗漏了笔者讲的一些观点。

丽江可以打造成"世界酒吧之都"

古城区发改局领导简单介绍了情况后，笔者直奔主题，谈了自己对丽江旅游的看法。

笔者说，随着人们生活水平的改善，旅游度假已成为一种趋势。丽江是中国旅游业的一个重要品牌，也在世界旅游品牌中占据重要位置，每年吸引了 3000 多万游客前来度假。

"16 年前，我走在丽江古城的青石板上，感受到的是丽江古老的街道和悠久的历史；在玉龙雪山上，看到的是令人陶醉的人间仙境。这是一个让人来了还想再来的地方。"笔者一边回忆，一边沉醉在回忆中；突然话锋一转，无比惋惜地说道：

"6天前我再来古城时，已经感觉她的味道变了，古城变得越来越喧闹，商业化越来越明显。"

丽江真正吸引人的东西是东巴文化，但如今已开发过度，如果不尽快采取措施，这种过度开发必然会对文化传承产生破坏，一些最宝贵的东西也会消失。一旦如此，丽江的繁荣还能持续多久？而随着泸沽湖、程海湖等大旅游的开发，可以设想，5～8年后，丽江是否会被边缘化？是否会仅仅成为大丽江旅游的集散地？

一提起丽江，大家脑海里就会出现几个关键词：酒吧、"艳遇"、玉龙雪山、纳西文化，但如果没有新的开发，丽江的吸引力就会下降。目前，丽江古城缺乏体验感，丽江也不能只有古城，我们应该认真思考如何让游客留下来，来了又来。

"观光旅游无法留住人，只有深度旅游才能留住人。"笔者直接抛出观点。深度旅游不能仅靠资源，更应该注重文化的挖掘和表达，注重动静结合，注重体验的延伸，这就需要古城必须开发更多的旅游新热点，需要与其毗邻的玉龙县合作，形成以丽江古城为中心平台的大旅游闭环。

不过，丽江古城的东巴文化虽然有所衰竭，但另外一种文化迅速蹿红，这就是丽江的酒吧文化。丽江酒吧已经成为丽江的另一品牌，大有遮盖玉龙雪山和东巴文化之势。如此，我们不妨做一个大胆的设想：进一步推动丽江酒吧文化的发展，让丽江成为"世界酒吧之都"。

此言一出，全场愕然！

因为无论是古城政府还是古城的原住民，已经深深感到酒吧对古城文化的破坏，正在考虑是否将酒吧迁出古城，限制酒吧的无序发展。如今，笔者提出不仅不限制，还提倡大力发展，这与之前的发言不是矛盾了吗？

笔者接着说，全世界还没有谁明确地定位"酒吧之都"，丽江现在的形象更多地与"酒吧"关联，我们为什么不能顺势再加一把火，让丽江成为世界名都呢？

当然，笔者说的继续发展大丽江酒吧文化，不仅仅局限于古城，而是腾笼换鸟，把酒吧搬到古城边上的山顶之上、湖岸之滨、森林之中、悬崖之间，形成山顶酒吧、湖岸酒吧、森林酒吧、悬崖酒吧，构成一个酒吧体系。各个酒吧的定位不同，如静吧、音吧、跳吧、书吧、足球吧等，让不同的游客有不同的选择。果真如此，不仅是国内的游客，甚至是世界各地的游客都会蜂拥而至，这就是"世界酒吧之都"。

一旦各个酒吧形成各自的主题，古城游客必然会分流，古城已衰竭的东巴文化极有可能在短时间内恢复。玉龙雪山、丽江古城、拉市海、各类酒吧浑然天成的旅游胜地，试问谁还能与之争锋？"世界酒吧之都"必然与丽江古城、玉龙雪山相互辉映、闪耀世界。

笔者慷慨激昂地说完后，会场响起一阵又一阵的热烈掌声。

项目点评

接着，笔者对 4 月 8 日的考察项目做了点评。看了 7 个项目以后，笔者感觉丽江市和古城区的领导非常睿智，推荐的重点项目中有非常好的创意，他们对丽江和古城区文旅特色小镇建设充满了信心。

"七大项目都符合选址的三大要求，其中至少有两个项目（中国丽江鹰猎文化特色小镇、云南丽江东巴足球小镇）可以成为国际品牌，这是丽江古城区独有的优势。"笔者说。

项目一：蛇山森林运动休闲小镇

根据项目负责人提供的 2009 年规划资料，该小镇将建立蛇山森林高尔夫度假区和纳西田园新农村休闲区。高尔夫球场、纳西民俗住宅、温泉水疗养生住宅、浪漫情人街等产品将纳入其中。

在座谈会上，笔者直言不讳地说："项目定位很乱，没有做小镇的基础。"

"内容这么多，这个到底是森林小镇还是高尔夫小镇？"笔者反问。这个项目距离丽江有 20 分钟车程，且自然环境非常常见，其开发的产品如高尔夫、温泉在区域内没有竞争力，因此不具备做文旅小镇的基础。

笔者解释道，丽江的旅游市场非常发达，来丽江旅游的人大多是奔着丽江古城去的，这些游客来自全国各地甚至是世界各地。全国到处可见的温泉、高尔夫球场，如果没有特别之处，是无法对他们产生吸引力的。他们要泡温泉、打高尔夫球，则没有必要跑到丽江来。即使在本地市场，该小镇也有明确的竞争对手。做温泉，比不上美林集团；做古街、酒店，比不上丽江古城；做游乐园、欢乐谷，比不上宋城；做高尔夫，比不上文笔山，因此该项目很难吸引游客。

小镇的生命在于"特"，小镇的基础是资源，小镇的发展在产业，小镇的兴旺在市场。本项目受限于文旅资源，不适合做小镇，最多可以作为丽江旅游的一个支点，定位为室外游玩的体验式公园。开发者可以对周围的森林进行局部修缮，开辟出一片草坪，吸引人们过来烧烤、打野战等，并考虑山顶运动和休闲项目，但做不了大的开发。

最后，笔者总结道："做文旅小镇不要生拉硬扯，不适合做小镇就不要做，否则只有死路一条。"

项目二：雪山花海云香小镇

雪山花海云香小镇是笔者考察的第二个项目。据项目负责人介绍，该小镇规划了涂鸦墙、露天电影、玫瑰大草坪、滑雪场等 39 个项目，致力于打造雪山脚下的"花海胜地"。

结合考察的情况，笔者在会上做了点评："该小镇虽然已经规划了 39 个项目，但内容太多、太碎、太杂，最好能减到 20 项，并结合一些人造的花海景观，吸引游客拍照、游玩。"

具体而言：（1）要做好减法，像涂鸦墙、露天电影等项目全国各地随处可见，因此可以去掉。我们一定要特别清楚：各地游客到丽江来，是来感受在他们自己的生活居住地无法感受到的东西，在当地无法欣赏到的东西。所有的游客都会想：我家门口就有的东西，为什么要花那么多时间、跑那么远的路程来丽江看？

（2）在做好减法的同时，保留和突出有代表性的项目，比如紫藤隧道等，但不要做成长廊。

（3）做好山上的局部开发，可以做一些小栈道或者依托山体做一些特色客栈，方便人们看雪景，以此实现"夏天看花海，冬天看雪景"的目标。

"这个项目可以做，只要稍加修饰，它就是一个不错的观光旅游小镇。"笔者提醒道，"不过，案名太俗了。"

项目三：云南丽江东巴足球小镇

依托丽江丰富的文旅资源、高原有氧训练的优势条件以及当地浓厚的足球文化，该项目致力于打造云南最好的足球小镇。

让笔者兴奋的是，这个项目可以做足球小镇，但是我们不能紧盯着云南甚至中国，要做就做世界品牌！

笔者认为，该项目做世界足球小镇有两大优势：一是靠近玉龙雪山和丽江古城，拥有丰富的旅游资源；二是丽江是高原地区，这种既有美景又在高原，还有历史文化沉淀的项目在全世界都是稀缺的。

该小镇致力成为中国足球小镇，甚至是世界足球小镇，以吸引世界著名的足球队伍以及足球运动员过来训练、度假。在度假中训练，在训练中度假，这是多少足球人梦寐以求的事情？全世界能将高原有氧体能训练与世界级度假胜地结合起来的训练基地不多。目前，该项目已准备办一个足球学校，等于构建了一个足球的产业园，但要让全世界的运动员或者游客留下来，还需要策划一些东西。

笔者的建议总结成一句口号就是："跳出足球产业，做足球文化！"

足球产业面对的是与足球相关的人，而足球文化则面向喜欢足球的人，这意味着更广阔的市场和更多的消费者。比如，中国的球迷就有几亿人，由足球文化衍生出来的球鞋、球衣等产品将受到球迷的追捧。

丽江本来有皮具生产基础，大家可以组织到国外（如德国或者意大利）去学习顶级的足球制作方法，或者直接与国外的著名足球生产商合作，再结合当地的特色，生产出适合各类比赛（包括奥运会）用的足球。除了设计商品外，还可以举办女子足球、花样足球等活动，最大限度地增加小镇的人气。

与此同时，强化小镇的生活功能。以足球为支点，该项目要在吃喝玩乐购上做

东巴足球小镇

好文章，提升游客的度假满意度。

当听到该项目准备引进巴塞罗那球队时，笔者显得非常兴奋："一旦国际球队入住，是否会带来连锁反应？这是否可以称为国际足球小镇？"

笔者认为该项目非常有前途，但目前小镇的用地规模太小，无法支撑其"国际足球小镇"的定位，建议增加土地规划面积。另外，该项目也要做好顶层设计，谋定而后动，千万不要破坏了原有的资源。

项目四：丽江半山森林特色啤酒文化小镇

根据项目负责人介绍，该项目将打造成融啤酒生产、啤酒消费体验、啤酒文化、当地民族文化为一体，占地 1200 亩的丽江半山森林特色啤酒文化小镇。

对于项目的定位，笔者与项目负责人产生了不同的想法。笔者说："你要搞清楚到底是做产业小镇还是文旅小镇？做文旅小镇，啤酒文化无法支撑；做产业小镇，则思路要改。两者的体系完全不一样。"

笔者给出了该项目不能做文旅小镇的两个理由：

（1）大家来到丽江可能想喝啤酒，但对啤酒文化不感兴趣，不会想着去参观啤酒博物馆、啤酒广场，也就是说，依托啤酒文化没有任何吸引力。

（2）该项目可以搞旅游小姐比赛、旅游歌手比赛以及啤酒节、啤酒汉子等比赛，这些活动都可以吸引部分人前来观玩，但是这种活动不可能天天搞，间隔期间怎么办？想要以活动支撑小镇走不通。

那么，这个项目该怎么办呢？笔者认为，要转变思路，"依托啤酒做文化"而不是"依托啤酒文化做小镇"。啤酒是消费饮料，和它相关联的是休闲文化。

所以，笔者建议，啤酒厂不要设在山顶上，为休闲文化留出空间。项目可以做一个山顶酒吧，站在山顶欣赏丽江全景和玉龙雪山，应该有一定的吸引力。

项目五：丽江鹰猎文化特色小镇

曲折的山路通往崇山峻岭，泉水流过静静的山谷。山脚下，一栋栋粉墙瓦黛的纳西建筑错落有致，与蓝天白云交相辉映。湖边，一条条鱼儿不小心跳入密集的渔网，激起一团团水花，捕鱼的小伙子露出满意的笑容。走进丽江国际鹰猎文化特色小镇，感受到的是山谷的凉风、大自然的野趣。

据小镇负责人和丽萍（下称"和总"）介绍，雄鹰是纳西民族自由的梦想，纳西民族在战争和迁徙时代中对鹰的形态、速度、力量产生了崇拜，并掌握了完整的捕鹰、驯鹰、猎鹰、放鹰的内在传统技艺。

"本着对中华民族非物质文化遗产的尊重，我们经过两年的实地调研，提出了以'雄鹰'为核心，用自然、文化、科技的理念和方法创建非物质文化遗产文化生态圈的基本投资思路。"和总说。该项目预计投资 10.5 亿元，将建立起集丽江国际鹰猎文化交流中心、丽江纳西鹰猎古村落、丽江珍稀动植物王国、丽江鹰猎牧场、丽江野生动物救护中心等于一体的特色小镇。

"策划非常好，让人非常震撼，设计的水平也非常高！"听完和总的介绍后，我忍不住赞道。

如果做得好，该项目甚至在今后有可能取代丽江古城，成为游客抵达丽江的第一站。这是笔者的真实看法。真正能做到深度旅游的只有这个小镇，也只有深度旅游才能让丽江的旅游市场更繁荣。猎鹰作为纳西文化的重要组成部分，同时作为一项世界高端贵族户外运动，将越来越受到人们的喜爱。

目前，国内猎鹰运动主要分布在新疆、东北、内蒙古等地，但纳西人猎鹰有着悠久的历史，其驯鹰、熬鹰、放鹰更凝聚了纳西族人民的智慧和胆略。该小镇选址于距丽江古城不到 20 分钟车程的奇山秀峰之中，在深谷高山间开辟猎鹰场、驯鹰场等项目，这是一种全新的体验。

小镇在交通导向、地形设计方面做得很好，但如果把温泉搞进来，这就走偏了方向。

所以笔者说："项目要做好减法，也要做好加法。"类似温泉这种常见的东西，就可以省略，但可以增加一些活动，留住客人。比如，搞一些旋转的山顶会所、悬崖酒吧，定期举办游客放鹰狩猎大赛，选拔"放鹰女汉子""鹰猎火把节"等，强化游客的参与感、体验感。同时，实行预约制，吸引高端客户。

笔者还对水街怎么做、纳西古村落怎么改造、主路口如何设计、品牌如何宣传等问题发表了专业的意见，得到了和总及陪同领导的高度肯定。

"丽江的大旅游主要以观光为主，这个项目可以做成深度旅游度假，并带动整个丽江的发展。"笔者说。

项目六：金茂谷镇

"本来是个房地产开发项目，为什么非要搞成小镇？难道中国的经济只能靠小镇来推动了吗？"笔者对该项目一连串的发问引发了大家的思考。

作为丽江古城区本次申报的八大特色小镇之一，金茂谷镇在原有房地产开发的基础上，计划预留200亩做文创园，增加博物馆、文化博览中心、丽江非遗文化街区等配套。这一系列计划都是笔者反对的。

"没有办法往文旅小镇靠，文创园和文旅小镇是两码事！"笔者严肃地说道。该项目第一不具备丰富的文旅资源；第二面积偏小，不符合国家关于特色小镇的定义，没有办法做。国家也不允许以"文旅小镇"的名义搞房地产开发。只要房地产开发也能带来就业、税收，政府就可以进行扶持，不一定要搞成小镇。

项目七：雪山艺术小镇

雪山艺术小镇是笔者此次考察的最后一个项目。它位于丽江市古城区束河街道办事处，以文化旅游、婚纱摄影、酒店餐饮为主导产业，划分了特色民族民俗文化展示区、婚纱摄影基地、爱情主题公园等3个功能区，计划打造成集自然生态、民族文化展演展示、休憩度假、娱乐休闲、主题酒店、婚纱摄影等多元业态组合于一体的高端旅游度假目的地。

这是比其他项目更快形成、更快有效果的小镇。目前婚纱摄影已成产业，部分艺术家也在这里居住了，基础比较扎实。

笔者认为，这个小镇第一期已经开发了，没有太多调整的空间，但后面二、三、四期的思路错了。

"后期不应该只做篮球场、攀岩、卡丁车、直升机、热气球等配套，而应该抓住文化艺术进行深挖，实现产业转型。"笔者举例说明。浙江古堰画乡本来是一个很小的古村，过去村民以下湖捕鱼为生，经济一直比较落后，但当有一部分艺术家进驻以后，他们将优美的自然环境进行原创，该地已发展成为油画创作、写生等在全国都有影响的基地。再比如，深圳大芬村每年的油画产业产值达到80亿元，江苏海安的艺术产业也发展迅速。

参照其他城市项目的发展经验，雪山艺术小镇后期可以继续深挖艺术、文化产业，打造全国闻名的摄影基地、原创基地、微电影基地，进一步发挥文化产业的集群效益。

"比如，我们可以搞摄影培训学校，搞山水摄影节、写生比赛、原创展等。"笔者建议道。

雪山艺术小镇

在笔者看来，项目的灵魂就是"小资"，不要做成运动、休闲的小镇，因为丽江的运动体验项目实在太多了。

专业点评引来高赞

在长达3个小时的项目诊断中，大家时而捧腹大笑，时而认真做笔记。对于笔者的细致点评，在场领导以及企业高管纷纷给予好评。

丽江市发改委李琰主任说："陈老师非常专业，站的角度非常高，对文旅小镇的研究非常深入。"

"老师直言不讳地指出了问题之关键，这在学者中并不多见。"李主任称赞道，"这一次座谈会是最有价值的学习会，给我们提供了不一样的专家视角，听完后有一种醍醐灌顶的感觉。"

李主任说："我们要根据陈老师的意见，对申报的特色小镇进行严格的筛选，千万不要一哄而上。"他还提出了一些要求：一是要有高水平的策划、高效率的建设和运营；二是要把特色小镇作为经济发展的引擎、大旅游开发的平台来抓；三是产业要有特色，文化要有特色，这种产业在云南、全国或者世界具有唯一性和民族性。

古城区区委周开举书记在总结发言时称赞道："陈老师说的都是实话、真话，这些观点强化了政府领导对特色小镇内涵的理解，对推动特色小镇申报工作有非常积极的作用。"

"这是一次非常好的学习机会，又能引人深思。"周书记说。下一步他们将落实好笔者的意见，抢抓新一轮发展的机会，使特色小镇建设成为丽江古城区产业升级的重要载体，进一步推动城乡一体化发展。

会后，各项目负责人意犹未尽，还不断向笔者咨询相关问题，并一起合影留念。有两个项目负责人直接抛出"橄榄枝"：希望笔者担任该项目的策划总顾问，为特色小镇的发展出谋划策。

3.3 丽江玉龙县六大小镇诊断

受丽江古城区和玉龙县委的邀请，笔者为丽江古城的六大项目"把脉问诊"，并形成了详细的诊断报告（详见《丽江古城诊断纪实》一文）。

继完成对古城项目的诊断后，4月9日中午，笔者尚在饭桌上就被玉龙县常务副县长吴振军先生拉到车上，开启了新一轮的特色小镇诊断之旅。

吴县长殷切地对笔者说道："玉龙县旅游资源丰富多彩，拥有玉龙雪山、虎跳峡、'长江第一湾'、老君山等自然景观，希望借助老师的专业团队和专业知识，为玉龙县的旅游大开发再添一把火，将丽江的3000万人口吸引过来。"

听完吴县长的话，笔者感觉身上的担子更重了：硬仗！又是一场硬仗！顾不上旅途的疲惫，顾不上头顶上的艳阳，笔者连续考察了云南玉龙油橄榄康养小镇、文海雪域百合小镇、上善非遗幸福小镇、拉市湿地雪桃小镇、龙蟠三股水情定金沙小镇、石鼓红湾红色文化小镇等多个项目。

从虎跳峡到千亩郁金香盛开的文海，从文笔湖的半山别墅到骏马奔腾的拉市海，从"长江第一湾"再到石鼓镇幽静的古街，笔者深深地被玉龙县的自然和人文

笔者（右二）在丽江玉龙县考察

风光所折服。

笔者认为，玉龙县的资源很好，但是缺乏包装和推广！无论是景区还是乡村观光旅游，玉龙县的旅游开发还处于初期的发展阶段。随着人们生活水平的提高，深度旅游已成为一种新的趋势。现在的旅游不仅仅是面上的开发，更重要的是点的开发，如何以度假养生文化为切入点，推动游客从"到此一游"到"到此一居"，推动观光旅游向深度旅游发展，值得我们思考。

随即，笔者提出"玉龙县全域旅游"的概念。全域旅游不是指每一处都有景点，而是将具有旅游价值的旅游资源串联起来，使它们产生逻辑关系，从而形成一个闭合旅游环。人们在这样一个旅游环里，可以玩上几天甚至一周以上，这种深度旅游比观光旅游带来的经济效益更可观。

玉龙县曹书记兴奋地说："老师颠覆了我们对全域旅游的看法，实在是使人醍醐灌顶啊！"他还提到，在传统的认识中，大家把"全域旅游"理解为"处处是景点，人人是形象"，因此走了一些弯路。笔者的诊断使他们对全域旅游有了更深刻的理解。

那么，怎么做全域旅游呢？

明确玉龙县与古城旅游资源的差异

玉龙与古城本为一体，现在因行政关系已分开，但旅游资源却无法分开。丽江古城凭借其强大的品牌效应，成为游客主要的消费区域。

所谓"大树底下不长草"，玉龙县也因为丽江古城的光环效应，显得有点落寞。玉龙县要快速发展，就必须对旅游业进行升级，就必须分流和吸引丽江市3000多万的旅游人口，这样才能使旅游业成为其经济支柱。

我们再来分析一下，目前丽江市有四县一区，包括古城区、玉龙县、永胜县、华坪县、宁蒗县。其中，华坪县是工业区，旅游价值不大；而宁蒗县、永胜县与丽江市区的距离比较远，车程要3～4个小时，它可以作为丽江旅游的一个延伸，但与丽江古城暂时没有形成竞争关系。玉龙县无论是地理位置还是旅游文化资源，与古城本是一体的，其直接竞争无可避免。两者是在竞争中相互发展，还是在竞争中走向衰败？

现在游客到丽江一般是去爬雪山和泡酒吧，但是这两大项目缺乏很多互动性和体验感。玉龙雪山具有很高的观赏价值和高原体验。但是，爬完雪山呢？酒吧只是夜间的一种集体消费。所以，很多游客说"丽江一个白天一个晚上就玩完了"，也就是说，目前丽江古城越来越缺乏留住游客的理由，长此以往，丽江极有可能成为一个"火车站"，游客上下匆匆，却不愿停下他们的脚步。丽江的旅游缺乏更多的互动、更多的体验，这是不争的事实。是不是丽江的旅游资源匮乏，未能打造更多互动的体验项目呢？

其实，无论丽江古城还是玉龙县，其文旅资源都是丰富的，以古城为圆心的半小时车程内，至少有不下10处可以进行深度开发。关键是古城和玉龙县如何互动，如何分工协作，游客如何分流，使两地在竞争中协同发展。

一动一静，一北（指玉龙县）一南（指丽江古城），在强强联合之下，丽江将形成一条非常完整的旅游链条，推动旅游业迅猛发展。所以，我们应该在与古城、束河旅游的差异上做文章。比如，拉市海骑马是一个好的项目，拉市海水上游船也是一个不错的活动。但这两个项目都没有从深层次，也就是没有与人的情感相联系进行开发，只是满足了人们猎新的需求。

那么，怎样才算深度开发呢？以拉市海为例子，我们可以围绕马场做一些文章，开发马术、马球、马上摔跤、骑马拔河等项目，甚至搞一个高端的马会俱乐部。至于水上游船，我们能否搞一些花样游船比赛，搞个水上集市，吸引更多游客参与？关键在于大家要有发散思维，多想一些点子，而不是绕着原地打转。

要研究游客的深度度假需求

了解清楚年轻人、老人等各类群体对景点的要求，设计不同的旅游观光路线，让他们玩得尽兴。

笔者认为，雪域文海小镇、三股水等地风景优美，只要再多花点心思，增加一些配套，就可以让游客住下来。大家要沉下心来，了解清楚深度度假的产品，同时导入智能化管理平台，控制游客数量，实行分地度假，推动旅游可持续发展。

第一，做好景点梳理。

目前，各个景点存在各自为政、各自经营的情况，不利于旅游资源的自由流通。比如，三股水的景区开发就与老君山割裂了，各自修自己的路，做自己的项目，完全没有区域协同发展的概念。拉市海的马场也是农户自发散乱经营，没有进行统一的管理。

政府应该主动牵桥搭线，做好统一规划，推动景点之间"抱团"发展，产生最大的经济效益。同时，搞清楚景点之间的关联，梳理哪些是观光旅游资源，哪些是度假资源，哪些是旅居资源，让游客在不同的场景得到不同的感受。

该舒适时就舒适，该震撼时就震撼，该安静时就安静！要做就要做到极致，让游客坐得下来、静得下来、动得起来、住得下来。

第二，做好立体交通规划。

玉龙县的旅游资源非常丰富，但由于交通不太便利，使得部分景点"养在深闺人不知"。比如，橄榄小镇离丽江市区就要2个小时的车程，山路特别弯，一般的游客不会有兴趣。但如果金沙江通航，橄榄小镇极有可能在未来2～3年成为一个旅游热点，再加上现有的橄榄产业做深加工，就有了做小镇的基础。

此外，还要学习贵州的经验（贵州已打造了集航空、高铁、轻轨、公交于一体的立体化交通枢纽），做好立体交通规划，让游客出行更方便。同时，做好区域内微交通循环，包括各个景点之间如何接驳、酒店的接送服务等，提升游客的满意度。

第三，建立全媒体宣传矩阵，设计自己的 VI（企业的视觉设计），提高品牌的辨识度、知名度。

丽江古城为什么会熙熙攘攘？浙江乌镇为什么会人头攒动？除了旅游资源外，注重对品牌的打造是一个非常重要的方面。大家一到丽江，就会想到古城和玉龙雪山，但对于其他的旅游资源并不了解。现在丽江的品牌宣传也出现了一些瑕疵。比如，此前出现的丽江"打人"事件，就反映出丽江在危机公关方面的薄弱点。

回到正题，玉龙县的品牌宣传确实做得不够，导致玉龙县的旅游知名度不高。下一步，我们应该建立全媒体宣传矩阵，一方面传播最新的旅游热点以及工作动态，另一方面主动做好危机公关，回应社会质疑，消除社会谣言，营造良好的形象。除此之外，还要设计自己的 IP、VI，同时邀请专人管理微信公众平台，让品牌形象深入人心。

只要做到这些，玉龙县将带动整个丽江甚至云南旅游业一骑绝尘，独领风骚！

一路陪同考察的吴县长激动地表示："陈老师专业水平非常高，对区域以及各个项目的分析鞭辟入里、激动人心。您提出的'闭合旅游环'理论非常新颖，给玉龙县旅游开发提供了新思路、新方向。希望能进一步强化与老师合作，推动本地全域旅游迅速发展。"

◎被否定的云南玉龙油橄榄康养小镇

从丽江到云南玉龙油橄榄康养小镇，要经过 2 个小时的崎岖山路。根据项目负责人介绍，他们将以油橄榄产业为特色，结合纳西族东巴文化、玉龙雪山和虎跳峡等旅游文化，建设特色小镇。在办公区的桌面上，橄榄油润手霜、BB 霜、洗发水等各类产品琳琅满目、"绿意盎然"。

该项目听起来让人热血沸腾，一到实地心里却拔凉拔凉的。这是笔者的真实感受，所以笔者对现场的领导做了如下说明。

第一，文旅小镇的基础是文旅资源，其景区还要达到 3A 的标准。但是这个项目没有什么资源，也没有什么配套。

放眼看去，几座山光秃秃的，没有什么植被，除了大片大片的橄榄树、孤零零的小村落以及需要仰望的玉龙雪山之外，没有其他独特的资源。虎跳峡虽然近，但也要 10 分钟的车程。另外，这里风大、气温高，人往太阳底下一站，整个人热得受不了。

即便是项目负责人为之自豪的橄榄油产业，其基础也不扎实，目前仅带动几百人就业，没有形成产业效应，因此该项目不能做小镇。

第二，项目交通条件不好。

就算这里离金沙江码头只有 20 分钟的车程,是金沙江航道的终点,且离香格里拉只有 2 个小时,但游客来这里看什么啊?看橄榄树啊?没有人会有兴趣!从丽江市区到这个小镇要 2 个小时,游客为什么不在市区看花海,而是大老远跑来看橄榄树?交通不便是项目的制约因素之一。

第三,从目前来看,项目的橄榄油产业很有前景,可以依托产业进行招商引资,带动区域的经济发展,不一定要往文旅小镇上扯。

难道项目没有办法做了吗?不!如果两三年后,金沙江通航取得很好的效果,这个项目有可能具备做小镇的基础。我们可以依托金沙江码头做码头文化,可能会吸引一部分人过来旅游。听完这些建议,大家纷纷点头。

◎ 文海雪域百合小镇能否做高山度假

告别了云南玉龙油橄榄康养小镇,笔者来到了百合小镇。一下车,一阵寒风袭来,笔者忍不住喊了出来:"好冷啊!"迎着冷风,项目负责人惠总介绍了百合小镇的情况。该项目计划投资 12 亿元,以文创石艺、牦牛产业链、薰衣草产业链为依托,结合文海水库和山体资源,打造文海雪域百合小镇。

可以想到的是,仅靠种植和加工百合花,这个项目难以形成文旅小镇,最多可以成为产业小镇。但是文海有山、有湖、有草甸子,我们不妨做一些大胆的设想:能否做成高山度假项目?

具体而言,在裸露的地皮上种上草坪,以保持草甸子的完整性;与此同时,坚持点状开发,设计一些观景平台以及休闲的亭子,增加人们逗留的时间;另外,在山坡上种一些郁金香或者其他花卉,并在湖边修建栈道以及环湖自行车道,营造有情调的氛围。

现在的花都种在平地上,看起来没有层次感,建议学习贵州在梯田种植花海的经验,同时增加花海的造型,让人过目难忘。百合小镇千万不要过度开发,修建过多的客栈容易造成无序发展。另外,要对村落的外墙屋面进行修缮和包装,维持良好的村容村貌。只要投入两三亿,这个小镇应该可以成型。

◎ 上善非遗幸福小镇的"非遗"不能给游客带来幸福

翌日(2017 年 4 月 10 日)上午,笔者来到丽江市文笔海旁边的幸福小镇。这里绿树成荫,半山别墅错落有致,整个环境十分静谧。站在观景平台俯瞰全景,占地 1000 余亩的 18 洞高尔夫球场清晰可见,而文笔海水库则像一个打翻在地上的大端砚。

据项目负责人介绍,依托高尔夫球场、文笔水库以及三个纳西族古村落,该项目将以旅游度假产业为核心产业,以养生养老产业、休闲农业产业、体育运动产业为基础产业,以文化创意产业、商务会议产业、教育培训产业为延伸产业,打造成集旅游、养生、度假、运动、文创、会议、培训等多功能于一体的丽江国际高品质、精品型旅游中心小镇。

"你看，我们的度假中心就在对面。另外，为了弘扬非物质文化遗产，我们已引入了 31 名匠人，并结合国外的工匠大师的指导，生产诸如永胜珐琅、大理扎染等轻奢产品。"项目负责人娓娓道来。

"项目太乱太杂了，没有主题！"笔者眉头紧皱，随口反问道，"这本来就是一个旅游地产，为什么要变成文旅小镇？而且你们也不懂旅游地产，房子开发了一大堆，但是配套做得非常差。"

接着，笔者提出了几点建议：

第一，度假中心设计得太远，跟周边没有什么关系。游客住在半山别墅，就希望吃、住、医疗等配套在身边，不用跑那么远。

"住在这里缺吃少喝的，生活不方便，凭什么可以吸引丽江 3000 万的旅游人口？"笔者问道。

上善非遗幸福小镇

第二，非遗产品吸引不了观光客，更不可能给游客带来幸福感。另外，项目所在地的景观、休闲农业以及周边的宋城游乐项目也无法对游客形成吸引力。

一些来自大城市的游客为什么要坐几个小时的飞机来看休闲农业，玩游乐项目？他们家门口就有啊！要看也就是看东巴文化！

既然这么多条道路都行不通，那么这个项目还能打"翻身仗"吗？该项目靠近丽江市区，风景优美，可谓"近水楼台先得月"，这样的地理位置优势应该有能力分流丽江古城的部分游客。项目应该在深度旅游上下功夫，根据年轻人、老板或者其他类型的人群的需求，设计度假的产品，形成自己独特的IP。

毫无疑问，在这里不要搞度假中心，不要搞1000亩的休闲农业，"非遗"也不能成为主题，要搞就搞分片度假！比如，一期住宅面对的是年轻人，二期住宅就可以面向一些高收入的人群，与之相对应的配套也应该不同。做旅游地产，除了考虑房子，还要考虑度假群体的需求，卖的是度假生活。

度假是主题，别墅是配套！笔者再三强调，如果项目做得好，就可以成为丽江度假旅游的重要"一员"。

◎ 定位不清的拉市湿地雪桃小镇

考察完幸福小镇，笔者马不停蹄来到拉市湿地雪桃小镇。该镇的道路两旁，油菜花、雪桃树等各类植物互相交织，迎风而立，颇为壮观。招牌明显的马场随处可见，时不时有游人骑马闯入机动车道，引发交通阻塞。在玉龙县吴副县长的陪同下，笔者还参观了拉市海的民宿、玫瑰庄园以及其他亲水设施。

据吴县长介绍，村民凭借骑马和划船两个项目，每年的收入可以达到8万～20万元。但随着乡村旅游的发展，一些问题也逐步显露。比如，目前马场已达到60个，拥有5000匹马，同质化竞争激烈，马场还在无序发展；另外，整个小镇的环境脏乱差，游客的满意度不高。

而这些如果不进行调整，将如大理一样面临整顿的局面！目前，大理面临着过度开发的问题，洱海边上几千个客栈被要求关停整治，形势非常严峻。拉市海现在的问题还不是很严重，只要及时进行统一的规划和管理，就可以步入一个良性发展的阶段。

拉市海的IP以前是拉市海湖水，现在是"马"或者说是"骑马"。既然这个IP已经形成并已被传播和接受，我们就要围绕着马来做文章，再结合拉市海的湖面风光，并把玫瑰园、客栈都作为以"马"为中心的旅游配套，这完全可以成为一个独立的旅游基地，与古城、玉龙雪山三足鼎立。

"我们要让游客知道，除了看古城和爬雪山外，还可以到拉市海骑马！"笔者建议道。拉市海的湿地随处可见，雪桃也只能作为这个小镇的一个家庭产业来进行，这个小镇的主题还是旅游。

于是笔者现场支招：

第一，组建联合公司，由政府、村民、村委、企业四方参股，建立划船、骑马、自行车等运营平台，实现规范化管理。比如，骑马可以设计不同的线路，但必须保证有序，不能闯到机动车道上去。

第二，梳理观光、度假、旅居等资源，形成旅游闭合环。现在每个景点都各顾各的，应该对此仔细梳理并找到它们之间的逻辑关系，同时把各个节点串联起来，构建全域旅游系统。每个景点都有自己的价值，有的是文化底蕴深厚，有的是自然

拉市海

风光优美；有的是让游客动起来，有的适合让人静下来。关键是我们要学会用什么手段去表达，让它们更浪漫、更活泼或者更神秘、更热闹，满足游客不同时期的需求。

第三，完善相关的配套，让游客能坐下来、住下来。组织好丽江机场、丽江古城以及其他地方到拉市海的交通线路，并完善相关的接送服务，利于游客更快抵达目的地。除此之外，增加高端民宿的数量以及个性化的服务项目，并实行预约制，让大家能感受到深度旅游、定制服务的乐趣。

在谈话中，笔者重点提到了玫瑰庄园，对项目负责人说："你们这个玫瑰庄园非常好，但是室外的植被缺乏层次，最好在茫茫花海中种上几棵奇异的大树，同时在大树底下做一些不同风格的休闲亭和椅子，让游客能坐下来！此外，还可以与马场合作，开辟几条马道，让游客边骑马边欣赏美丽的花海。玫瑰庄园还可以增加一些玩的东西，甚至可以结合周边的划船项目，一起申报特色小镇。"

最后，笔者总结道："拉市海的资源非常丰富，但缺乏推广。我们要做好顶层设计，推动一、二、三产融合，将其真正打造成拉市海小镇。这个地方完全可以形成闭环旅游，保证游客玩 3 天不后悔！"

◎神秘的龙蟠三股水情定金沙小镇能否做度假小镇

看完拉市海小镇后，笔者与玉龙县领导一起驱车 1 个小时来到龙蟠三股水情定金沙小镇。站在三股水景区的观景台，蜿蜒而过的金沙江犹如一条缓缓舞动的缎带，在群山峻岭间飘然而下。依山而建的梯田层层叠叠，如同美丽的画布，从山顶一直延伸到绿色的江边。

据项目负责人介绍，金沙江油画走廊茶马古道特色小镇曾是茶马古道重镇，是木氏王朝发祥地，这里有千口泉眼，出水量平均每小时9000多立方米。以古村、梯田、小溪、瀑布、河谷、竹林、柳林、水车、水碓、水磨坊、沙滩、玉龙雪山、哈巴雪山、金沙江为一体的茶马古道特色小镇景观，有着世外桃源般的意境，组成了一幅令人沉醉的金沙江油画。

"项目将以旅游产业发展为导向，打造成以金沙江畔河谷度假、养生休闲农业观光、精品采摘为核心的休闲度假功能，并集旅游服务、综合配套等多功能为一体，以茶马古道交易集市、手工作坊区、马帮四合院民宿区为中心的旅游综合配套特色小镇。"项目负责人说。

听完介绍，笔者忍不住摇了摇头："项目太乱了，有些内容是一厢情愿、异想天开！"

这个小镇最大的特色是在金沙江边，三股水流聚集在一起，水量非常大，自然形成了各种叠泉、瀑布。沿着溪水一路前行，更有柳暗花明又一村的神秘感。村子里的水车、石磨随处可见，让人回忆起农耕时候的苦与乐。

这个小镇仿佛覆盖了一层神秘的面纱，让人有一探究竟的冲动。很多人都会想在金沙边住下来，迎着习习的江风，看着绿油油的梯田，望着植被葱郁的山头，感受"飞流直下三千尺"的瀑布，体验一下钓鱼等各种野趣，这又是怎样的一种度假感受？

随后，笔者建议："三股水风景很好，海拔比丽江低，只有1800米，很适合做度假小镇，吸引本地或者国内其他地方的游客前来度假。建议增加酒吧以及其他娱乐设施，并增加小镇的故事性，延长游客的逗留时间。另外，在景区内可以增加雕塑小品、长凳以及休息亭，让人们可以坐下来慢慢感受这绿水和清风。同时，增设几个观景平台，让游客可以从不同角度俯瞰江景。但是这只是一些点子和想法，真的要实施，还需要深度策划。"

"名字可以叫三股水静谧小镇！"笔者补充建议。

◎ 石鼓红湾红色文化小镇如何在"古"上做文章

最后一站，我们来到石鼓红湾红色文化小镇，首先考察了"长江第一湾"。

为什么叫"长江第一湾"呢？原来，从青藏高原奔腾南下的金沙江、澜沧江、怒江三大河流，在南北走向的云岭、怒山、高黎贡山三大山脉的夹持之下，在滇西北境内形成了"三江并流"的自然奇观。它流出青海，经西藏从德钦县进入云南，继续向南，进入横断山区。到了石鼓镇后，因山崖阻挡便掉头急转东北而去，形成一个巨大的"V"形转弯，这一奇观被称为"长江第一湾"。

"长江第一湾"

　　江面就像一面大镜子，两岸山峦连绵起伏，茂密的树林里传来阵阵鸟鸣。

　　"可惜啊，现在看不出'长江第一湾'的气势！"我略感遗憾。当听陪同人员说"一到7、8月份，'长江第一湾'将淹没两边的稻田和树林"时，笔者陷入了思考。随后，我们沿着青石板拾级而上，参观了小街两边的商铺以及红色旅游风景区。

　　考察完整个小镇，我们进行了详细的分析。石鼓镇本来是个古镇，也有丰富的纳西文化和红色旅游文化，但因其山体、水质、植被不如文海、拉市海，要想打造成文旅小镇比较困难。

　　当陪同人员反复提及"可以依托'长江第一湾'做旅游小镇"时，笔者予以反驳：现在看不出"长江第一湾"的气势，因此很难吸引游客前来观光度假。即便有，估计只有地理专业的师生对这个湾有兴趣，因为可以研究它的地形地貌。

　　笔者认为，这个小镇应该围绕着"古"做文章，将"古"和"长江第一湾"联系在一起，但现在感觉不到小镇的古味和古韵，"长江第一湾"的气势也难以表达，如何做好这篇文章，还需要进一步的思考啊！

　　由于时间的关系，笔者没有来得及去考察另外两个小镇——宝山石头城文化小镇和三江并流黎明丹霞傈僳文旅特色小镇。但看完规划图纸和相册后，笔者大为赞赏："这两个项目的资源都非常好，可以申报特色小镇，但是名字要另外取一个！"

3.4　丽江程海诊断实录

2017年3月31日上午，笔者与泸沽湖所在地的宁蒗县委书记开完会后，立马转战丽江市永胜县程海——云南九大高原湖之一。经过近4个小时的车程，于下午5点终于抵达目的地——程海保尔集团。

刚一下车，笔者就被保尔董事长谭总拉进了会议室。谭总说："老师，我们县委杨书记早已在会议室等您了。""怎么？又是一位杨书记？哈哈哈，看来这次和姓杨的书记有缘啊！"笔者笑着说。

会议一开始，谭总透露了此次会诊的缘由。

"上次在杭州听了老师的文旅小镇课程后，颠覆了自己原来的设想和规划，因此请求陈老师以及其他专家帮助我们做出升级版的策划和规划，把中国微藻特色小镇做成国内一流的小镇。"谭总说。

随后，他介绍了中国微藻特色小镇的创建计划。他们将以中国唯一的、独特的、天然的程海螺旋藻、红球藻资源为主导产业，以程海优美的自然风光和毛氏宗祠、毛氏文化为依托，开发4A级景区旅游产业，以绿色生态、美丽宜居为目标，建设宜居特色小镇。按照计划，该小镇拟在3年内投资50多亿元，并初步完成建设任务。

程海项目诊断会议现场

听完汇报后，陪同我们一起来考察的云南能投集团黄总率先发言。他说："规划之前必须有策划，没有策划和顶层设计，就是一厢情愿的规划，说不定还会浪费甚至毁坏资源！"

黄总表示，特色小镇的发展需要很长的培育期，3～5年的时间根本无法形成一个成熟的小镇。"小镇开发不能急功近利，要掌握好方法，耐得住寂寞！"黄总的话掷地有声。

稍后，笔者看了看在场的县委书记以及各个部门的领导，抛出了几个关键性问题：

（1）现在有没有人来程海旅游，为什么没有？

（2）程海与周边洱海、泸沽湖的差异是什么？

（3）宜居小镇的亮点是什么，谁会来居住？

笔者说，如果上述几个问题都没有得到圆满的回答，只是基于两条高速公路的开通，觉得更多的游客会到此一游。那么，整个汇报更多是基于一种判断，而不是精心策划后形成的决定。

话音刚落，现场响起了阵阵掌声。随后，笔者又抛出了三个问题：

（1）你们到底是做文旅小镇还是特色小镇？

（2）你们面对的是国内市场还是区域市场？

（3）游客凭什么来程海旅游？

在场的政府官员、专家一下子陷入了沉思。笔者不急不慢地说："项目地适合做产业小镇，因为有良好的螺旋藻产业基础，只要我们再注入生态、生活等功能，一个特色产业小镇就出来了。但是，做文旅小镇则不那么简单。"

永胜县程海镇气候适宜，环境优美，又处于丽江、大理、攀枝花等大城市的交通交叉点，这些都是做文旅小镇的有利因素。但人们不可能冲着螺旋藻产业来，更不可能为了毛氏文化特意跑一趟。

另外，在丽江、大理等著名旅游城市的光环效应下，永胜县的"好山好水"形象也难以发挥效果。因此，如果将该项目做成文旅小镇，还需要从长计议。

无论做文旅小镇还是产业小镇，都需要明白自己面对的是一个怎么样的市场。针对他们提出的"做成国内一流小镇"的想法，笔者提出了强烈的反对意见。

永胜县的自然资源比不上周围的泸沽湖、洱海，更不能和三亚等其他旅游名胜相比，难以吸引游客前来度假旅游。结合永胜县的地理位置，这个项目可以瞄准丽江、大理、攀枝花等周边区域的市场。因此，程海小镇项目面对的是区域内市场，而不是国内市场。做小镇最忌一厢情愿，很多人以为自己的资源独一无二，动不动就提出面向全国的目标。

游客为什么会来程海呢？笔者认为，来程海的游客不是冲着螺旋藻来的。在养生健康成为国内热点的今天，百岁村、长寿乡可能是吸引他们来这里的重要因素。

大家都很想知道这里的气候、环境有什么特别之处，能使人长命百岁？百岁老人的生活习惯又是怎么样的？另外，保尔集团的螺旋藻为什么成为世界一流的保健品牌？为什么会让人容颜永驻？这与其自然环境、气候是否有关系？

一连串的发问，让大家陷入了沉思。笔者重新梳理了程海和永胜县的资源后，说道："建议把养老养生作为主导产业，螺旋藻产业为辅助，在人群导入的基础上发展文旅和宜居小镇。"

"走，到一个没有疾病的地方去！"笔者脱口而出的这句话，赢得大家的阵阵掌声。

项目地具备空气好、环境好、交通顺畅等三大基础条件。在此基础上，我们还要做好养老养生设备、养老养生配套、养老养生服务、养老养生品牌，这样就能吸引周边地区的人来养老，从而推动小镇快速发展。

在场的政府官员听了非常兴奋，边做笔记，边问笔者："陈老师，现在很多人搞养老院都亏本了，项目这样做会不会失败？"

笔者摇了摇头，纠正道："养老院亏本，但养老产业赚钱！"养老产业除了有养老院外，还有老年人康复医院、养老公寓以及其他养老的链条都可以产生经济效应。另外，一个老人居住在此，还能吸引三代人前来探望以及消费，这是一个很好的盈利点。

大家纷纷点头赞同。

交流了近 2 个小时后，永胜县委书记杨晓敏显得十分激动。他说道："陈老师思维之缜密，对文旅小镇理解之深刻，令人赞叹。陈老师描绘的养老养生蓝图，令人兴奋。此次谈话进一步开阔了我们的眼界，突破了以往传统的思维方式，为程海特色小镇的建设夯实了思想基础。"

杨书记当场表示，希望邀请笔者作为永胜县特色小镇总顾问，为小镇的发展把脉问诊，推动地方产业快速发展。

2017 年 4 月 1 日，笔者在永胜县常务副县长、县政府有关领导的陪同下，实地参观了程海湖、毛氏宗祠、云南边屯文化博物馆、清水古镇、三川镇、红石岩古地震遗址等景点。

"很好，很漂亮，很有干头！"笔者看完后忍不住称赞：永胜县的自然环境独树一帜，自然风光与文化景观紧密相连，很可能是云南省最后一块处女地。

永胜的美体现在他留人上。这里拥有神秘而富有特色的民族文化，包括粑粑节、刀杆节、青春棚等，令人魂牵梦绕。

永胜的美体现在三川镇的荷花小镇上。荷花在江汉平原十分常见，但在云贵高原，万亩荷花盛开又是一种怎么样的盛况？

永胜的美体现在 500 年前的古地震带上。宛如刀削的山体、险奇壮观的峡谷给人除了感动之外，还有震惊。

永胜的美体现在绿油油的大草甸上，白云飘飘，湖水荡漾，牛羊成群，这里有云贵高原为数不多的草原美景。

他留人、大草甸、古地震遗址……这些美无处不在，但在当地只是作为一种客观的存在，所以这些美没有被发现。

王志纲老师说："这世界从来不缺少美，缺少的是我们的发现能力。发现美好的事物，需要一种智慧，发现后还要学会表达。"

笔者的感悟是，要善于把所有发现的美串联起来，使它们相互关联，并进行最有效的表达，推动它们成为旅游观光的重要因子。

永胜完全可以做全域旅游，旅游可以成为该县的另外一个支柱产业。因为自然风光好、人文资源丰富，其美丽迥异于大理、丽江、昆明等城市。我们应该积极发现并加强宣传，将藏于深闺的美丽进行集中的展示，使之成为云南省大旅游开发的一大名片。

因此，笔者对开发思路进行了调整：3月31日在会场上，因为没有对程海乃至永胜县的资源进行考察，仅凭介绍做出了程海应该以养老养生为切入点，带动旅游的判断。

4月1日，经过实地的考察和勘察，笔者认为，永胜县应该是昆明、丽江、泸沽湖、大理等云南省周边城市的后花园，其开发思路应该从"养老养生带动开发"转变为"养老养生与旅游并驾齐驱"，以此全方位提升当地的旅游业发展水平，带动当地经济"再次腾飞"。

3.5　美林基业丽江小镇诊断纪实

　　从丽江出差后，笔者立刻奔赴广东清远，与美林基业集团董事长刘先生（下称"刘董"）及其团队讨论丽江雪山温泉小镇的顶层设计问题，进行了连续两天的激辩。第三天（4月17日），受刘董邀请，笔者飞往泰国，与设计师沟通规划方案。

　　丽江雪山温泉小镇占地1800亩，位于丽江市玉龙纳西族自治县新县城的西侧，文笔海北侧，东望文笔峰，北观玉龙雪山。

　　"美林丽江"这个项目征地完成已近10年，为什么迟迟没有开发呢？是美林资金实力不够，还是丽江市场不成熟？两者都不是。那到底是什么原因让刘董始终没动手呢？据说，该项目方案前前后后做了十来次，找了国际国内设计公司也不下10家，但10年来，刘董和他的美林基业就是下不了决心。

　　"陈老师，不是不想动啊，是不敢动。这么好一块地，要是做坏了，那不是对不起我自己，是对不起丽江这个世界闻名的胜地，对不起纳西传承了近千年的文化啊！"刘董深沉地说："做这个项目，我首先想到的不是赚钱，而是怎么样花钱。要么不做，要做就要做世界级的，否则我跑来丽江干吗？这10年我几乎跑遍了世界各地，重点研究温泉、酒店、客栈的建筑和文化，但我总感觉心里没底。方向不明，思路不对，环节没想清楚，你叫我怎么敢动啊？"

　　"我们这个项目的独特资源是两眼温泉，因此一开始定位叫'温泉酒店'，但如今全国温泉泛滥成灾，仅靠两眼温泉无法支撑项目。当这条路不可行时，我们又想到去做精品客栈，并结合东巴宫的打造，进一步弘扬纳西族的文化。而当特色小镇兴起时，我们又想到做双创产业，并将度假、养老、科技、教育、体育等内容往里面塞，希望成为丽江一个重要的度假胜地。"刘董说。

凡是被共享的资源都无法形成特色

　　"乱！方向不明，思路不清！"在美林湖大会议室，听完刘董的介绍，笔者直言不讳地说。项目的主题非常乱，但是目标却很远大——要在大云南、大丽江旅游开发中占据一席之地，甚至要在国家倡导的"一带一路"中发挥作用。那么，项目靠什么实现这么宏大的目标呢？

　　笔者首先对整个丽江的旅游情况进行了分析。

　　丽江是全国著名的旅游城市，每年吸引了超过3000万游客到此一游。丽江独特的IP（知识产权）是什么？是雪山、东巴文化、酒吧。这个IP并非项目所独有，也被丽江古城和云龙县所共享。特别是丽江古城区和玉龙县现在共同申报了20多个特色小镇，这些小镇都是以丽江 IP 为基础进行申报的。

文旅特色小镇的基础是文旅资源，但当所有小镇都依托（或"共享"）这个资源时，这个资源就不可能成为本项目唯一的特色。在这种情况下，一个小镇如何形成自己的特色就显得尤为艰难。

本项目地理优势明显，离丽江古城不远，又在新城的中心，还能眺望玉龙雪山，欣赏文笔峰和文笔海美景，确实是一块风水宝地。

这块地放在中国任何一个地方，都可以轻易地打造出一个特色突出、环境优美、资源丰富、令人瞩目的旅游度假小镇，但唯独在丽江不行，因为资源被共享了。这块地最大的价值是拥有丽江唯一的温泉，但温泉也仅仅是项目的一个资源，无法支撑起 1800 亩的项目体量。因为，游客不可能冲着温泉来丽江度假。

资源共享无法形成特色，独特资源（温泉）无法支撑项目。项目该怎么办？该怎么办？全场一片寂静，大家都陷入了思考。

思考片刻，笔者打破了"僵局"："我们要知道丽江旅游缺什么，来丽江度假的游客到底是冲着什么来的，这样才能找到我们的突破点。"

第一次来丽江的人是冲着什么来的？是冲着雪山、酒吧、丽江古城蜚声海外的名头而来。那么第二次、第三次甚至是多次来丽江的人呢？他们不会第二次去爬雪山，也许还会去酒吧，但更多的是钟情于丽江的蓝天白云。换句话说，对于丽江的"资深"游，气候、环境、氛围是吸引他们驻足的关键因素。

至此，不难看出，丽江除了酒吧体验以外，基本都是以观光为主，缺乏以互动为主的多元体验，缺乏深度旅游，这个痛点刚好也为美林项目的发展提供了机会。

强化核心资源，主攻深度旅游，创新多元体验

随后，笔者点出了美林项目的"突围"之道。

第一，提升温泉价值。

温泉是项目最独特、最核心的资源。中国的温泉遍地都是，中国泡温泉的人何其多。但更多的人只是把泡温泉当作一种放松和休闲的生活点缀，远没有达到国外特别是日本对温泉药用价值、温泉文化、温泉服务等环节的纵深研究。

既然温泉是本项目的核心资源之一，我们就必须想办法强化、提升它的价值，使这一核心资源变为小镇的特色资源。什么是特？人无，我有；人有，我精！这就是特色。温泉虽然遍布中国，游客到丽江旅游也绝不会冲着温泉而来。但在丽江，具体说在古城和玉龙县，只有本项目有温泉，这至少与其他项目比较起来就具有排他性的特色。

另外，据资料介绍，本项目的温泉经欧洲权威机构鉴定，其药用价值独步国内，在全世界也比较少见。那怎么开发呢？

（1）开发温泉的药用价值——药泉。这点不必细说，关键是在包装和宣传。

（2）挖掘温泉文化，拉长温泉洗浴环节，从建筑、景观、服务等方面提升层次，将温泉洗浴从一种休闲放松的生活点缀，提升到人生享受到的境界，开创中国温泉的新篇章！

美林基业丽江小镇诊断会议现场

第二，创造特色价值。

游客到一个地方旅游，一是看自然风光，二是看建筑文化，三是寻找历史痕迹，四是体验新奇。丽江的自然风光无与伦比，在这里不必详说。下面我们将围绕其他的三个点展开说明。

（1）创新建筑文化。建筑本身就是小镇文化最直接的表现。我们站在雪山，望着整个丽江，映入眼帘的是青砖黛瓦的建筑，看起来恢宏沉稳，很好地表达了中华民族和纳西民族深厚的文化，营造出一种独特的东方美景。但是，感叹之余，总会觉得有些许的单调和呆板，如果在某些区域的某些局部有更丰富的色彩表现，是不是更能增添丽江的活力和韵律呢？

小镇的建筑，不建议简单地复制丽江目前的建筑文化，包括外立面、色彩、风格、造型等。因为整个丽江都是这样做，你做得再好也只是赝品。但是，小镇的建筑也不能过于标新立异，与丽江整个环境格格不入，那不叫创新，那叫"另类"！正确的做法是与丽江的建筑文化有所区别，其中局部立面和颜色都可以更丰富、更大胆一些，创造出一种"既是丽江的，也是世界的"新的建筑风格。

（2）感受历史痕迹。对于大家提出做"东巴宫"的计划，笔者表示不赞同。丽江古城的纳西文化原汁原味，你无法与它媲美，做得再好也是徒劳。我们可以引入一些纳西文化的元素，但不要特意去强调。

同时，需要知道的是，丽江共有 25 个民族，民族文化多姿多彩，民族特色节目层出不穷。除了纳西文化外，我们能否以还原各种场景的方式展示其他民族的文化，像刀杆节、他留粑粑节、火把节、转山节等，都可以进行场景还原或者现场演绎，吸引更多游客驻足观看或者共同参与。

试想一下，游客来到一个小镇，看到穿着色彩各异的民族服装的丽江人走来走去，还能参与一些有趣好玩的民族特色活动，这是怎么样的一种享受？

（3）创造"新五觉"。单纯的观光已无法满足游客的需求，我们要学习日本的经验，结合灯光、音乐、景观、色彩等进行创作，创造出"新五觉"（包括新触觉、新听觉、新嗅觉、新视觉、新味觉）盛宴，让大家流连忘返。

比如，建一个没有屋顶、只有大玻璃的天幕无声酒吧，让游客在里面戴着耳麦自嗨，累的时候还可以抬头看看星星和月亮。同时，举办"搞砸之夜""搞笑之夜""搞哭之夜"等活动，甚至出售"恐惧"，无论是行走还是停留，游客无意看到的、触碰到的都是"意外"，使人惊悚又令人向往。

提升温泉价值、创造特色价值、创新建筑文化、感受历史痕迹、创造"新五觉"——通过上述措施，美林项目将成为丽江深度旅游的一个精品。

做个有味道的度假小镇

讨论至此，项目的定位也呼之欲出。大家初步确定了项目的名字——丽江云墨度假小镇。

"一个有味道的度假小镇！"对，就是民族味道国际化！至于是什么味道，大家自己去感受吧！

"味道"就是项目追求的灵魂！这个味道也许是文化的味道，是艺术的味道，是音乐的味道。如何做出一个有味道的小镇，这就不仅需要建筑设计、景观设计别出心裁，更重要的是注入更多的文化因子和更多新的科技含量。比如，灯光、音响、小品、植被等都必须传递某种情感和体验：或让人愉悦，或让人惊叹，或让人意外，或让人膜拜，或温情，或浪漫，或酸楚，或清凉，或香醇，或酥醉。

一个有味道的小镇，是一个说不清道不明的小镇。因为说不清道不明，游客才能真真切切地体会到那种独有的愉悦感受。无论是一天，还是一个月，味道不断变化，始终存在，人生的境界就会得到升华。只要游客在一个有味道的地方行走过、停留过，就会成为一个有味道的人。

无处不观光、无处不度假、无处不产业

做一个有味道的小镇，无处不观光、无处不度假。但是，仅有观光和度假还不能完全实现深度旅游多元体验的目的，只有将观光、度假和产业相结合，才能真正使游客看得愉悦、吃得舒爽、玩得开心、闻得香甜。

但是，这里有一个很关键的问题：文旅与产业如何对接？产业无限宽广，但并非什么产业都可以与文旅对接。现在很多小镇的文旅资源原本不错，但为了满足政府"文旅小镇中必须有产业"的规定，强行把八竿子打不到的东西硬塞进小镇。除了惊叹他们的想象之外，也只有理解他们的无奈了。因此，对产业的选择就必须遵循项目定位和发展目标。

深度旅游、多元体验、一个有味道的小镇——这就是项目的定位。

"深度""多元""味道"三个关键词确定了小镇的发展方向。产业的选择必须仅限于进一步提升游客体验感和愉悦感，仅限于与文化、旅游紧密相关联的产业。同时，还必须对产业的前景、可落地性进行预判。如果是一个成熟的产业，能否移植到丽江？如何提升是关键。如果是一个空白市场，就必须分析为什么一直未能形成一个完整的产业，其发展的瓶颈是什么，如何整合。

我们能不能瞄准国内尚处空白的文旅创意产业，做孵化平台，整合国内外技术、人才和资源，首创中国文旅创意产业孵化小镇，并成立几大中心、几大平台、几大基地，为完善中国文旅产业体系、提升整个中国文旅产业层次做出贡献。

同时，将目前更多服务于观光旅游的方式在小镇转化为深度旅游，将单一的观赏转化为多元体验，让更多游客在感受美丽的丽江自然风光、醇厚的纳西民族文化的同时，更能体验深度旅游所带来的另一种"味道"。

因此，在这1800亩的土地规模上，除了核心景观之外，不要再按功能划分，而是将美、将"味道"、将产业散布在小镇的各个地方。也许是一条小道，也许是一座小亭，也许是一汪小池，都可以让人赏心悦目、目不暇接，足以让游客驻足停留、细心感受；还可以直接参与小作坊、小实验室、工作间的操作。总之，无处不观光，无处不度假，无处不产业。

（1）无处不观光。步步是风景，处处有惊喜。建筑的奇美，景观的别致，历史的再现，文化的表达，都以核心景观为中心，呈发散性分布。无论是行走还是驻足，都能让人获得从未有的多元体验。

（2）无处不度假。度假的最高层次就是感受环境带来的心境变化。当我们不再以功能划分小镇区域，当整个小镇经过精心营造，无论是建筑、景观、商业街，还是一条小巷、一块残石、一片枯叶，无不让游客感到愉悦。

（3）无处不产业。就是把产业场景化，把工艺观赏化，让产业从播种到孵化再到成长，都成为一道道靓丽的风景。可以建立孵化基金，专业指导，信息、服务、成果展示等平台，全方位支持文旅创意产业的研究、开发和生产。只要你有一个好点子，哪怕只是一种好想法，你都可以在小镇获得支持，前提是你的点子、想法和创意仅限于文旅产业。

两天高度激烈的论辩终于结束，笔者长舒了一口气，笑眯眯地盯着刘董及其团队："怎样？"

笔者（左）与美林基业刘董合影

话音刚落，刘董忍不住称赞道："经过近10年的思考，不久前我和我的团队终于认为找到了方向，正在我们测试是否正确时，遇到了您，您这两天的详细解剖，逻辑严谨、分析透彻、思路宽广，对项目的定位精准把握以及对丽江目前及今后几年的预判，刚好与我们最近的想法吻合，更坚定了我们的信心和决心。不能再拖了，我们相信，有了您这位大师的相伴，后面的路到底怎么走，应该更有把握了。该动手了，形势逼人啊！"

3.6　又一高难项目被破局——高密诊断纪实

2017 年国庆刚过，笔者应山东高密光大置业邀请，诊断一个房地产开发项目。

10 月 10 日，经过对项目地块和整个高密市的一天考察后，笔者判断："又是一个高难度的项目！它离高密市 7 公里，偏离城市发展重心，周边散布着大小纺织厂，板块价值没有形成。如何定位？做什么产品？客户在哪里？他们是谁？"这一系列问题萦绕在笔者的脑海里。

如何判断地块价值

第二天，照例是项目诊断会。王总、陶总以及其他领导等近 10 人直挺挺地坐在会议室里，每个人的座位上都放着纸和笔。

王总简单发言后，笔者开门见山地说："你们对项目有很多思考，但有些思考跟这个项目的主题无关，我们必须找到项目开发的正确思路。"

我们分析一个地方能不能做房地产，首先要考虑"五大要素"。

（1）交通因素。交通环境是房地产开发需要考虑的首要因素。交通因素包括实际距离、心理距离、项目通达性等三个方面。该项目距离市区不是很远，但是小城市的人会对此产生心理距离。从好的方面来看，项目的交通通达性较好。

（2）板块价值。什么是板块价值？就是很多房企在开发这个板块，我们就可以预判这里将会成为人口的聚集区，很多人愿意到这里来买房。昨天我们去的经济开发区就形成了板块概念。好几个项目同时落地，带动了该区域的整体开发，特别是两个别墅项目提升了板块价值，有利于形成板块效应。但遗憾的是，你们这个项目所属地是工业区，目前只有这一个项目单打独斗。

（3）城市发展重心。每个城市都有自己的发展走向，但很明显，高密市的城市发展重心不在这里，而是在往东、往南发展，直接影响了市场的接受度。

（4）人口密度。人口密度是房地产开发选址的重要因素。很显然，本项目距离最大的工业园七八公里，距离市区 7 公里，其人口密度明显不够。

（5）周围配套。项目周围是否有医院、学校、大型商场、菜市场、银行、休闲设施等，这属于市政和生活配套，对于郊区楼盘，这些配套尤为重要。注意，这里说的配套要与项目定位相关联，如果是一般社区，那么一般的配套就够了；但如果是高档社区，一般的配套就无法支撑项目的发展。

研究完房地产开发的五大要素，我们还要了解地块研究的"五大属性"，即城市属性、市场属性、竞争属性、文化属性、自然属性。

比如城市属性，我们就要准确判断高密市是个什么城市，是农业城市、工业城市，还是商贸城市。经济基础和经济支柱决定城市的人均收入，人均收入高，房价才会高，这样我们才知道做什么样的产品最切合市场需求。

举个例子，深圳是全国最富有创造力的高科技产业城市，聚集着全国最高端的人才和产业，其房价就比定位为工业城市的东莞高很多。

"综合'五大要素'和'五大属性'，我们可以知道项目蕴藏着怎样的价值，面临的最大风险是什么，这块地能做什么。"笔者总结道。

项目核心价值与风险预判

"经过上面两个步骤的分析，我们基本可以判断地块的价值，知道能做什么、不能做什么。下一步我们就要研究这个地块最大的价值点和风险是什么。"

说完，笔者马上走到一块白板前，拿起水笔写上"最大价值点"和"最大风险值"两组词语。"你们说项目的价值点是什么?"笔者扬声提问。

大家纷纷陷入了沉思。不一会儿，整个会议室又活跃起来了。有人说"交通条件还可以"，有人说"有温泉资源"，有人说"项目周围有很多小型纺织企业"，有的说"旁边有个养老院"……

笔者点了点头，写上了五个关键词——交通顺畅、温泉、小企业、政府养老院、学校和幼儿园。

项目距离高速公路路口近，不远处有新机场和高铁站，还有一定的温泉资源以及部分配套设施。这都是有利的条件。但核心价值是什么? 也就是最大价值点是什么? 我们必须清楚，"温泉资源"就是本项目的核心资源，虽然温泉在全国已经泛滥成灾，但在高密没有，我们这口温泉至少目前是独一无二的，这是稀缺资源，所以也应该是核心资源。

"项目的风险也不容忽视。"笔者话锋一转，略显严肃地说："项目有六大风险：一是不属于城市发展中心，二是没有板块联动，三是与主城的心理距离远，四是该区为工业区，五是该区没有居住环境，六是缺乏成熟的生活配套。"

项目的劣势如此明显，那到底该怎么办呢? 应该做什么产品?

高端产品与普通产品各有利弊

基于本案自身基础条件，项目有两种开发思路，一是做大众普通产品，二是做高端产品。紧接着，笔者分别对两种开发思路进行了深入的分析。

第一，高端产品——开发商需慎重考虑。

高端产品客群小，但针对性强、利润大，但同时风险也很大。高端产品的单价高于大众产品，但低密度会牺牲容积率，景观设计、建筑材料等成本也会很高，所以我们首先要算一笔经济账。

"如果高端产品能保证快速出货（或销售顺畅）以及价值最大化，那么它就是最适合的类型。"做高端产品要满足几大基础、几大因素，其中外部基础包括自然条件（山、水等资源）好、居住的大环境佳、升值潜力大等三个方面，内部基础则包括生活配套齐全、小区环境好、物业服务优、项目形象尊贵等。大区位环境是关键因素。

聚焦到本项目，从表面上看，该项目不具备做高端产品的基础条件，但区域市场的稀缺性为其提供了机会，温泉的唯一性为其提供了基础，如果再有超前的理念（定位）为其提供市场，满足了这三点条件，项目也不是不能做高端产品。

做高端产品，要预判四大问题：客户是谁？客户在哪里？客户有多少？客户能承受的价格底线在哪里？

"一旦选择高端，就要做标杆产品，不仅是高密的标杆，还必须是整个区域的标杆，针对的不仅仅是高密市最有钱的人，而且还包括周边县市的有钱人，甚至是青岛的部分买家。"笔者激动地说："只有做最高端的标杆，风险才最小，因为高密已经有高端项目，它们区位更好，环境更优，如果不能与这些项目拉开距离，风险巨大。但如果成为标杆，它们则只能仰望。一旦被仰望，其就成了焦点，就成为购房者选择的目标。我们不必在乎这些有钱人是否一定要住在这里，但我们一定要让这些人向往在这里有套房。"

"当然，做标杆的风险也很明显，本案自然资源一般，要想高端，就必须花成本打造内部环境，比如人工湖，还有精选的植被、高端生活、休闲配套、优质的物业服务等，这些都需要成本。毕竟，本案所处郊区，市场认识它、接受它需要一个过程。在这个过程中，营销推广做得好，一下就成功了；营销推广做不好的话，三五年时间都卖不完，企业是承受不了的。"

"当年万科就吃过这个亏，在东北沈阳的项目，规模宏大，但最开始市场认识度不高，很长时间销售不畅。直到几年后，城市扩大发展起来，这个盘才活过来，拖了好几年，太可怕了！"

第二，大众普通产品——总收益不比高端产品少。

另一类是大众普通产品，即小高层、高层产品。这类产品客群基础厚。大众普通产品可以面向以下六类人群：一是3公里内企业的管理层以及老板。就近上班是一大优势。二是项目附近孚日工业区的高管，如果项目的楼价与孚日工业区的售价差别不大，且产品品质更高，可能会吸引部分人购买。三是周边乡镇人群。这类人群到项目购房的比例最大。四是高密市区北部人群。会有一部分人因价格因素购买本项目。五是高密籍贯的外地人。"根"情结不可忽视，在老家有套房或者给在老家的父母买套房是很多人的愿望。六是青岛部分退休养老群体。因价格因素和高密良好的交通、空气条件，肯定会吸引一部分买家。

"普通产品每平方米的利润没有高端产品那么大，但是建筑面积可以最大化。

另外，该类产品的建筑材料、景观设计、配套等方面的投入会比高端产品低很多，因此最后的总收益不会太差。但是，在这个地块做普通大众产品，将直面市区项目的竞争，风险依然很大啊。"笔者接着说："我刚才对两条主线进行了详细分析，可以说是各有利弊，至于要选择哪一种开发思路，还需要进行非常详细的调研。"

本次诊断主要针对项目的发展方向，这是战略问题，也是最关键的问题，至于项目到底怎么做，这是策划的范畴，是战术问题。相对于战略，战术就简单很多。

温泉酒店一定要做

第三天，笔者临走前，王总对于是否做温泉酒店有点拿捏不准，因为投入太大，希望笔者给点意见。笔者认为，开发温泉一定就要做酒店，不做酒店难以提升整个项目的价值。酒店要做以温泉为主题的特色酒店，3～5层即可，不要做五星级酒店。主题特色酒店投入不大，但吸引力很大。

"酒店能不能赚钱，关键看怎么能做。"笔者说。温泉主题酒店是项目的一个重要支撑，如果做得好，能吸引高密市人们前来消费，因为这是一个新的消费理念。至于开发时序方面，笔者建议，不要一开始就做，等项目的人气聚集后，再慢慢启动酒店建设。

3.7　民族风情小镇如何打造——郑州诊断纪实

2017 年 10 月 12 日，结束山东高密的行程后，笔者应河南中银集团邀请，奔赴郑州为某文旅小镇做诊断。此次诊断的项目位于新郑市（新郑市属于郑州市）龙湖镇山西乔村，占地 6000 多亩，为少数民族（回族）村。

结合项目的考察以及自身的思考，笔者创造性地提出了小镇发展的战略性思路——不做小镇做小城，做一个集休闲度假、康养居住的小城。

乔村离郑州市仅 40 分钟车程，且龙湖镇已经成为郑州市新的承接点，地铁直达，周围规划为野生动物园、游乐园、CBD、电影小镇等商务休闲项目，可以说，用不了三五年，龙湖镇一定会成为郑州市的一部分。如果继续用小镇理念进行开发，可能不适应城市的发展。

做小城的三个基本条件

抵达郑州的第二天（10 月 13 日），笔者一大早起床，直奔项目进行考察。看地图、询问周围的环境状况，笔者严肃而认真地审视着这片土地，脑海里不停地勾画着小城的蓝图。

翌日，照例是一场项目诊断会。中银集团王董、乔村支书马旦等人早早坐在会议室，等待会议的召开。笔者神采奕奕地走进会议室，没有人知道笔者已为此事思考至凌晨 3 点，小城开发的思路也在思考中逐步明朗。

一落座，笔者就直奔主题：要做一个项目，首先要寻找到市场最急迫的需求点。只有找到最急迫的需求点，才能迎合市场。目前，郑州周边没有一个集吃、喝、玩、乐、购为一体的休闲地，因此我们将小城暂时定位为观光休闲度假小城。

确定定位后，我们还要分析这个方向是否可行。建设文旅小城，需要三方面的基础和先决条件：一是文旅资源必须"特"，二是交通条件必须"顺"，三是人气源必须"近"。

回归到本项目，可以对以上三个条件进行逐一分析。

（1）资源。资源包括自然资源、文化资源以及社会资源。自然资源如山水、植被、湖泊等必须有特色，比如丽江的玉龙雪山非常秀美，泸沽湖非常漂亮，这些自然资源就能让人向往。但可惜的是，本项目并不具备有特色的自然资源。

在文化资源方面，回族特色是本项目的文化资源。根据这一线索，我们可以在回族文化上面做文章。但除了回族文化外，其他文化资源尚未发现，所以文化资源显得比较单薄，不足以支撑整个小城的文化底蕴。

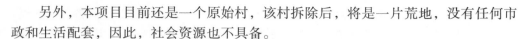

另外，本项目目前还是一个原始村，该村拆除后，将是一片荒地，没有任何市政和生活配套，因此，社会资源也不具备。

"本案的资源只有 20 分，这就很危险。从资源方面来看，这个项目做文旅小城不成立！"

（2）交通环境。交通环境包括自然距离、心理距离、交通通达性等三个方面。本项目距离郑州市中心约 40 分钟车程，自然距离不远，心理距离也不远。

"目前整个项目的外部交通环境（大环境）非常好，但因为不紧邻交通主干道，必须开一条新道直达项目地，也就意味着项目内部交通环境还可以重新规划，还有很大改善和提升的空间。因此，本案的交通权重可以打 70 分。"

（3）人气源。本案紧靠郑州市，人气源充足，这是项目最大的核心优势。在不缺人气的前提下，无论做什么，只要有一点点创新，都可以吸引消费者前来。项目的人气源至少达到 90 分。

"综合以上三项基础的分析，该项目做文旅小城可以成立，但成立的关键在于资源要创造、交通要改善。"

做小城的六大原则

经过前面的分析，王总等人对项目能否做小城有了大概的判断。对于如何做小城等问题，大家心中还有太多疑问。

在讨论如何做小城之前，我们首先要清楚项目的优劣势。"你们觉得项目最大的劣势是什么？"笔者在现场抛出第一个问题。

"资源缺乏""大规划不行""外部环境不行""还要解决居民安置问题"……大家纷纷提出了自己的看法。

笔者将大家的看法归纳如下：

（1）资源缺乏。本案没有特色的资源。

（2）政府大规划还没有定论，影响项目的规划。

（3）休闲、度假项目可能会产生剧烈的竞争。

（4）内部交通如果由企业自行解决，成本会很高。

（5）居民安置问题。做文旅小城，一定要先把居民安置就业问题解决好。

（6）产业落后。村里主要以原始、自发的作坊式服装生产为主，产业改造很难。

在这样的条件下，又如何做小城？做文旅小城应该具备如下几个功能：

（1）交通方便、时间短（在 45 分钟以内）。

（2）观光功能。好玩、好看、好吃是基本需求。好玩，直接针对儿童、大学生、年轻白领三个群体。好看。看什么呢？看风景或者是新奇的东西。例如，澳洲出现的黑天鹅曾引起全世界的关注；张家界修建的国内高空悬空玻璃栈道，挽救了日益萎缩的旅游市场等。黑天鹅、玻璃栈道都是新奇的东西。好吃。吃不在味道，在氛围。比如，被誉为"关中第一村"的袁家村以特色小吃吸引了几百万"吃货"前来消费。但令游客痴迷的不是小吃的味道，而是食物制造过程的展示，是西北小吃的风俗文化和氛围。

针对郑州周边目前没有一处能将"好玩、好看、好吃"融为一体的综合项目，笔者建议项目应该首先做好观光区，首先要解决玩、看、吃的基本问题，这是最吸引人气，也是最快的盈利点。

（3）休假功能。休假和度假不同，休假仅是身心的放松，因此"乐"成为休假的主题。我们说"好玩、好看、好吃"只是感官的一个体验，那么，"乐"则上升到内心，开心一笑、会心一笑，这都是内心情感的一种表达，休假就是身心都能愉悦，这是人们休闲的第二重境界。因此，怎样让来客"乐"起来？"乐"不思"家"是一个必须重视的课题。

（4）度假功能。度假就是享受。相对于休假来说，度假是一个更高的境界。度假不仅仅是身心放松，更多的是与情感关联。我们要找到度假人的情感爆发点，通过文化、建筑、景观营造出独特的氛围，让他们在这种氛围中享受成功、享受财富、享受欢悦、享受虚荣、享受尊崇、享受爱和被爱。

如何做好度假项目，我们必须深入把握人性，各种不同类型、不同层次的人性，剖析人性中最崇高和最堕落的因子，进行针对性的呼应。

至于本项目怎么做，根据上述分析，相信经过严谨的市场调研和精心策划，充分把握郑州市场需求，挖掘本项目的其他资源，如回族风情、温泉等，再更多地创造资源，一定会有一个全新的"小城"诞生。

规划小城功能布局，注重情感关联很重要

笔者接着对小城各个区域的设计提出了自己的设想。

（1）观光区。做好观光区，这就像是地产项目的体验示范区。每一个小镇都一定会有一个观光区以吸引人气，投资不大，优选几个项目，一方面可以产生门票收益、餐饮收益，另一方面凸显小镇的未来，增加游客的想象空间，为地产销售做好准备。

我们可以在观光的地方设计回民风情街，将回族的建筑、风俗文化、节庆等场景化，特别是"开斋节"是回族的传统大节，有很多内容可以演绎。再加上一些可供儿童或者年轻人游乐的设施，安排一些地方小吃，结合回民街做些回民客栈，再将景观、植被设计好，做得更有情趣。观光区突出的一个词就是"情趣"。抓住"情趣"做文章，相信一定会成为郑州旅游的新爆点。

（2）休假区。前面我们谈到休假的目的就是放松，因此，环境最重要。小桥流水、曲径通幽、柳暗花明、月夜湖光、晨雾雨露……这些都可以通过设计进行创

造，这就是创造资源。比如，花阵、水塘、拱桥、溪流、观景台、柳树亭等都可以营造出某种"放松"的环境。

当然，休假不仅仅是身体感官的放松，心的放松更重要。这就需要植入更多的文化因子。刚好，王董是个大收藏家，收藏有毛泽东纪念章13万多枚，各种奇石、奇木不计其数，各个时间段的茅台酒、很多名人名家的字画……完全可以建设一个艺术园或各类收藏展馆，这无疑是一个难得的稀缺的重要资源。

除此之外，还可以与国家、省、市各艺术团体联合举办各种艺术活动，增强小城的文化内涵，如设立豫剧大剧院，引进少年武术，还有马戏团、魔术、杂技等民间喜闻乐见的项目。在温泉项目增加水上表演，在温泉酒店设置堂会，根据个人或者接待的需求，邀请豫剧名家、名角进行专场演出，满足部分商务需求。这些如果打造到位，绝对是中国独一无二的休假胜地。

（3）度假区。度假离不开房地产开发。度假别墅也好，度假公寓也好，这只是度假的基本需求。度假享受的最高境界是内心深处的情感愉悦，这是最快乐的情感体验。因此，除了房子以外，必要的生活和休闲配套也必不可少，关键是能匹配。但最重要的是服务，社区的服务体系能否满足高端需求至关重要。快乐、尊贵、自由、舒畅应该是"享受"最好的诠释。

（4）康养区。人口老龄化是当今社会一个突出的问题。当然，我们的项目也要考虑这一点。医院、养老院是养老必备的两大设施。比如，乌镇雅园就设计了两个医院、一个幼儿园等配套，吸引了上海很多的老人过来，别墅的房价也涨得非常快。一个老人可以带动一代人的消费，老人来了，其子女、孙辈也过来了，康养和度假就组合在一起了。

需要解决的两大新问题

本项目还有两大重要问题需要解决：一个是村民安置就业问题，另一个是城市功能的补充。

第一，在村民安置方面，不仅要为他们建设美丽的居住环境，还应该考虑他们的生活、就业、娱乐、休闲甚至是去世后的安葬等问题。

村民和小城的居民是一个整体，不能厚此薄彼。村民不稳，小城不得安宁，更谈不上发展。对于现有的服装生产，不建议取消，而是升级改造。现在落后、混乱，不等于今后也落后、混乱。我们不仅仅要支持他们进行服装加工，还要扩大和延伸服装上下游，形成产业链。最重要的是创建服装品牌，不能再继续这样的原始作坊生产，要规范化、统一化，要引进一些新的技术、设备和人才，做大做强才能确保这一产业的生命力。一定要防止因为污染问题而将现有服装产业赶出去的行为发生。服装生产会产生轻度污染，但现在完全有先进的技术加以解决，不能因为一颗老鼠屎就把一缸米倒掉。

因为目前这一批外地涌来的小产业已经聚集近万人，这是一个很大的群体，是让小城快速活起来的一个关键因素。另外，小镇也好，小城也好，环境好打造，产业难引入。现如今的产业已经定型，为什么要另攀高枝呢？

另外一个问题是回族居民的安置问题，因为民族风格和宗教信仰不一样，很多细节必须综合考虑。

第二，城市功能的补充问题必须引起我们的高度重视，正是因为看到这一点，笔者才将"文旅小镇"改成"文旅小城"，一字之差，区别在于功能和发展趋势。

前面我们谈到，三五年后，龙湖镇包括山西乔村一定会成为郑州市的一部分，也就是村、镇会变成城，既然我们已经看到了这个发展趋势，为什么不顺势而为呢？小镇与小城是有区别的，小镇一般自成一体，小城可能是大城市的补充。小镇适合休闲度假养老，小城更多的是居住和工作。小镇承接的是纯生活功能，小城规划可以承接更多的商务功能。因此，6000亩地，建议预留2000亩作为城市商务配套用地，作为郑州向北发展的节点。

笔者话音刚落，全场立刻响了热烈的掌声。王总握着笔者的手说："为了这个项目，我找了很多专家，但他们提的建议听上去虽然令人热血沸腾、激动难抑，但怎么落地让我很困扰。这次请到陈老师过来诊断，真是受益匪浅。老师就是不一样，说的话很实在，也让人觉得有盼头！"

随后，我们双方约定尽快洽谈深度合作事宜，希望早日签约。王总提及，因为时间紧，希望笔者能重点照顾本项目。能得到王总的肯定，笔者略感欣慰。

笔者因事务繁忙，结束郑州的行程后，即乘机飞往广州。

3.8　新疆戈壁小镇诊断实录

2017 年 1 月 16 日，临近年关，就在大家纷纷踏上回家的路时，笔者及其团队迎来了新疆生产建设兵团十三师红星二场（以下简称"红星二场"）相关领导一行 6 人，我们双方就红星二场开发 4000 亩戈壁滩的设想进行了深度沟通。

湿地公园面临同质化竞争，戈壁小镇才是独一无二

红星二场位于新疆的东大门，距离哈密市市区 20 公里。该地交通四通八达，土地资源丰富，有天山五道沟独立水系，属于温带大陆性气候。

如何转型升级，如何寻找一个新的经济增长点，突破几十年来以农垦为产业的模式，成为兵团各级领导考虑的战略大问题。为此，红星二场相关领导计划引天山之水，在 4000 多亩的戈壁滩盐碱地上打造一个湿地公园，进一步推动当地旅游和服务业的发展。

"这块地不适合做湿地公园！"听完客人的介绍，笔者随后说道。第一，戈壁盐碱地是个缺水的地方，如果要变成湿地公园，用水量非常大，而且整个时间成本、施工成本、后期运营维护成本难以把控；第二，这种湿地公园无法媲美国内其他同类产品，人们宁愿花钱去看江南水乡，也不会到戈壁地区看湿地公园，即便花重金在全国进行品牌宣传，也终究是昙花一现；第三，该地块所在的哈密市，人口规模不到 50 万，也无法支撑 4000 多亩的建设体量。

听了笔者的一番话后，在场的领导立即表示赞同："老师说得非常有道理，如果仅做湿地公园，确实不如江南水乡的资源丰富，而且与我们仅一路之隔的火箭农场已经在规划湿地公园，同质化竞争不可避免。但是不做湿地公园，一望无际的戈壁滩又能做什么呢？"

"做戈壁小镇！"笔者说。以戈壁为主题，以兵团文化为灵魂，充分挖掘农垦的战斗史，充分利用戈壁、大漠、天山等标志性符号，并结合地窝铺、农垦战斗的场景还原，打造一个中国独一无二的戈壁小镇。小镇集红色旅游、度假、戈壁体验、养老于一体，面向全国市场。要做就要做成一张全国的名片。

值得一提的是，该项目地块还有一个优势：甘肃敦煌到新疆哈密距离非常近，坐火车只要 2 个多小时。到甘肃敦煌旅游的人都会去新疆走走，我们可以跟旅行社合作，设计一条甘肃敦煌—哈密市—戈壁小镇—乌鲁木齐的旅游路线，进一步提升小镇的游客到访量。

"戈壁小镇需要大策划，需要站在更高的高度上进行规划。"与会的红星二场相

关领导对笔者的建议纷纷点头。

新疆戈壁小镇项目诊断会议现场（地点：广州中旗地产会议室）

挖人工湖造景，开发养老产业

在会晤中，笔者详细介绍了戈壁小镇的开发思路。我们可以在4000亩的戈壁盐碱地上挖出一个人工湖，增加植被、小品、雕塑、音乐等元素，营造良好的环境。与湿地公园相比，人工湖用水更少，且更利于管理。

配合环境的打造，我们可以针对高端的客户设计度假、别墅类产品，吸引哈密市以及周围地区的人前来置业度假。这一类产品不一定要多，但设计水平一定要高于当地水平。

养老产业是戈壁小镇最重要的一环。新疆地区还没有一个真正意义上的养老院，如果项目开发集老年康复医院、老年大学、老年活动中心等于一体，以养护为主题，功能齐全的养老产业，相信很多老人会感兴趣。而一旦老人定居在小镇，将会带来更多人气和消费，因为来看望老人的年轻人也要吃、喝、玩、乐、购。

地窝子遗址是兵团早期开发建设中军垦战士的居所，也是红星二场的特色之一。对此，可以充分利用地窝子这一资源，做成全国独一无二的地窝子酒吧、地窝子咖啡厅，满足人们猎奇的心理需求。

小镇还可以尝试还原维吾尔族、回族、哈萨克族、柯尔克孜族、塔吉克族等少数民族的日常生活场景，举办一些具有民族特色的节目，增加游客的逗留时间，最大限度地刺激消费。

　　对于4000亩戈壁盐碱地以外的区域，我们甚至可以规划赛车道、赛马场、戈壁野战基地、沙漠生存训练等项目，让人们在广阔的戈壁滩上自由驰骋。一旦戈壁小镇规划设计好了，外来资本就会闻风而动，国家也会有一定的扶持资金。

　　红星二场相关领导用"振奋人心"四个字来形容此次会谈的感受。他们表示，红星二场发展至今，也面临着经济如何提升、三产短板如何补齐等问题，戈壁小镇的设想给他们提供了新思路、新办法，他们感觉很震撼。

3.9　济南温泉项目诊断

2017 年 7 月，笔者受邀为济南某温泉项目把脉问诊。实地考察后，笔者针对项目的八大难点，一步步推导出项目的开发思路，解决了开发商的"燃眉之急"。

"没想到可以这么做啊！这次真是上了一堂生动的策划课！太感谢陈老师了！"问诊结束后，开发商紧紧握住笔者的手说。

为了帮助更多有同样困扰的开发商，现将该项目的推导过程全部奉上，希望大家有所收获。

做策划，首先要搞清楚项目的最大难点

2017 年 7 月 18 日，济南艳阳高照，人走在太阳底下感觉像被烤了一样。旅途的艰辛已顾不上，笔者直奔济南某温泉项目进行现场诊断。同行的有山东天润温泉房地产开发有限公司董事长胡总、总经理徐总等人。他们看上去满脸愁容，心事重重。

原来，该公司持有的 600 亩地块（其中建设用地 400 多亩）需要进行开发，但这里远离济南市中心，无任何市政配套，无山无水，旁边的高速公路、铁路产生的噪音大，唯一的优势就是有一口据说具有医用价值的温泉。这样的项目到底该怎么做？他们请了很多大师，画了很多图纸，但依然没有找到解题的思路。经人推荐，他们到广州找到了笔者，听了笔者的分析后，便感觉项目还有"一丝曙光"。

实地考察完项目后，这一行人簇拥着笔者进了会议室。而该公司其他相关领导共十几个人已提前坐在会议室等待。大家正襟危坐，桌面上放着纸和笔。

"老师，您实地考察了项目，您觉得项目可以怎么突破？"胡总首先抛出第一个问题。

笔者擦了擦脸上的汗水，抖了抖已经湿透的衬衫，说："这可能是我 20 多年房地产生涯中遇到的最难的一个项目。我们先来看看基本情况，也就是从地块研究开始，研判地块的风险值和价值点。"

笔者走到白板旁，拿起黑色水笔，郑重地写下几个字——"项目的客观劣势"。

"大家说，项目有什么缺点？"笔者向在座的近 20 名领导提问。

"附近有钢铁厂污染。"

"有高速公路和铁路噪音。"

"交通时间长。"

"通信塔辐射。"

"周边化工园区的污染。"

"周边无任何配套。"

……

大家各抒己见，笔者则挥笔记录，白板上一下子罗列了项目的八大劣势。

笔者则指着白板上的文字，又问道："看着这八大点，请问你们有购买的欲望吗？"

济南温泉项目诊断会议现场

全场寂静无声。

"没有，肯定没有一个人愿意买这种房，除非他脑袋被门夹了。"笔者毫不忌讳地说。

怎么办？怎么办？在场的近20名领导眉头紧蹙、不知所措。

"任何一个人都有优点，亦如任何一个项目都有闪光点。那么这个地块有没有它的优势？"笔者话锋一转。

全场依旧寂静。有人托腮沉思，有人望着天花板，有人转动着笔。

"有！"10多秒后，一名领导几乎喊了出来："项目有温泉、有矿泉水、有地热、有湖。"该领导激动地说着，笔者飞快地在白板上写着。

"那么这4点能否作为项目的核心卖点，能否构成购房者决策的条件？有了这4点，你们在座的有没有人会买？"笔者再次抛出开放式的提问。

坐在后排的几个年轻人说，如果价格只有市区的一半，我可能会考虑给父母买一套养老。接着又有 2～3 个人做出同样回答。但大部分人保持静默。

看了大家一眼后，笔者立刻揭晓答案：这四点优势可以作为项目的核心卖点！消费者买房购房的决策条件有 6 个，包括价格、地段、配套、景观、户型、外立面，温泉、地热只是附加值。在同地段、同产品、同层次的情况下，温泉、地热才是优势。因此，没有多少人会冲着温泉、地热去买楼。

"记住，只有对比同等条件下，这些附加值才有价值，但它们不是核心价值。"

全面梳理三大难点

该项目有优势，也就是说有一定的开发价值。那么，它开发的难度在哪里呢？

首先，济南房地产总体市场因政策限价、供应量大等因素，房地产市场价格乏力，特别是市区西北距离项目靠近的房地产板块均价才 1 万元左右。该项目地价约1000 元每平方米，打造刚需高层产品，光成本每平方米就达到四五千元，销售价自然更高，很难与市区拉开差价，难以吸引消费者购房。

"我花 1 万多在市区住得舒舒服服，为什么要跑到你这个地方买房？"笔者把问题抛了出来。

其次，项目地块共有八大劣势，包括交通时间长、无配套等，这八大劣势对项目影响特别深，如何解决和规避是个棘手的问题。

最后，项目没有配套，开发商当然可以自建配套，但需考虑如何进行成本控制，同时可能面临招商困难、商业运营模型难以建立等问题。

"政府不可能为了这一个项目建配套，建了以后也不见得一定有人来！"笔者无不担忧地说。

项目开发的难度较大，那么找得到突破口吗？项目的核心问题就是，打造什么产品才能吸引客户购买？同时，如何推动温泉与住宅互联反哺，促进项目良性开发？这就涉及产品打造、营销、成本控制、商业运作等方面的内容。

现场模拟调研

笔者进行了现场调研，提出了几大问题。

第一，项目有噪音、钢材厂污染等 8 个因素，以高层刚需产品作为主力产品，价格为每平方 5000 元，你买不买？

"太远，价格不便宜，兴趣不大。"在场的人员都摇了摇头。那么，我们就排除高层住宅，因为它成本较高（拿地成本约为每平方米 1000 元，加上建设成本、财务成本等，总成本达到四五千元），而刚需客群对价格敏感度高。

第二，假如项目配套齐全，户型独一无二，景观优美，私密性高，价格略低于

市区，你们是否购买？

在座的几个领导举了手，其他人则一言不发。

第三，如果你在济南花 150 万买三房，而在这里花 150 万可以买到有院子的别墅，你买不买？

所有人都齐刷刷地举了手。

笔者激动地说道："大家刚才都看到了，刚需客不会买这里的高层住宅，但合院别墅等总价低、品质高产品可能更受市场欢迎。由此，我们可以推导项目应主打低密度的高端产品，以别墅和类别墅产品为主。"

为什么只有这种产品才受欢迎呢？一是因为价格，同等总价下可以满足人们的别墅梦。二是有能力购买别墅的多为改善型购房，可能是二次置业者，也许是多次购房者。他们购房不会再考虑"就近方便"和"公交工具"等因素。三是温泉、地热、城市边郊正是他们选择，这有利于身心健康。

在座的领导纷纷在笔记上记下要点。

我们探讨了项目做什么产品，还要知道客户在哪里，他们有什么特征。笔者继续发问。

第一，项目地块远离济南市中心，且地价较贵，哪些年龄段的人会感兴趣呢？

有些人说"可以给父母养老"，有人说"可以自己居住"。

综合了大家的说法，笔者总结道：最有钱的人是不会考虑这里的，该项目主要针对中产阶级以上的人群，他们在 45～60 岁。

第二，客户群体有什么特征？

45～60 岁的人具有以下特征：一是购买力强；二是追求人生后阶段的享受；三是将健康放在第一位；四是养老，保持生活的品质；五是解决隔代养育的问题，即子女与父母分开后，孙辈怎么办？

第三，客户群体的需求特征是什么？

一个家庭几代人，有不同的需求，我们要注意进行筛选、甄别。笔者认为，这类人群始终将健康放在第一位。一是环境是否利于健康。二是配套是否能保持健康——健身、锻炼，这些都可创造。三是社区有没有能力保护健康——医院。开发商可以与相关机构沟通合作办分院，这个分院的规模可以不大，但日常功能包括急救措施必须具备，分院会是项目的一个盈利点。开发商也可以跟几个医院合作，让医生巡回坐诊或者远程医疗。

除此之外，我们在养老方面要保持品牌，同时要积极构建良好的社区文化，高素质、有文化的社区是尊老爱幼的社区。在这方面，乌镇雅园、三亚蓝湾小镇做得非常好，比如推出时间银行、举办邻里节等。这些东西我们都可以做，关键是看眼前利益还是长远利益，这关系到开发商的取舍问题。如果这些都做好了，项目难度就不大！

在座的领导津津有味地听着，并点头表示同意。

逻辑分析项目开发思路

随后，笔者由浅入深地探讨了项目的开发思路。"项目开发就是两个问题，一是改善现有的劣势，二是放大自身的优势。"笔者伸出两根手指比画道。

经过前几轮的提问，在座的领导思路也变得开阔起来，大家发言更加踊跃了。笔者指着白板上的字，问道：

（1）附近有钢铁厂污染，怎么解决？——"绿植软隔断。"大家异口同声地说道。

（2）有高速公路和铁路噪音——"考虑采取隔音墙，加厚窗玻璃。"

（3）交通时间长——"增加楼巴，在社区、商业区、地铁口设置几个点，方便市民出行。"

（4）通信塔辐射——"可以联系迁移。"

（5）周边化工园区的污染——"公共净化系统、多层次绿色植被。"

（6）周边无任何配套——"自建配套，包括休闲配套、户外配套、教育配套（包括老人大学、老人活动中心、幼儿园）、医疗配套、商业配套等。"

（7）交通成本高——"3年后，另一座黄河大桥开通可以解决这一问题。"

（8）周边无项目，单打独斗——"厚积薄发，将这个板块炒热。"

这样一来一回，所有的问题竟然迎刃而解。胡总、徐总等人的脸色终于由阴转晴。

如何放大项目的"温泉"优势，是本次会议讨论的重点。笔者建议，要邀请国外的设计师参与设计，将温泉由泡澡功能向享受功能转变，面向市场开放，突出温泉药用价值的宣传。

我们可以做不同的室外温泉池，冷泉、热泉、温泉池之间配搭休闲设施，如休息亭，以吸引大家前来消费。如果酒店离温泉池太远，我们就可以安排电瓶车来回接送；如果两个地方比较近，就可以做个长廊连接酒店。

在开发主题方面，笔者提出了以享受后半生的新人居模式为主导思想，将养生和度假融入地产，创造养生、度假与地产相融共生的模式，以标榜项目的示范基地作用。

成本与收益分析

成本！成本！这是开发商最关心的问题，笔者当然没有回避。

在现场，笔者分析道：项目的成本主要有地价成本、建筑成本、景观成本、财务成本。其中，最高的是地价成本，其次是景观成本。"我们是否能把成本控制在每平方米1万元以下？"大家默不作声。

过不了多久，徐总试探性地问了一句："老师，我们现在想搞'三恒（恒温、恒湿、恒氧）系统'，这个成本控制不了吧！"

笔者摆了摆手，反问道：值不值得为了附加值提高成本？如果按 0.8～1 点的容积率来算，增加"三恒系统"的成本在每平方米 1000 元之内（最好控制在 700～800 元），我们可以考虑接受，否则就算了，"还是那句话，人家不可能冲着你的'三恒系统'来买房。"

配套成本让胡总忧心不已。他说："老师，这里没有任何配套，自建配套前期投入太大，怎么解决？"

"这个问题问得很好！"笔者早就想好了对策：把现在办公的科研楼改为一个准四星级标准的主题酒店，其余的改为商业或其他配套，原温泉楼改为商业用途、商业会所。至于温泉方面，我们不做温泉酒店，就做一些休息亭。

"建温泉酒店的成本多少啊？"笔者问。

"好几亿吧，而且回收周期特别长！"有一名领导应声回答。

"那我们将科研楼改成酒店，将温泉楼改成商业，能节约多少投入？能节省两三亿！"笔者自问自答。

哗！现场所有的领导立刻啪啪啪地拍掌，现场掌声经久不息。

一堂生动的策划课就这样结束了。胡总握着笔者的手激动地说："老师，今天经过您抽丝剥茧、层层推导的分析，我们终于知道项目该怎么做了！时不待人，我们赶紧商量一下后续该怎么合作吧！"

会议下来，笔者已是喉咙沙哑、满头大汗，再凉快的空调也抑制不住一颗亢奋的心。笔者对胡总说："这次你给我出难题了，这是我遇到过最难的一个项目。再难又怎样，我就是专门解决难题的！你这个项目还有翻盘的机会，关键是做好策划。拭目以待吧，我不会让你失望的！"

3.10 广西鹿寨县中渡镇项目诊断

受广西远道集团董事长刘建发先生（下称"刘总"）邀请，笔者从广州出发到柳州鹿寨诊断项目。一下车，笔者就顶着毒日考察了远道集团在国家地质公园边上的7000亩项目，接着又到中渡古镇考察。几个小时连换3件T恤，热汗滚滚而下，没有停止。

中渡镇位于柳州市鹿寨县西北角，方圆374平方公里，境内奇山秀水，民风淳朴，有"千年古镇，万年秀山"之美称。该古镇与桂林、阳朔成正三角形，1小时车程可相互直通，高铁一线连通阳朔、桂林、鹿寨、柳州。此次诊断的7000亩项目就在中渡镇境内。

第二天（2017年7月28日）上午，照例是项目诊断会。

中渡镇项目诊断会议现场

资源没有灵性，不具备吸附力

刘总说，该项目区位优势明显，且有国家级地质公园，鹿寨县政府非常重视这个项目，想把它打造成为柳州市民的休闲之地。

"这完全不对！"笔者摇了摇头，严肃地说道。

第一，地质公园无亮点，不能形成拉力，政府反而寄希望于本项目的开发能够带动地质公园的客流。

第二，该项目深入山腹，且只有山没有水，这是一大短板。因为山只能远观，水才能近看，只有山水结合才能让项目更有灵性和生命韵律。为什么说桂林山水甲天下，而不是桂林的山或者桂林的水甲天下？喀斯特地貌必须是山水齐辉才是最美的。

第三，本项目没有最好的资源，最好的资源在洛江，选址最好的地方是在中渡镇的河对面，而不是在这里。

笔者直接问在座各位："这些资源如果面对局部市场，可能毫无特色可言。因为喀斯特地貌在广西随处可见，此山此景很普遍，想用这些随处可见的资源吸引周边的消费者，可能吗？"

大家顿时陷入了沉思，现场一片寂静。

"不可能！"笔者肯定道。柳州人并不稀罕喀斯特地貌，周边游客对奇山秀水、峰峦叠嶂等美景已经司空见惯，他们已产生了审美疲劳。

做区域市场死，做全国市场活

笔者停顿了一下，起身走到身边的白板，拿起黑色的水笔写下了"选址""资源""市场"等几个字。

中渡镇的自然资源放在当地来看并不显眼，但是从理论上来说，喀斯特地貌资源是有特色的。对于珠三角、长三角以及全国其他区域的游客来说，这些资源就非常美，甚至美得让人震惊。中渡镇离桂林、阳朔只有70公里，其山水并不比桂林、阳朔差，对全国其他地方的人同样有吸引力。

资源好坏，关键是看放在怎样的市场！如果我们把这种资源放置在更大的市场，如全国市场，就有可能成为稀缺资源。比如，我们正在打造的新疆戈壁小镇，戈壁就是最大的独特资源，就像三亚的大海一样。

做区域死，做全国市场可以活！这样的山水柳州人已经司空见惯，但外地人一定会来，关键是怎样让他们来了不会失望。

刘总忍不住发问："按照老师您的说法，现在的着力点已经不是7000亩了，而是整个中渡镇，那7000亩土地怎么办？"

7000 亩，单打独斗难以成活

这里需要使用排除法，探寻项目发展的可能性，这也是策划中常用的手段。笔者逐一分析做景区开发、养老小镇、旅游小镇等的可能性。

如果要做观光旅游，就要进行景区开发，而景区开发需要大景观资源做支撑。但本案的国家地质公园目前不够吸引力，政府还希望我们的项目能带动地质公园的人气，显然两者之间的相互依靠都不成立。

地质公园只有一条地下暗河和溶洞，没有很大亮点。但从另外一个方面来看，地质公园确实是我们这个地块最大的优势，只是这个优势没有被挖掘和表达，没有进行放大。

那么如何放大亮点呢？

（1）对地质公园进行深度开发，然后再到景区里面挖掘更加奇特的景点，比如天坑、奇石、石林等。

（2）要去创造。结合奇山秀峰，我们可以做近景，这样才能达到观光旅游的目的。

（3）把公园的大门入口设置在石林前面，地质公园包括了石林、瀑布以及酒店项目。

但是，我们这 7000 亩承担不了旅游景区的功能，也不是我们一家企业能实现的。我们最终还是要在 7000 亩上做文章。景区显然不是我们开发的目标。

那么第二种选择：能否考虑做养老小镇？我们先看养老小镇需要几个条件：一是空气好，负氧离子高；二是气候适宜；三是交通方便，本案离柳州一个半小时，这个距离尚可以接受；四是养老设施完备，包括养老公寓、养老康复医院等配套需要同步建设。

本案深入山腹，单纯的养老小镇难以聚集人气，没有人气的养老院，那是老人集中营，因此不适合做养老项目。

这些定位都不行，那么项目到底可以做什么？做一个旅游度假小镇，这可能是唯一的出路！阳朔、桂林距离本项目 70 公里，应该主打"旅游 + 深度度假开发"，以吸引消费者过来。

随后，笔者又抛出了几个问题：消费者是谁？人气从哪来？我们必须有人气，才有可能成功。如果是面向全国市场，那么全国的游客愿不愿意来？

大家都沉默了。刘总说："本项目确实有比较大的困难，一是交通条件不够好；二是资源单调，只有山没有水；三是没有任何市政配套；四是地质公园的依托不够。"

顺着刘总的话，笔者说，项目最大的难点是资源价值无法形成转化，未能吸引客流，换句话说，就是人气不足的问题。

至于项目的核心问题，就是没有支撑吸引全国市场的独特资源。"无论做什么都不会成功，所以 7000 亩地不能动。"笔者说。

大家脸上阴云密布，眉头紧锁。

出路：与政府联动，跳出 7000 亩看发展

中渡镇的旅游资源非常丰富，完全可以和桂林、阳朔比肩，缺乏的是战略规划、深度挖掘、资源转换和品牌打造及宣传。

中渡镇景点

洛江是核心，是主线，中渡镇是爆点，是与桂林、阳朔抗衡的最关键因素，因为桂林、阳朔没有"千年古镇"。国家地质公园是品牌的基础，是中渡镇的核心。可以说，洛江活，中渡活；中渡活，7000 亩项目才能活。

我们要跳出 7000 亩的范围，把地质公园、洛江、石林、中渡镇进行整合，打造独特的全国知名品牌。不做则已，要做就要做出能替代桂林、阳朔的品牌！

一语惊四座！大家顿时齐刷刷地看着笔者，每个人都惊得目瞪口呆。刘总说："老师，您说项目要媲美桂林、阳朔，那可是全国品牌，能做得到吗？"

如果本案具有桂林、阳朔的秀美，且有桂林、阳朔没有的独特资源，那么就可以抢占全国市场。随后，笔者在白板上写了两个大字——"对手"，然后问道：

"大家说桂林、阳朔的山水有什么特色?"

"桂林有象鼻山、芦笛岩、七仙岩。"

"阳朔有漓江、玉龙河、龙颈河。"

"阳朔的山简直是奇峰,十里画廊、月亮山。"

……

大家七嘴八舌,一口气说出了所有的答案。我也在白板上飞快地记录着。等大家说完后,笔者又追问:"中渡小镇有什么资源呢?"

"石林。"

"国家地质公园有天坑、九龙洞、地下河。"

"奇山:九峰十叠。"

"有洛江,地下河。"

……

大家畅所欲言,答案也被笔者写在白板上。看到白板上一目了然的对比,在座各位的神情也变得轻松一点了。

直面桂林阳朔,敢于竞争

中渡镇距离桂林、阳朔70公里,这是项目的区位优势。桂林、阳朔有强大的游客资源,我们能实现有效分流的比例是多少?可以实现30%吗?如果能实现,那么将会有600万人来到小镇,这太鼓舞人心了!

不要以为不可能。桂林、阳朔已经开发几十年了,该去的都去过了,有的甚至去了好几次,再美也看腻了,这意味着迫切需要一个全新的替代品,鹿寨就是。原因在于:

第一,漓江两岸奇山秀美,观赏性强,我们不能与之相媲美。但是漓江两岸比较宽,使得它只具有观赏性。而洛江两岸同样有原始的植被,与漓江相比,属于其美各异。洛江的河面只有几十米,这样的尺度更能让人感受到两岸的亲近。

另外,洛江绵延10多公里,我们可以巧妙地利用石林、瀑布、中渡古镇等洛江沿岸做节点,着力打造转化点,以此形成层次分明的河岸线,这个就是我们独一无二的特色。

第二,中渡镇是唯一的、独特的文化标签,与乌镇并不相同,甚至比乌镇的自然资源更丰富,但是该镇的古风、古韵不够。

乌镇的河流与小拱桥、青石板路与小巷让人印象深刻,而中渡古镇能做出什么来呢?

我们可以利用广西最具代表性的少数民族风情,对一些民族风俗进行场景还原。洛江的源头在九峰十叠里面,还有鬼斧神工般的石林……这些都是丰富的资源。

第三，除了上面说的以外，我们还有唯一性、独特性的资源吗？

地下河、天坑都不是我们独特的资源，我们可以创造更多的独特性。那么，什么东西能做出唯一性呢？

（1）水上的活动内容可以做出唯一性，打造以壮族为主的洛江文化，串联洛江沿岸的转换点，配合灯光技术打造夜景景观。

（2）在地质公园上下功夫，看看是否有新的资源可开发。相信肯定还有更独特的东西没有被发现，比如地下河、溶洞、天坑等，也许还有很多我们从未见过、从未想象到的东西，我们千万不要低估了大自然给我们带来的惊喜。

（3）中渡古镇必须站在一个全新的高度来重新规划、提升、改造，表现古镇的千年历史文化、民俗风情、自然秀美。如果真的下功夫，中渡古镇绝对不亚于乌镇的品牌，但这需要政府的决心、智慧和境界，这需要借助更专业机构的合作。

广西那么多的少数民族，我们选择一两个进行历史还原，难道还比不上乌镇？即使就以壮族为主题，相信只要深度挖掘，就一定能找到遗失的痕迹。我们可以与度假民俗文化研究院联合，总会有题材的。

大家纷纷表示赞同，并认真地做笔记。

做世界级小镇，看政府的决心和智慧

中渡镇活，全域旅游就能活；全域旅游活，就极有可能改变鹿寨的经济、产业结构。海南一个省都可以以旅游为支柱产业，一个县难道不可以？再说，阳朔不靠旅游能有今天？丽江不靠旅游能有今天？

鹿寨有不输于桂林、阳朔的优美资源，再加上中渡"千年古镇"和"国家地质公园"这两块招牌，完全可以带动鹿寨县的旅游发展，关键还要看政府的决心和力度。

我们还必须明白，中渡小镇不是"7000亩"的问题，而应该包括中渡小镇在内的闭环旅游区。中渡镇全域旅游这一大定位，也不是简单的"穿衣戴帽"工程，而是需要大手笔的规划，包括建筑、文物保护等细节都需要一个高度的战略来规划。

最后，笔者忍不住感慨道："该项目远比我刚开始接触时复杂，难度已不是我或者开发商能够掌控和解决的，要想找到一条出路，已经不是资源、交通、市场等这些因素能决定的，而是政府层面的高度、决心、认知和理念，最需要的是政府的大规划来支持。"

话音刚落，现场响起热烈的掌声。刘总激动地说："老师，按照您的思路做，整个鹿寨县的经济结构、产业结构都会有很大的提升，甚至柳州就会诞生一个国家级甚至是世界级的文旅小镇，这不仅造福柳州，也造福广西啊！如果真的实现这一目标，我们7000亩项目也会借势而上，水到渠成。"

3.11 广州从化某项目诊断

2017 年 7 月 4 日，笔者受中山大学（以下简称"中大"）EMBA 商学院汪力院长邀请，到广州从化诊断一个项目。同行的还有设计师、农业研究专家、广告传播公司老总等一行 10 多个人。

该项目占地约 1200 亩，散落着 5 个小村，依山傍水。但山是一般的山，水是一个池塘大小，在珠三角资源禀赋一般。按照从化区政府的规划，该项目所处区域被定位为花卉种植基地，旨在通过农业种植带动旅游业的发展。从广州市中心到项目地要 1 个小时左右的车程，而且下了高速公路后全是乡村路，也就是一条仅能单行通车的水泥路，弯曲绵延 10 多公里。

广州从化项目现场诊断

项目负责人叶总介绍说："现在乡村旅游以及特色小镇蓬勃发展，而项目地有一定的自然资源和农业基础，因此想把它打造成文旅小镇或者休闲农业。陈老师在小镇以及田园综合体开发上有丰富的经验，希望您能多提一些意见。"

"这个项目不成立！"考察完地块，笔者直截了当地说。

叶总一脸困惑：项目有山有水，而且还是在经济发达的珠三角地区，怎么就做不了了？

笔者思考片刻，缓缓道来："做文旅小镇和休闲农业有三个基础条件：其一，交通时间不能超过 1 个小时；其二，交通通达性要高，就是没有红绿灯、没有堵车的交通顺畅性；其三，自然资源和禀赋要独特，也就是山水要有特色，人文要有故事。有了这几个基本条件后，才能谈到独特的策划。而这个项目除了交通时间外，其他条件都不符合，特别是交通的通达性极差。至于自然资源，该项目在整个珠三角都很普通。没有任何特色，游客凭什么到你这里来？到这里来干什么？"

叶总解释道："我们想打造一些民宿，通过售卖民宿和搭配农田使用权的方式吸引游客在这里度假，带动整个项目的消费。"

"做不了！"笔者说，"城里人则不可能为了 5 亩农田来买你的度假屋，这里不是他们的根，与他们没有情感关联。真要解甲归田，也要买他老家的地，而不是你老家的。另外，他们买了地后还要请人耕种，这是一个负担。"

中大汪院长赞同笔者的观点。他也分析：一般的工薪阶层不会这样做，因为请别人耕作的成本较高；而较为富裕的城里人可能本身就有院子，或者能通过渠道找到农田进行耕种。"项目受众人群太少了，你需要多大的推广能力，才能把这一小部分人吸引过来？"汪院长说。

叶总点了点头。

笔者接着分析："项目的土地是租用性质，租期只有 25 年，开发商不可能自己投入进行道路改造，政府也不可能单单为了你一个项目投巨资修路，这是个死结。"

"如果你真想做成小镇，除了要拓宽马路外，还要设计一些新的东西，比如高端的酒店、儿童游乐园、女人 SPA 中心等，满足各类消费人群的需要。另外，项目地的 5 个村庄都要进行重新包装，这种包装不是简单地刷刷墙，而是从街道布置、建筑风格、业态设计等各方面进行全面提升。如果要做温泉，涉及的配套更多，如温泉酒店等。在清远温泉异军突起的今天，从化想要争夺市场并不容易。投入大、产出不明确，项目要做文旅小镇的难度非常大，而且钱砸进去了，也不见得一定有人来。"

"那该怎么办？"叶总一筹莫展，目不转睛地盯着笔者。

随后，笔者转变了一个思路向叶总说道："该项目的唯一出路就是先做特色农业，慢慢培养文旅因子，待交通状况改变后，以特色农业为基础再转向文旅。不是什么地方都可以做文旅的！"

话音刚落，全场都变得非常安静。

笔者继续分析。

第一，目前玫瑰园等大多是大棚种植，缺乏观赏性，很难吸引游客。建议利用地势起伏或者植物高矮穿插等方法营造较有层次的观赏空间，让农作物或者花卉变得有起伏感，具有观赏性。

第二，搞特色农业旅游，将农产品变成旅游产品。目前市场还很难见到里外翠绿的翡翠南瓜、红梗韭菜等，可以在翡翠南瓜上刻字，售卖给游客；还可以搞翡翠南瓜宴，让"吃货"大饱口福。总之，我们要拓宽思路，增加农产品的附加值，打通它的上下游产业链，以实现最大的经济价值。

第三，定时组织丰富多彩的活动。如果单纯做农业，很多人来了一次就不想再来了，我们要通过各种各样的活动吸引游客，比如"猪八戒"背"媳妇"摘花摘果等。活动一定要新颖，要有吸引力。

总而言之，我们要耐住性子，利用5～8年的时间把特色农业的品牌做起来，旅游发展则是水到渠成的事情。

在旁的董总也持相同的观点："陈老师说得非常对，你们要把旅游放在一边，先把特色农业搞起来。农业要走'新、特、异'的路子，你们要根据项目的水质、土壤等条件种植一大批比较特别的农产品，吸引游客前来观光旅游。"

听完笔者的分析后，叶总忍不住称赞："陈老师果然经验丰富，眼界很高，我感觉上了一堂非常有意义的实操课。希望以后陈老师多来项目现场走走，多为项目把把关。"

董总也夸道："听君一席话，胜读十年书。陈老师不仅具有丰富的理论知识，还有很多落地的'金点子'，这次从化之旅我也收获不少。"

汪力院长最后说："感谢陈老师对这个项目提出直接中肯的诊断意见，接下来我们就从特色农业入手，耐心地做上几年，到时再请陈老师来为我们做文旅策划。"

3.12　四川宜宾市某小镇诊断实录

特色小镇成为各大企业下一个投资的目标。中交集团作为一个赫赫有名的大央企，肯定也不甘落后，如今在全国紧锣密鼓地布局特色小镇。

按照中交集团的实力，它完全有资金、有团队去做特色小镇。但与其他企业不同，中交集团对待特色小镇的态度非常谨慎，而不是随便选几个点就开始动工。

中交集团将川西南区域作为小镇建设的突破口，对于特色小镇是什么、如何做等问题，他们在理论、思想上做了充分的准备，还通过专家讲座、举办峰会论坛、请专家实地考察等方式强化了认识。

2017 年 6 月 2 日，参加完由陕西省政府和清华大学联合举办的新型城镇化建设高峰论坛后，笔者再次受中交四航局邀请，火速赶往四川省宜宾市，为中交四航局相中的小镇项目把脉问诊。

宜宾市位于四川省南部，川、滇、黔三省接合部，长江零公里处，是"南丝绸之路"的起点，素有"中国酒都""西南半壁古戎州"之美誉。随着渝昆高铁（云贵段）、快速公路以及宜宾五粮液国际机场的建设，宜宾市将构建起海陆空立体交通网络，成为真正的交通枢纽中心。

宜宾环境优美，自然资源丰富。宜宾市也有意与大央企合作，让小镇的建设有个新的突破。此次考察的重点就是紧邻宜宾市的高县以下三个项目。

一是七仙湖。七仙湖环境优美，有"人间鹊桥"之美称，还荣获了 2016 年"中国七夕爱情文化胜地"称号，是一个非常著名的旅游景点。按照高县的计划，他们将围绕七仙湖做一个特色小镇，虽然是要做小镇，但是所有的思路都是在做旅游景点。

二是沙河驿。沙河驿将打造以餐饮产业为主题的豆腐小镇。笔者提醒，豆腐并不是小镇的基因，"南丝绸之路"的驿站文化历史才是吸引游客的兴奋点，后者才是小镇的基因。

三是南广河。流经高县的南广河成为本次会议的重点议题，大家进行了激烈的讨论。高县政府领导信心满满地说："南广河是高县的一条民族河，而且是万里长江第一支流，拥有丰富的旅游资源，完全可以将它打造成为一条旅游风景河。"

具体而言，可以沿着南广河打造 10 里的白酒长廊，同时将茶文化与旅游文化结合起来，创造"左酒右茶"的独特品牌。此外，还可以打造国际野生垂钓基地，进一步丰富旅游产品，增强南广河的吸引力。

高县的计划却让中交集团"犯难"了。中交集团的领导表示，中交集团不是来做旅游开发的，而是做小镇开发。南广河放在整个四川省来看，不是最优秀的，沿

着南广河进行小镇开发并非最好选择。

怎么办？怎么办？

文旅小镇选址离不开三要素：一是文旅资源必须"特"；二是交通条件必须"顺"，三是人气源必须"近"。就高县而言，交通顺畅是其最大的问题。即便隧道打通了，南广河展示给大家的还是原始的植被，而且南广河的资源在四川省来说，并不是最优秀的。这里做小镇，它的定位是什么？特色又是什么？笔者发出了一连串的提问。

这些提问让中交集团的领导感到非常担忧。他们中有人认为，宜宾市的高速路只通到环城线上，交通劣势非常明显，而且高县的自然资源不算独特，很难打造一个特色小镇。有人则对项目的投入与回报进行了分析：打造这样一个小镇，投入大回款难，还面临怎么吸引人气等问题。

一时间，整个会场炸开了锅，大家各抒己见，各种担忧层出不穷。

等所有人发言后，笔者说道："我们为什么不站在更高的战略层面、更大的格局去看待高县的发展？宜宾是一个城区人口达到百万的地级市，这在全国并不多见。所谓'大树底下好乘凉，大树底下不长草'，这种优势对于高县而言，是一把双刃剑。"

具体而言，高县可以借用宜宾市的品牌优势、地理位置、交通优势，最重要的是能够依托宜宾的消费市场。如果用得好，高县能分享到宜宾的人口红利；如果用不好，则另当别论。

因此，我们应该"跳出小镇来做小镇"，站在宜宾市城市整体发展的高度，去审视小镇所具备的基础条件。经过详细的分析后，笔者提出了一个令人惊叹的定位（由于商业机密，这里暂时不能透露）。

整个会场顿时鸦雀无声，随后爆发出了雷鸣般的掌声。宜宾市的领导兴奋地说："如果这样定位，将改变宜宾市的经济格局，推动宜宾经济驶入快车道。这无疑是一个功德无量的定位！"

高县县委李康书记站了起来，激动地说："我们高县如此定位，必将改变高县的经济格局，为高县的经济发展注入更多活力。南广河不再是一条旅游带，它将成为区域经济发展的'引擎'，同时将带动七仙湖、古遗址小镇的建设。"

在场的中交集团领导也马上喊了出来："这下有信心了，不要再犹豫了！上吧！"

专程赶来参加会议的中交四航局副总经理万军杰先生说："陈老师让中交集团在眼界、格局上有了很大的提高，让我们有一种醍醐灌顶的感觉。"

万总说："我们也一直在思考小镇的开发，现在的特色小镇太多，两三年后将面临激烈的竞争，如何在市场竞争中活下来，一直是中交集团各层级领导在思考的问题。老师提出的'先策划后规划''小镇不能只盖高楼'等观点，对我们来说收获很大。"

确实，小镇建设要与地方发展联系在一起，要真正地为城市管理者创造新的经济增长点，为老百姓创造更多的就业岗位，实现企业诉求与政府诉求的和谐统一。

　　"对于宜宾这个项目，我们一直犹犹豫豫，下不了决心，定不了方案，迈不开步伐，这次我们终于找到了方向。"万总忍不住感慨："高人就是高人！希望能尽快与陈老师的团队建立合作关系，尽快拿出一个初步定位思路。这么大的定位肯定还要与集团领导、与地方政府多次沟通对接的。不过，我们相信，陈老师的这个定位不仅对我们的项目有方向性的把定，对整个宜宾市也一定会是一个重大利好。"

3.13　广州萝岗香雪公园诊断实录

2017 年 5 月 11 日，受广州开发建设发展集团之邀，笔者为黄埔区萝岗一文旅项目做定位诊断。

项目位于萝岗一公园旁，山体优美，植被丰茂，距广州、深圳、东莞等几大中心城市都在 1 小时车程内，交通便利，位置绝佳。笔者看完项目后，面对该集团的孙总、关总及政府文广局、旅游局局长等，首先分析了珠三角旅游休闲市场。

珠三角实际上极度缺乏真正的休闲游玩之地，也就是说，极度缺乏真正值得一玩、玩了还想再玩的休闲之地。广州人周末能去哪？除了逛街何处可去？这可能不仅是广州人，而是深圳、东莞、佛山、惠州等各大中城市白领、金领们都在感叹的一个问题。

我们可以数数，广州就一个白云山，番禺一个莲花山，求神拜佛之地。东莞一个观音山，增城一个白水寨，南沙一个湿地公园，还有一个海鸥岛。"五一"节，笔者带小孩到海鸥岛，一只海鸥也没有看见，骑了一圈的自行车，吃了一顿农家乐就只好打道回府了。海鸥岛如此，其他的地方也无不如此。爬山、骑自行车、吃农家乐，这几乎就是珠三角周末度假的最普遍方式。

是珠三角旅游资源不丰富、不秀美，还是珠三角城市居民不热衷旅游？都不是，是珠三角没有一个旅游景区真正从市场需求、从旅游快速发展、从城市人生活理念改变的高度上进行把握和建设，以致大好的资源被浪费和破坏，迫使珠三角旅游市场外流。其实，最热衷旅游的反倒是珠三角的人们，我们从全国各个旅游景点的游客方言中就可以做出判断。

因此，珠三角急需一个真正值得玩、值得玩了再玩的地方。本项目地处珠三角城市群中心，面对如此庞大的市场需求，如何做一个引领项目，是值得我们去认真研究的。

本项目至少有三大基础因素无可替代：一是地理位置，地处珠三角城市群中心；二是交通方便，具各大城市中心均在 1 个小时的车程；三是自然资源丰富，植被秀美。

还有最关键的得天独厚的优势。据孙局长介绍，黄埔发展还有大量的新技术产业，如动漫、手游、灯光等，在全国领先。我们完全可以将这些新科技产业嫁接到本项目，和文旅对接。只要我们找准对接点，这一优势还会被放大。如将动漫、手游场景化，将灯光拟人化，将智能机器人服务化，等等。肯定还有很多科技资源可以利用，关键是与文旅如何对接。

做文旅小镇绝没有那么简单，不能一蹴而就，首先要做好定位，就是我们到底要做一个什么样的小镇。这个小镇的形象、气质、内涵、个性、服装、装备等是什么样的。如我们说"最值得玩的地方",那么现在什么东西最好玩?怎么玩?去玩的人有多少?来自哪里?单次消费、二次消费的频率和额度是多少?要研究的东西太多太多。

定位清楚了,接下来就是做顶层设计,我们说的定位就是要做什么,顶层设计则是解决怎么做的问题。顶层设计做不好,开发的模式、流程、盈利点、规划、产业布局与运营、服务及宣传推广各环节都会出现混乱,甚至根本就不知道还要做哪些环节。而这些环节都是至关重要的。

讨论中,该集团与政府领导听得非常认真,孙局长说:"我们与不下几十家策划单位对接过,但说实话,今天我才知道什么是专家。这个项目的策划就拜托您了!"

3.14　江西抚州温泉风景区考察思考

2016年12月14日，笔者带着成都惠田集团董事长及四川川北公司董事长、江西中辰集团董事长、总经理一行5人，受邀到江西抚州温泉风景开发区考察投资。开发区党政领导首先介绍了抚州市对温泉开发区的政策和总体规划，然后李书记带领我们实地勘察。在考察后的交流会上，笔者提出了几个问题：

第一，开发区风景资源并不突出。

如果开发区定位为风景区，必然是人为地对山水进行改造，政府后续投入非常大。请问，政府准备好了吗？如果仅靠招商来解决，靠什么来增强投资商的决心和信心？

第二，一个风景开发区仅靠一眼温泉能支撑吗？

早在10多年前，温泉牌就被打得"遍体鳞伤"，而今其价值更是被透支殆尽。如果没有更新的创意和策划，温泉只不过是一池烧开的热水。至于什么文化温泉、品质温泉、健康温泉，都是空泛的概念，不但引发不了投资商的兴趣，反而会被认为"假大空"。温泉牌是在没有其他资源情况下的一种拼凑。

第三，开发区的规划不能只是想当然。

笔者看过很多新区、开发区的规划，要么是照搬照抄，要么就是想当然地自说自话，根本没有落地的基础和条件。笔者实在想不通，他们请一个规划院随便画上几个圈圈，再配上某些功能、交通就是总体规划了，这像极了小孩过家家。

没有对区域经济的深度研究，没有对辐射人群的消费研究，没有对当地文化的提炼和升华，没有实地反复的勘察，没有准确战略定位的指导，没有良好的创意和策划，能做出一个真正可实行的规划？

第四，对开发区的定位原则根本不懂。

现在特色小镇建设铺天盖地，似乎是块地就可以做小镇，有那么容易吗？开发区也好，小镇也好，如何选址、如何定位是有基本条件的。

比如，选址必须有三个条件：一是有得天独厚的资源，二是交通到达率高，三是离人气源近，缺一不可。可是，我们看到很多文旅小镇把资源当成了唯一，至于游客怎么到达、能不能到达、有多少愿意到达，这些因素根本不做考虑。

第五，对核心资源的挖掘和包装不到位。

仅有概念是不够的，实打实的专业分析、数据说明才是真招。至于沙盘、实景模拟、数字化演示、招商文本、人员配置、开发区形象展示等，这些基本套路是必须认真准备的，因为从这些细节可以看出政府有多重视，这对投资商信心有着先入为主的影响。

抚州项目现场诊断

幸亏抚州温泉风景开发区之前已具备了三大优势：一是政策优惠；二是离南昌仅 50 分钟车程，离抚州市仅 15 分钟车程，高速公路全程贯通且四通八达；三是景区资源虽说不上优秀，但略加改造仍有很大的提升空间。开发区具备了投资的基础条件，前景良好。

3.15 贵阳弘宇·琉森堡项目诊断手记

2016年11月14～15日，受开发商邀请，笔者以总顾问的身份第三次奔赴贵阳，参加琉森堡琉森小镇项目的规划讨论会。

来自上海、广州、深圳等地的设计、园林、策划、招商等6家合作公司30余人参加了会议，会议围绕"商业文旅小镇规划方案如何确定""养老地块如何定位"（做成养老地产还是健康产业园）两大议题展开讨论。

弘宇·琉森堡项目诊断会议现场

项目定位：打造特色文旅商业小镇

大家围绕着项目的定位进行激辩。在策划初期，王志纲老师团队给项目的定位是"贵州橱窗·贵阳客厅"。

对此，笔者认为，这是站在贵州发展高度之上所给的定位，希望这个项目在贵州大旅游发展的环境之下起到"画龙点睛"的作用。

但是，如果项目单纯地作为文旅项目进行开发，其消费者必然指向到贵阳旅游的游客。一个不得不面对的事实是：贵阳作为"过境站场"的角色非常突出，游客过少将成为项目落地的一道拦路虎。

　　至于上海一家策划公司提出的"区域商业中心"的想法，笔者更坚决反对。3公里范围辐射的直径人口密度本来就少，消费力较弱，加上大多村民正处于农村户口转城市户口的过程中，其消费习惯仍停留在日常消费层面。所以，3公里范围根本无法支撑本项目。

　　那么，项目该如何定位才合适呢？笔者认为，在定位之前，终端消费者研究和地块研究必不可少。我们首先要明确，消费者是谁，他们在哪里；其次，要研究好地块，以此确定项目最适合做什么商业形态。

　　项目的定位不能以个人的意志和经验为依据，而应该根据上述两大基础因素来确定。

　　第一，终端消费者研究。

　　住宅开发首先要研究地块，而做商业首先要研究终端消费者。过去我们做常态型商业如此，现在做文旅商业也一样。终端消费群体不一样，消费需求和消费特征也会有所差异。

　　城郊小镇主力消费群体，我们可以以年龄划分为两类：一类是年轻人，包括高中生、大学生以及刚开始工作的小白领，年龄在 18 ～ 35 岁。另一类则是家庭消费群体。这一类的人群年龄跨度较大，在 25 ～ 55 岁，他们往往以家庭为单位，更多的是考虑儿童的出游愿望。

　　所以，儿童消费可以带来三代消费，这一点已被很多开发商证实。就该项目而言，其消费人群应该是消费频次最高的群体——年轻人。

　　第二，地理位置和地块特征决定项目适合做什么。

　　琉森堡"琉森小镇"项目地处汤巴关核心地段，不在市中心，离机场有 5 分钟的路程，离市区有 10 分钟的路程。该项目地块并不平坦，地形狭长，地高落差大。

　　那么，在这样的地块适合做什么商业形态呢？笔者认为，如果将项目打造成一个常态型商圈，让贵阳市民来这里进行以购物为主的消费，这不可能。

　　"贵阳市民为什么不在市区的商圈购物，而跑到城郊来买衣服、鞋子？"笔者不免有些疑问。项目周围 3 公里的原住民也无法支撑这样的商业体量。

　　如果仅以游客为主，项目也面临着人流量不足的问题。因为很多游客只把贵阳机场当作中转站，下了飞机以后直接奔向其他景区，很少滞留在贵阳消费。

　　经过分析，琉森堡"琉森小镇"项目的消费主力人群应该以贵阳的年轻人为主，游客和周围的居住者为补充。只有这样，整个项目才能支撑起来。

　　常态商业撑不起项目，游客也撑不起项目，只能做以主城消费为主、以游客消费为辅的特色文旅商业小镇。针对主城区年轻人的需求，城郊的文旅商业小镇应该以玩、吃为主，购物的功能则被弱化。

弘宇·琉森堡项目外立面

上述建议得到了在场人士的高度认可。上海盈石策划的蔡总用"高屋建瓴"四个字来形容笔者的观点。开发商黄总则称赞笔者的建议"具有战略思维，非常专业"。

业态组合：以玩乐为主，售卖时髦小商品

项目的定位确定后，如何进行业态组合是下一步要考虑的问题。

琉森堡"琉森小镇"项目开发商黄总说，目前国家经济形势在下行，消费也在转型。他希望在转型中找到未来的消费需求，并且找到适合这个项目的业态，这样才能占领未来的消费市场。

上海一家策划公司提出了引入品牌店、超市、品牌餐饮的想法。也有设计单位建议，应该把项目做成纯粹的旅游商业项目，引入贵州茅台酒、贵州茶叶等产品，做成"土特产一条街"。

笔者认真听完大家的意见后发言："项目既然以年轻人为主要消费群体，那么就不能以社区商业和常规商业为主，不需要建大型的超市和菜市场，不一定要大量地引入国际国内一线品牌。"

在笔者看来，项目应该有贵州土特产的特色业态，但它不能成为主流。对年轻人而言，时尚、时髦的东西，最能吸引他们的注意力。

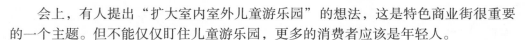

会上，有人提出"扩大室内室外儿童游乐园"的想法，这是特色商业街很重要的一个主题。但不能仅仅盯住儿童游乐园，更多的消费者应该是年轻人。

所以，笔者不建议把项目做成儿童游乐园，而是针对以年轻人为主且包含儿童游乐的游乐园，可以直接命名为"琉森堡游乐园"。

笔者建议在室内室外各挑选 3～5 个具有竞争力的游乐项目，规模不用很大，投资也不会很多。因为我们不是做大型游乐园开发，而是做文旅小镇，这个主题不能错。

另外，商家在游乐园同样可以卖一些服装、化妆品、小精品、时尚包等，满足和迎合年轻人的需求，这在国外很多游乐园并不鲜见。

笔者随后再次强调：现在有很多类似项目先做游乐园，再做其他开发。在项目顶层设计阶段，我们可能很明确项目的性质，但后来因担心人气不够，就不由自主地加大了游乐部分的投入和规模，做着做着，就把文旅小镇变成了游乐园。

我们必须时刻牢记：文旅小镇或文旅地产开发，最大的盈利点是商铺的销售和租赁，靠游乐园的观光门票难以收回投资。

建筑风格：新旧结合

项目的建筑风格直接影响小镇的"颜值"。在规划设计会上，有人提出要做成纯粹的民族风情街，有人则建议"中西结合"，也有人则支招走"现代风"。

对于上述意见，笔者并不认同。笔者更支持在保留贵州建筑民族特色的基础上，增加与之相协调的、具有现代感的建筑风格。

本项目有两条主街。一条主街命名为"天街"，以年轻人消费为主，建议可以适当现代、简洁一点。另外一条则命名为"老贵阳"，笔者更支持保留贵州少数民族的建筑风格，婚庆台、对歌台、舞蹈台、绣楼等可以作为标志性建筑。但一定要注意，民族风格不仅仅是某些元素的再现，也不仅仅是建筑的简单复制，更重要的是把握这种风格表达的文化。

当然，民族和现代本来就是一对矛盾体，如何协调、和谐则考验着设计师的水平。

商业环境打造：不一定热闹但要有特色

商业环境的打造非常重要。文旅小镇的商业环境不同于城市中心的购物商场和步行街，这一类商业的环境更多依靠色彩、音乐来营造，要具有鲜明、活泼、热闹的特点。

而文旅小镇的商业环境却必须根据小镇的整体定位来确定，不仅仅表现在色彩、音乐方面，更多表现在整个建筑的风格、景观、墙体、步道、灯饰、门头、休闲设施、小品、广场，甚至楼梯、停车场、洗手间等，这些都必须在统一的定位指导下，按照不同的主题进行营造。

它不一定热闹，但一定要有特色。如果小镇的定位是浪漫，那么所有的环节都必须统一在这个主题上。

如果定位是温馨，那么，不仅色彩、音乐要舒缓，其整个风格包括上面所说的一切环节和细节都必须围绕"舒适""柔缓""不疾不徐"等体验来做文章。

阳朔的西街为什么出名？丽江的酒吧街为什么让人流连忘返？乌镇为什么享誉世界？无不都是尊重了这一原则。

景观设计是商业环境里面最重要的组成部分。笔者认为，项目所处的地理位置，使之无法借助自然资源造景，只能通过人为进行打造，一些人造的景观、小品、休闲配套显得必不可少。

首先，希望项目主路口能做到"标新立异""独具风格""独一无二"这三点，真正将其做成一个富有民族特色的东西，这样会大大提高项目的辨识度。同时，主入口的建筑风格要"新旧结合"。

其次，针对项目有一个 20 米宽的绿化景观带的现状，开发商可以通过景观造型设计，增加植物雕塑、街边小品等配套，使之成为展示项目形象的门户。

最后，项目的绣楼、中心小广场等重要节点也要用心设计好，做到一、二级节点相互呼应、浑然一体。比如，中心小广场不应简单地铺设水泥路，而是要多增加一点休闲、景观等功能，营造富有情趣的氛围。

一个项目是否成功，往往要看它的细节是否到位。

板块规划：养老不能简单处理

在会议中，开发商提出了在项目地打造一个"健康产业园"的想法。设计单位围绕"健康办公、健康公寓、健康屋房、健康体验中心"等四大规划定位提出了分区设计，推动各大板块之间紧密结合。

笔者认为，除非健康产业园达到一定规模，或者形成一个基地，否则市场无法接受。与项目有限的体量相比，健康产业园的概念显得太大，分散了主题。因为"健康"，不仅指老人的健康，也包括了其他人的健康。项目可以提"健康"这个方向，但只是针对老人的健康，也就是"养老"这个主题进行设计和表达。

实际上，这个地块可以做成一个养老基地。因为这里的山景资源非常丰富，被政府命名为"贵阳森林公园"，且是整个贵阳市的制高点，再加上空气洁净，负氧离子高，最适合老人居住。

老人有全自理、半自理和失能三种类型，不同类型的老人，与之相对应的配套、医护也会有不同，必须考虑到不同类型老人的养老需求。

养老项目涉及方方面面的问题，不能那样简单地处理。如果开发商可以与附近的武警医院协商，将武警医院改为老年康复医院，这对项目大有裨益。在此基础上，要找到好的运营机构和运营模式，推动其可持续发展。

笔者在总结时说道，我们要做减法，而不是做加法。开发商不要把所有的业态都往里面塞，最后做成"四不像"产品。

通过琉森堡文旅小镇的实战讨论，我们得出来这样的结论：新建的文旅小镇依托的是主城消费群体，以年轻人居多。文旅小镇离不开商业的开发，但商业必须是一种新型的商业形态。这种商业形态迥异于常态商业、社区商业，它是以玩、吃、乐、购为主，其中玩是第一位，购物的功能则被弱化。

城郊商业要想活起来，首先要让游客有得玩、玩得好。否则，无论你是布局国际一线品牌，还是走民族风，最后都不会有乐观的结局。

商业环境的打造对文旅小镇至关重要。小镇的商业环境要根据小镇的整体定位来确定，它不一定很热闹，但是一定要有特色。

盈利模式的设计是小镇可持续发展的核心问题。新建小镇的盈利模式有两种，一种是收取门票、商业经营盈利，另一种是地产开发的产品销售。我们应该避免把游乐场规模扩大化，因为小镇最大的盈利点来源于商铺的销售和租赁，而非游乐场。

3.16　通州湾考察实录

2016 年 11 月 22～24 日，受开发商卢晓斌先生的邀请，笔者到江苏南通市通州湾考察 4000 亩的文旅小镇项目，重点帮开发商解决"能不能在通州湾拿地""开发思路如何确定""项目定位是什么"三大问题。

通州湾南临长江，东临黄海，位于我国沿江沿海"T"字形经济带交会处，其区域总面积 585 平方公里，总人口为 13.2 万。通州湾拥有天然的深水港口，其开发利用前景远大，目前已提升至国家战略，被命名为"国家级江海联动开发示范区"。

依托核心港湾，通州湾（民间又称"南通滨海园区"）自南向北组团式发展，致力于打造集海洋度假、娱乐休闲、生态农业、创意文化、商务会展功能于一体的南黄海海洋度假胜地。

通州湾项目负责人介绍规划

笔者看了规划后，感觉"热血沸腾"。

有人问："开发商能不能拿地？"

笔者回答："大胆拿地，有序谨慎地开发。"

随后，在通州湾江海联动开发示范区、中海湾旅游度假区开发办施主任的陪同下，我们一行到实地进行考察。现场只见一望无际的湿地，草长水阔，非常荒凉。周围不用说人烟，连鸟也没看到几只。

面对如此现状，笔者提出了自己的疑虑。

（1）地块是一片海滩、湿地，但作为海滨度假，却看不到海，这使得该地块对投资者的吸引力有所减弱。

（2）通州湾处于开发初期，尽管已有企业和学校入驻，但该地块周围人口稀少，较为荒凉。开发商如果不事先了解政府对这一区域的规划，根本不可能产生任何开发的想法。

（3）通州湾土地是围海造地形成的，土地资源充沛。其中，规划建设的国家级旅游度假区有 32 平方公里，并计划造一个 5 平方公里的湖。但仅有湖是远远不够的，度假区从蓝图变成现实，需要很长的一段时间，少则 3 年，难以估计。

那么，卢总计划在通州湾拿一块 4000 亩的地用于建设文旅项目，是否可行呢？

对此，笔者认为，通州湾升值潜力较大，开发商可以拿地，但必须等。政府投入快，投资者也快；政府投入慢，投资者也慢。

为什么可以拿地呢？笔者做了详细的解释。

（1）通州湾具有中国东部沿海不可多得的深水海港资源，开发条件优越，目前已被列入国家开发战略。从战略定位上看，其地块价值不可估量。

（2）靠海、靠江、靠上海。虽然这一块旅游开发用地不直接靠江，但毗邻上海，地理位置非常好。上海、苏州、南通等城市可以为该项目带来人口消费优势。

（3）规划优势。通州湾的规划是由国内外一流专家制订的，涵盖了空间布局、经济发展、生态保护各个领域的综合规划体系，严谨的规划为科学开发通州湾提供了支撑。这一点做得很好、很到位。

现在有些新区或开发区在搞建设时，先画一个大圈，然后规划、招商，最后想到哪里做到哪里，想到什么做什么。这种随意性给新区发展带来非常不好的影响，而通州湾的规划却避免了很多这样的问题。

（4）交通优势。通州湾在交通方面投入非常大，高速公路纵横交错，高铁、货铁等正在积极施工中，交通条件很好。伴随苏通大桥、崇启大桥相继贯通，通州湾已全面融入上海 1 小时经济圈。

（5）大企业的带动优势。目前，通州湾已云集了包括中国华电集团、中航工业集团、中南集团在内的大企业，一批能源建材、飞机制造、休闲会所、城市综合体项目也在有序推进。大企业的进驻对整个区域的带动作用将非常明显。

综合上述五点理由，笔者认为，此时开发商进入通州湾的土地成本较低，增值空间较大，因此鼓励卢总"大胆拿地""有序谨慎地开发"。

有人问："开发思路如何确定？"

笔者回答："以旅居度假为主，先做度假再做旅居。"

那么，卢总这 4000 亩地，适合做什么文旅项目呢？是旅居还是旅游？如何与通州湾的文化资源相结合，打造一个在江浙甚至是全国的特色文旅小镇？

政府整体的思路是打造滨海湿地公园，建设滨海湿地度假小镇，这是正确的。

但另外一个不可忽略的事实是，通州湾的大江资源无法利用，海资源有缺陷，与海口、三亚等地的大海存在较大差距。因此，开发商或者投资者拿到地后，必须进行深度的策划和规划。

我们必须明白，在江浙一带，湿地公园随处可见，项目将面临同质化的竞争。只有打造异于同类产品的竞争优势，才能别出心裁，寻找到新的出路。如果该地块和其他湿地公园做出同样的规划，今后这个湿地公园的存活率有多高、发展有多快，都是让人担忧的。

对于具体的开发思路，笔者提出了四条意见。

第一，以旅居度假为主。

文旅项目的"文"分为两类，一类是文化资源，另一类是文化产业，不同的资源就有不同的定位思考。而"旅"也分为两类，一类是观光游乐资源，另一类是适宜度假的资源。同样，资源不同，其开发思路也会有很大不同。比如，游乐观光资源，其开发思路应该以玩为主，而度假资源则应考虑旅居的需求。本项目无论从区域位置，还是从开发条件来看，最适宜做的是旅居开发。

第二，围湖造岛。

将岛作为物理空间的划分。既然要"造"，就要突出"创造"二字。开发商要考虑岛上水系和陆面比例，还要考虑到交通设计。岛与岛之间要注意功能的分割，并注重其交互性。

第三，强调艺术气质。

真正让游客流连忘返的不是简单的吃喝玩乐，而是项目的某种气质，或者说项目能给人带来某种难忘体验。笔者认为，气质不是靠钱堆积起来的，独特的气质必须有独特的情怀。

第四，对湖岸线进行改造。

湖岸线是独特的旅游资源。在保护湖泊的基础上，积极推动湖岸线改造，沙滩、木栈道、灯光、小品、植物的搭配、色彩的运用等，都必须在项目定位的指导下，精心规划和设计。

但必须注意，度假是主题，别墅是配套。千万不要在湖岸线建一大堆别墅，破坏自然风光，把项目变成小城市。另外，项目也要注重开发顺序，先做度假再做旅居。

有人问："项目的定位是什么？"

笔者回答："围湖造岛，开启贵族度假之门。"

开发思路理清之后，项目的定位成为讨论的关键。

在笔者看来，只有定位才能决定项目的发展方向，只有定位才能指导项目开发的所有环节和细节。

那么，项目如何定位呢？笔者提出了两点意见。

第一，要做好消费者群体研究。

消费者是小镇做定位必须研究的一个重要参数，不知道小镇未来的消费者是谁，不知道他们来自哪里，不知道他们的消费预期、消费需求、消费偏好，那这个定位到底是定什么，为谁定，又该怎么定。

比如，以老人旅居度假为主的小镇，不建设医院、养护中心、老人康乐、老人室外活动，反过来建一些过山车、迷宫、烧烤场之类，结果只有死路一条。

就本项目而言，如果定位为"观光"，那么南通市和通州湾的本地居民是主要的消费人群。如果做"旅居"项目，更多的是辐射上海、苏州等大城市。

第二，项目定位要结合自然资源进行设计。

乌镇适合做江南水乡小镇，深圳华侨城要做成体验式主题公园。这些项目定位都是根据它们所特有的自然禀赋决定的。如果把自然资源并不丰富的华侨城做成"江南水乡小镇"，即便现实可行，开发商所付出的努力肯定会更多，而且不一定被市场接受。

卢总所说的4000亩地块依托的是湿地资源，其开发思路是造岛。针对上海、苏州等地的消费群体，本项目的定位应该是"开启贵族度假之门"。

听了笔者的分析后，开发商卢总兴奋得跳了起来。不仅如此，在场的园区施主任也直夸："我只听了部分内容，都觉得非常兴奋和激动。高人就是高人，我们希望能聘请陈老师作为通州湾旅游开发区的总顾问！"

3.17 海南三日行之思考

2016年中秋节前，笔者受绿城和海南现代集团的邀请，给3个项目做诊断策划。本来应该及时将诊断心得发出来与大家分享的，但因从海南回来就得了重感冒，节后上班第一天又赶往贵阳，参加琉森堡项目商业规划讨论会和后一阶段的营销部署。所以，拖到现在才成文与大家见面。

度假难道只能在海边？

2016年9月8日中午到海口，笔者吃了个简餐，就在绿城张总的陪同下，马不停蹄地赶到澄迈。到达项目地附近，丰泽公司的总经理毛总等十来人，开着3辆车等在路边，然后我们向目的地奔去。路过碧桂园的美浪湾，一条泥路蜿蜒而去，路两边齐人高的茅草肆意生长，大片大片的龙眼树一望无际……

顿时，我们激动异常：好有野趣！弯弯曲曲、高低起伏。10多分钟，我们就在龙眼林穿行；终于上到一个山包，极目远望，一片葱绿，万点嫣红，山峦叠嶂，风吹草长。

谁说海南只有海浪、沙滩、阳光、椰林？这满眼的龙眼林、槟榔林，这才是热带风光真正的魅力，独异于大陆的原始自然，不正是我们日思夜想的某种情怀？

笔者当即脱口而出："在三亚，你买的不过是一扇看海的窗，在这里，附送的是一片原生的野趣。"

就在笔者大发感慨、激情澎湃时，张总提醒道："老师，会不会太荒了？"

笔者一愣。他说"太荒"，而不是"太偏"。哦，买的真的是洪荒之地啊！

笔者随即就大声说："不怕，要的就是这'太荒'。荒，但距海口市中心只有30分钟，距美兰机场只有40分钟。"

如果能将这"荒"开发成核心优势，打造一个在海南独此一家、绝无分店的项目，难道还怕不成功吗？很快，笔者提炼出三个核心要素：原生、野趣、私人领地。

接着，我们又赶在天黑前看了同一区域的几个项目，包括碧桂园美浪湾、富力红树湾。晚上，一顿饕餮大餐后，就该讨论主题了。面对毛总团队期待的眼神，笔者提出了三个问题：内地人到海南买房的目的是什么？如果是度假，是冲着什么来的？海南除了阳光、海浪、沙滩、椰林，还有没有其他更美且并不输于海的度假资源？

让我们期待海南的"野趣度假生活"吧！

原生野趣

考察团在海口（左二为笔者）

做旅游地产，开发商需要解决的两大困惑

2016 年 9 月 9 日，张总把笔者拉到海口的裕泰玉龙湾项目。该项目总占地 1100 亩，是绿城和裕泰公司合作的第一个项目，是海口首席千亩千栋纯独栋别墅社区。

作为海口市的高端产品，裕泰玉龙湾项目的"姿色"并不差。该地交通便利，距机场车程仅有 10 分钟，15 分钟内能抵达近 10 座高尔夫球场，鸿洲马会、鸿洲游艇会、奥特莱斯世界名品折扣店、美兰机场离岛免税店等高端休闲中心更是环绕左右，300 亩自然集中式私家园林令人心动。

然而，这样一个优秀的项目，却得不到市场的垂青。目前首期十几栋别墅已对外发售，但应者寥寥。

在这种情况下，绿城集团正式介入，我们相信绿城先进的开发理念和开发模式必然会给项目带来新的生机。但是，纵横大江南北的绿城，是否就一定能让玉龙湾起死回生呢？

绿城的精品路线在纯居住产品的开发方面经验丰富，但登陆海岛，尝试全新的旅游度假项目，是否就一定战无不胜呢？

绿城攻城略地的战斗力不用质疑，但面对玉龙湾不靠海、没有核心自然优势、前期销售遇到瓶颈、购房客户不明晰的前提下，绿城的长剑是否还依然锋利？

绿城的合作团队是否有必胜的信心，你们真的做好准备了吗？要不，我们还是先问几个问题。

第一，客户为什么在海南投资买房？

毫无疑问，空气、阳光、海滩、椰树等这些在中国绝无仅有的热带风光是海南独特的资本，这是吸引购房者的主因。也正因为看中海南的自然风光，各路开发商纷纷抢滩，海南的海岸线基本上被"分割"完毕。

第二，客户到海南买房的目的是什么？

毋庸置疑，度假和养老是主要目的。但令人忧心的是，中国很多开发商包括大牌开发商，并没有把养老和度假这两类地产区分清楚，大部分人只会将其笼统地归纳为"度假养老"或者"养老度假"。但养老产品和度假产品的客户群体是有明显分界线的，他们在海南投资的选择也绝不相同。

比如，在海口，富力红树湾、碧桂园美浪湾以及鸿洲集团的海天盛宴等项目的小户型公寓特别畅销，这是因为开发商抓住了养老群体的需求。

他们钟情于海南的自然风光，想在此度过余生。他们买房不一定要靠海的，不一定要大房子，但是生活、社区、交通以及养老配套，如康复医院、老年大学等，一定要完善。上述项目也根据客户的需求"量体裁衣"，由此斩获市场。

而以度假为主的购房群体正值壮年，事业蒸蒸日上，财富积累雄厚。他们到海南度假也许是追求"有花堪折直须折"的浪漫，也许是为了"偷得浮生半日闲"

的轻松，也许是短暂的憩息，呈现出不同的度假状态。与此相对应，他们需要更加高档、度假功能更完善的产品，因此他们更青睐错落有致、花木掩映的别墅。

总而言之，笔者认为，度假和养老这两种客户群体对产品的需求迥然不同，但很多开发商没有区分这两类群体，而是采取"一刀切"的方法，甚至直接"把度假做成居住""把养老当成了概念"进行开发，其后果就是遭遇失败。整个海南省房地产市场库存压顶、项目滞销不畅也是这个原因。

如果说，合作团队遭遇的第一个困惑是"养老和度假分不清"，而对于"度假是否一定要在海边"这个问题，团队仍需进一步梳理。

纵观全世界，海景房可以说是富豪们的标配。无论是国内的三亚市，还是美国的夏威夷、希腊的爱琴海，蔚蓝的大海、洁白柔软的沙滩、海天一色的美景便是最具诱惑力的广告，而这种"面向大海，春暖花开"的诗意正好与富豪们心中对品质生活的追求相契合。

然而，度假不仅是在海边看潮起潮落、云卷云舒，因此也不一定都要买海景房。因为度假的状态、度假的活动方式不一样，消费者对度假环境因素的选择也不尽相同。

海南除了有浩瀚无垠的大海外，还有更多原生态的自然资源，充满了野趣，更能让人返璞归真。对于更高层次的人来说，后者反而比喧闹的海滩更有吸引力。

此前，笔者已经在考察澄迈项目时做了分析和表述，我们甚至可以这样比喻——"在三亚，买的就是一扇看海的窗。"

回归到裕泰玉龙湾项目，笔者感到遗憾的是，它既没有海景资源，也没有其他的自然资源可以利用。在卖点不够突出的情况下，项目如何突围而出，成为摆在团队面前的一道难题。

所谓山不转水转，水不转人转。没有核心自然优势，我们就要创造优势。首先，我们要真正从度假人的度假心态、状态进行思考，了解他们需要什么样的度假功能和度假需求，从硬件设施和软件服务两方面入手，提高项目的市场价值。

在这方面有先例可以借鉴。与项目毗邻的海口观澜湖旅游度假区，既没有海景也没有其他自然资源，但是住宅类产品居然卖到了5万元一平方米。它成功的秘诀在哪里？仔细研究不难发现，观澜湖度假区使出了三大"绝招"：一是打造风景绝佳、世界最大的公众高尔夫球场；二是建设海南岛独一无二的、以火山岩为主题的水上乐园；三是建设一个中型的游乐场。

除了精心提升硬件外，观澜湖度假区还保留了一部分原生态的野生次林，所有的景观装饰都是由火山岩自然堆砌，让人感受到原生态的自然文化，由此吸引了包括冯小刚、刘德华等在内的大批名人在此置业。

观澜湖的成功不能简单复制，但理念可以推而广之。创造核心价值，打造真正的度假功能，追求更高层次的度假服务，对一个"先天不足"的项目尤为重要。

考察了海口以及三亚市很多项目，笔者还没有发现一个真正意义上的度假

观澜湖景观

楼盘。

很多项目可能把硬件做得很好，或者把度假的功能做得很丰富，又或者充分利用了自然资源，但没有一家企业在度假服务上狠下功夫。

大家都知道，购买海景房的多是度假群体，他们可能在某一天突发奇想，想到海南走走，小到房间清洁，大到交通问题、行程安排，都是他们需要考虑的问题。

如果此时有一到两名英式管家提供包括专车接送、房间清洁、度假攻略设计在内的贴心服务，相信每个客户都会有"宾至如归"的感觉。很可惜，这种高端、细心的体贴服务在国外大行其道，成为旅游度假的标配，但在国内却非常罕见。针对度假服务缺失这一"痛点"，裕泰玉龙湾项目可以追求更高层次、更加精细化的体贴的度假服务，只有如此，才能打造项目的核心竞争力。

结合实地考察，笔者给该项目提出了"四个新"的理念，即新品牌、新理念、新形象、新产品。

为此，笔者建议开发商对整个规划重新布局，针对度假人的需求进行设计，打造一个无海景的度假试验基地。度假不只是海浪、沙滩、椰林，放松心情、享受尊贵、纵情自然才是度假的本质。

"三头牛"公司将进驻海南航天现代城

2016 年 9 月 10 日，笔者来到海南文昌市航天现代城进行考察。航天现代城项目是香港海南商会会长符传军兄弟与海南现代集团联合开发的一个项目。该项目位于文昌市文蔚路 169 号，是文昌主城区 36 万平方米的大型综合体，总投资共 20.09 亿元，包括航天科普、航天旅游、航天农业、航天餐饮、航天购物、航天娱乐、航天教育、海南北斗卫星应用产业示范基地等功能业态，该项目将成为文昌全业态、成规模、聚人气的城市新中心。

不可否认，该项目非常优质。其中，航天科普馆作为海南首个航天文化、历史事迹、纪念珍藏的综合性主题展馆已于 2016 年 6 月份开馆，受到了广大外地游客和当地市民的欢迎。

中央电视台、《人民日报》《海南日报》等多家媒体对开馆仪式进行了报道。其他业态，如航天希尔斯幼儿计划于 2016 年 9 月开学，航天育种培育基地预计于 2016 年 12 月开园，中视国际影城预计于 2016 年 11 月开业。

可惜的是，由于开发商缺乏开发经验，缺乏对商业业态的规划，并且没有任何的营销推广，航天现代城项目目前处于滞销状态。

另外，项目所在的城市文昌市人口较少，经济基础不强，又没有大型旅游景点，很难吸引外来客流，使得它在销售阶段处于被动地位。

针对上述情况，"三头牛"公司将与开发商展开合作，最大限度地挖掘项目亮点，使之成为文昌市的一张名片。

笔者认为，"三头牛"公司的销售模式正适合该项目，但必须进行全面策划，包括从项目形象、商业功能及业态、招商策略、推广宣传等，特别是对项目核心价值的梳理和表达，必须进行深度策划。具备战略高度的策划，再嫁接"三头牛"公司的销售模式，项目的销售才能有的放矢。

3.18 广西玉林奥园康城项目思考

项目卖不好，肯定有多方面的因素：要么市场整体不好，大家都卖不动；要么产品有问题，不被客户接受。

这些情况同样会发生在大房企、大品牌的身上。一般来说，大房企都有一二十年的开发经验。他们项目多、套路熟，开发一个新市场，短时间内肯定应者云集，"爆盘""日光"等往往是这些大房企的拿手好戏。其实，这就是品牌的力量。

但是，我们同样可以看到，很多大品牌在进入市场之初，华光四射；可是等到三五年过后，项目却逐渐被边缘化了，品牌光环逐渐暗淡，甚至被市场忘却。相应的，项目的销售业绩随之一落千丈，或者难以突破，特别是有新的大品牌进入后，其竞争烈度骤然加剧，项目面临更大危机。

玉林奥园康城项目诊断会议现场

要想突围或者重振雄风，路在何方？

2016 年 3 月 15 日，应奥园周总邀请，笔者对广西玉林奥园康城项目进行了一次深度诊断，或许对笔者上面提出的问题提供了一个解决思路。

广西玉林奥园康城，地处玉东新区，位于玉林市人民东路体育中心北侧，总占地面积超过 345 亩，总建筑面积超过 110 万平方米，是玉林大型综合性居住社区。该项目面市已经有 8 年时间，前几期已有数千户业主入住，社区居住氛围日趋成熟。目前也不断有新产品推出，产品包括高层洋房及别墅等。

对于这个合作项目，笔者在先前听取中旗团队几位同事的汇报时，心情是忐忑的。不确定的困难因素似乎太多；经过实地考察后，感觉远比想象中要好。同时，项目存在的问题和困难也是实实在在的。

（1）同新开楼盘相比，项目面貌已不新鲜，如何同这些"小鲜肉"竞争？

（2）8年前比较新的产品规划，现在亮点已不突出，如何改进？

（3）营销和销售略显疲态，如何更好地进行激励？

（4）2015年，项目业绩名列集团公司第一，2016年如何在时间紧、任务重的压力下更上层楼？

（5）物业管理始终未能达到奥园品牌的应有标准，怎样才能提升物管水平，让业主更满意？

（6）碧桂园、恒大已经（或即将）进军玉林市场，面对惨烈竞争，如何突围？

……

问题一大堆，但最核心的问题是什么？

举一个小小的例子。此次考察过程中，笔者碰到一位老朋友，他同时也是玉林市的某局领导。由于分管领域相关，他对玉林的各项经济数据都比较熟悉，在售楼盘的情况也如数家珍，但谈到奥园项目时他反问：奥园康城不是已经卖完了吗？

这从侧面说明，虽然奥园在玉林深耕8年，但品牌建设上是有欠缺和不足的，至少在营销推广的持续性上做得不够，这样就使得项目在当地市场没有声音，失去了发言权。

是不是奥园本身的品牌不受认可？不是。在和客户进行访谈时，我们发现不少客户之所以买奥园的房子，就是冲着奥园这块牌子来的。可见，奥园的品牌在玉林市场是受认可的。

那么，问题到底出在哪里？品牌，一定是品牌出了问题！

8年前，奥园落户玉林，无疑是整个玉林的头牌；但8年过去了，本土品牌开始崛起，特别是碧桂园、恒大的进入，一下子把整个市场的眼球吸引过去。据说碧桂园开盘当天狂销12亿。奥园被冷落了。

奥园和碧桂园、恒大都是从广州走向全国的知名房企，其开发理念、开发模式、开发经验虽各不相同，但经过20多年的沉淀，自有其独特的优势，否则也不可能到处栽树、到处开花。而今奥园在玉林陷入困境，不是奥园的品牌消失了，而是奥园品牌的力量弱化了。

因此，重塑品牌形象、再创品牌辉煌就成为玉林奥园项目的关键之关键，而重塑、再创的关键就是进一步提升奥园品牌的美誉度和忠诚度。

什么是品牌美誉度？什么是品牌忠诚度？

美誉度，就是美，就是漂亮，就是让客户心动去买的因素。

忠诚度，就是好、舒服、买得值，就是让客户买了不后悔，而且能形成好口碑，带动其他人一起买的因素。

美誉度和忠诚度并不是彼此孤立的，而是彼此交叉的。构成美誉度的因素，如果能真正落地、持久、进化，那就是忠诚度；构成忠诚度的因素，被口口相传、广为人知，就是美誉度。

既然知道问题所在，那就大刀阔斧来吧：园林重新做、户型重新改、外立面重新装，请大明星来代言，大型活动天天办……这当然行不通！笔者一直强调，任何方案都要先考虑如何落地：时间、成本、难度。玉林奥园项目同样如此，必须在现实条件的约束下，进行切实可行的调整。

项目品牌美誉度的进一步提升，其实就是让项目看起来更美、更有吸引力，就好比相亲的男男女女，出门前总要盛装打扮一番，将最美好的一面展现给对方。

那么，从哪里开始"妆点"？

首先就是要让项目焕然一新。俗话说"一白遮三丑"，干净、清新、整洁永远能让人看起来更舒服。同样，现在就是要让项目看起来更新、更整洁。一些比较容易整理、清洗的地方，可以动手整理；难度较大、费用较高的地方，可以进行修饰，比如用巨幅的喷绘进行遮挡。具体可以从以下方面着手。

（1）对园林景观进行丰富、补充和提升。园林景观是下了力气的，已经有较好的基础。现在的问题是主题不鲜明，亮点不突出，不够吸引人。在不大动干戈的前提下，可以加入一些木艺、陶艺、铁艺、花厢、盆栽、玻璃钢小品等来丰富和提升园林景观的层次、文化内涵和价值展示，同时对一些陈旧的景观进行修饰（比如水幕墙）。这些投入并不大，难度也不高，关键看有没有真正花心思。现在很多年轻的小情侣自己动手就能把二三十平方米的小屋打扮得漂漂亮亮。相信即便只是发动项目里一些有审美的年轻人，甚至是业主自己装点，就能让园林景观更富生机，何况我们还有很多专业人士指导。

（2）提升客户的看房体验。从主入口开始，到售楼部，再到样板间，这样一条重要动线要进行重点整改。主入口进行简单的翻新，增添一点标志性的导示牌；售楼部门口容易乱停车的地方用花厢隔离开，放上太阳伞、桌椅，布置成客户休憩的地方；售楼部的色彩和装饰必须更丰富，空间要充分利用，划分多个功能区，为客户提供多种活动和服务；沿途进行美化装饰，对项目重要节点重点展示，建立明晰的导视系统。

（3）对销售和物管进行服务意识培训。这其实也是提升客户看房体验的一部分。销售的培训不仅仅是销售说辞的培训，还必须加强对项目的理解；只有对项目理解透彻，才能将项目价值完整地传递给客户，而不是堆砌数据和卖点。面向客户时，不是强行灌输，而是引导与配合，将客户最想了解的信息传递给对方。物管的培训必须提升其精神面貌，同时使其从面向领导转向面向客户，即以服务客户为第一宗旨。当然，除了培训外，执行更重要，因此必须建立完善的奖惩激励措施，使能者居上。

（4）对 VI 系统进行重新包装。包括项目的单张、折页、楼书、吊旗、户内户外的广告牌等，使整个 VI 系统必须统一且有质感。项目既然是主打刚需客户，那么定位就不要太高大上，而是走质朴、温馨的路线。VI 系统体现的是项目开发、运营方的审美水平和审美情趣，虽然看起来有些虚，但高水平的 VI 系统确实能让客户对项目更有信心。这一方面如果做得好，可以起到"四两拨千斤"的作用。

"妆点"好了，还要懂得如何推出去，"养在深闺人未识"可不行！

（1）深度挖掘项目核心价值。在对外输出时，必须明确重点是什么，即项目的核心价值是什么。这不是靠拍脑袋胡乱选的，而是看客户最中意的是什么。本项目是成熟社区，有 3000 位业主入住，这就给我们提供了很好的机会，可以通过与客户深谈来了解本项目的核心价值。这段时间，中旗团队已经启动这项工作。比如，有的客户就反映看中的是周边的公园。如果进一步调查，就会发现有很大比例的客户有同样取向。那么，优美的环境（三大公园）就是我们宣传的重点。

（2）产品价值的错位竞争。在同竞争项目进行比对时，总能发现对方具备我们所没有的优势。对此，我们不可能视而不见，甚至弄虚作假，而是应当进行错位竞争。比如，对方的项目新入市，在外观面貌上看起来比较新，在这一点上我们很可能会处于劣势。那么，我们就可以在价值的恒久性上做文章。

（3）宣传渠道必须下沉。过去习惯的报纸、电视、电台这些渠道应当削弱，在一些重点区域设置户外广告（有质感，且能在短时间内准确传递项目核心价值），在重要线路上设置道旗进行指引；同时，要重点加强外展，尤其是要下沉到下级县甚至乡镇，定期展示，定向推广，在一些热点区域布展。另外还要注重对新媒体的运用。

（4）必须有一两场具备轰动性的大型活动。目前，项目在玉林市场的声音很弱，因此必须有一两场具备轰动性的大型活动，用以昭示奥园在玉林的存在感和影响力。这些活动应当和重要节点配合，契合项目本身的价值诉求，同时具备一定的公益性和社会效益，在引领城市健康发展、倡导积极向上的市民文化等方面起到带动作用，使奥园品牌更深地与玉林这个城市相融合。

（5）持续不断、受客户欢迎、能带来实效的暖场活动。比如儿童艺术特长培训课、女士化妆教学课、老年养生保健讲座等，对客户、对项目都是比较实在的活动；尤其是可以通过这些活动提升项目的美誉度。美誉度是让客户看到项目的第一眼就说美，而忠诚度就是让客户一直说美、说好。要实现美誉度与忠诚度的完美结合，就需要我们在一些长期工作、基础工作上下功夫、花心思。

（6）配套设施的完善。成熟社区的最大优势，就在于配套的完善。项目虽然已经入市 8 年，但很多配套设施都未启动，使得这一优势无法完全发挥。应当立即建立招商团队启动招商，使餐饮、超市、酒店等设施运营起来。本项目有这么多业主作支撑，有需求、有市场，应当做且做得好。社区内部也应当增添一些健身、休闲设施，扩充一些休闲场所。

（7）项目本身价值的进一步挖掘。项目周边有名牌学校，那么就要充分利用这一优势。有名校学位的当然不错，没有的也可以通过赞助等方式尽量争取一些名额，这对客户非常有吸引力，对于项目的宣传也大有帮助。

（8）物业服务的提升。物业管理转变为物业服务，这是很多开发商领悟并开始做的事。

本项目正在卖，而且还有新的几期要开发，就更不能短视。不是要当下的盈利，而是要为客户做好服务；不是算小账，而是要算总体账；不是要短期利益，而是要树品牌、树口碑，追求长期收益。物业服务水平提升了，必然会提升业主对项目忠诚度，产生良好的口碑效应，吸引更多的新业主，不仅住宅能卖得更好，商业部分也能因此受益升值，从而形成良性循环。

（9）社区文化的建设。现在"老带新"之所以没有做起来，除了项目本身需要进一步完善来提升业主的忠诚度外，另外就是社区缺乏凝聚力和认同感。这就需要通过社区文化建设来发挥作用。除了前面兼具营销目的的活动外，平时也应当组织一些表达关心和关爱业主的活动。比如，联系医院对老人进行义诊，给新婚夫妇送上鲜花和祝福，向新入学儿童赠送文具，等等；另外，也要加强业主之间的联系与沟通，比如组织篮球赛、建立业主爱好小组微信群等。在提升业主对社区的认同感和凝聚力的同时，再对他们提供一定的奖励措施。老业主将是极具价值的"金矿"。

经过长时间开发、已经较为成熟的项目，不可能在硬件上有大动作，那么就应当在服务等方面进行软性的提升，并充分利用时间带来的正面效应，挖掘老业主的价值，同样能起到提升品牌美誉度、忠诚度的效果，突破项目现有的局限。

这只是笔者通过对奥园项目的诊断提出的一些思考。当然，世界上没有相同的两片树叶，不同的项目各有不相同的难题，如何破解不能一概而论。但如何找准项目的核心问题，肯定是也必须是解决问题的关键。

3.19　旅顺中国首个国际养老试验基地项目诊断

2016 年 5 月 14 日，受开世集团邀请，笔者率中旗前策团队飞赴大连旅顺，对"俄罗斯小镇"项目进行实地考察，中旗团队也正式进入项目市调阶段。

开总授权我们为整个项目进行战略规划，无须顾及旧有的思路和方案。该项目以"俄罗斯小镇"为核心，总体占地 30 多平方公里，规模极其庞大。临近海边已开发 42 栋别墅、12 万平方米的回迁房、一座温泉酒店，还有规划中的商业街、学校、高尔夫球场、体育馆、集团办公楼等。显然，开发思路还是沿着传统的房地产模式在走。

在第一次与开总的讨论中，笔者就很明显地感到此路不通。经过这几天对该项目进行实地考察，以及与开总、开世团队的深入交流沟通，我们很快统一了认识：重起炉灶新开锅。必须推翻重来！

那么，旅顺项目必须解决的首要问题是什么，确定项目的战略发展方向自然是头等大事。

项目所在的北海镇（街道），离旅顺区中心大约 20 公里，离大连市区大约 50 公里，交通不算便利。而北海镇本身仅有常住人口约 1.5 万人，流动人口数千。周边配套设施极度匮乏，地块属于"生地"，开发第一居所绝无可能。而且目前整个旅顺的市场情况称得上惨烈——库存高达 1 万多套，每年去库存却仅 2000 多套。35 平方公里的庞大地块上再去做住宅和商业，结果可想而知。

所以，很明确的一点是，新型地产开发（与运营）必然是项目的战略发展方向。

明确必须走新型地产发展之路，但新型地产包含如此多的类型，该项目该选择哪种进行开发运营，是单一形态还是多种形态组合？单一形态能够支撑起整个项目吗？如果是多种形态组合，哪些可以作为项目发展的选择？项目是否具备支撑发展这些形态的资源？它们之间的逻辑关系又是怎样的？

因此，第二个关键问题必须研究的是：项目具备发展哪些形态的基础和契机？项目是否具备足够的资源来支撑这些形态？多形态混合发展是必然之路。

◎旅游开发：观光度假兼具，观光带动度假

该项目靠海，这是其天然的优势资源，周边的植被丰茂，空气质量等自然条件也较为优良，项目具备开发旅游项目的基础。

但该项目在气候、交通、配套设施以及资源的排他性上是否足够支撑旅游形态的发展？比如，冬季大连北风凌厉，该项目恰好靠北，这是否会影响该项目在冬季的运营？如何规避这一不利条件？

另外，该项目是否仅适合观光旅游？如果仅仅是观光旅游，开发商转变成运营商，项目开发模式就是景点到景点，那么仅靠收门票和卖旅游商品是不可能支撑整个项目的发展。因此，必须是观光与度假兼具，通过观光来带动度假，才能进行旅游形态的开发。

因此，在市场调查过程中，不仅仅是对当地的旅游资源、旅游市场进行调查，还必须与环渤海城市、东北乃至全中国的知名度假项目进行比对，明确该项目所具备的（或者可以打造的）独特优势资源，以能够支撑度假旅游形态的发展。

◎养老开发：哪里的老人会感兴趣？他们兴趣的点是什么？

首先明确该项目是否适合发展养老，如当地的空气质量、自然资源、交通条件、养老设施、医护水平能否满足开发养老的要求，如果这些条件都满足，那么什么样的老人会感兴趣，哪里的老人会感兴趣，他们的兴趣点是什么？

养老地产开发的关键是模式。

该项目准备由美国一家专业养老设计院做养老规划和设计，引入美国一家养老运营机构进行管理，但这种先进的美国模式是否适合国内的实际情况，或者说如何与国内实际情况相结合，找到可以落地的开发、运营和盈利模式？能否解决这一问题是决定养老板块能否成功的关键。

另外，项目通过资源合作，引入俄罗斯老人前来养老，那么研究这部分客户的需求就是重中之重；同时，能否吸引、如何吸引国内的老年人群也是必须着重考虑的关键环节。

◎文化开发：军港文化价值如何充分利用？

旅顺从清朝开始就是军港基地，军港文化厚重，那么是否可以借此开发独特的文化产业？如果以此为依托，开发一个海军影视基地、水兵文化演艺小镇等应该极具旅游价值。

◎农业休闲：自身生态资源如何形成产业链？

项目规划生态休闲农庄，兴建葡萄酒庄，特别是旅顺的樱桃誉满全国，樱桃节、樱桃酒、樱桃深加工都是很好的产业规划。

但如何形成产业链？对于目标客群的吸引力是观赏、参与还是某种情结的回归？对整个项目的价值提升有多大推动作用？这都是农业休闲板块必须思考的。

经过简单梳理，可以发现项目具备发展多种新型地产形态的可能。但是，在这么多形态中，哪个或哪些是项目发展的主线？其开发次序如何确定？这些形态之间的逻辑关系又是怎样的？

因此，下一步的工作就是确立什么是项目开发的主线并厘清各形态之间的逻辑关系。

主线在哪里？这由项目所具备的优势资源所决定，而项目的优势资源就在于同俄罗斯方面良好的合作关系，能够确保项目启动所需的客源。因此，养老就是前期项目的发展主线，也是前期资源集中倾斜、优先发展的领域。

笔者给项目的定位也是"中国首个国际养老试验基地"。笔者在前述文章中对此有详细论述，这里就不展开了。

但是，这条主线并不是一成不变的。随着各区块发展成熟，形成浓郁且极富特色的异国文化情调，加上完善的休闲度假配套，旅游极有可能成为后期发展的主线，此时就必须调整开发的节奏和侧重点。

确定了发展的主线，还有一个重要的环节，就是厘清各形态之间的逻辑关系。各形态之间的逻辑关系除了主次之外，还应当是相互依存、相互促进、相互提升，切不可孤立发展，更不能相互扯后腿。

比如，军港文化产业如果开发成功，文化板块同样是对旅游的强大支撑。而农业休闲板块是作为独立盈利产业，还是融入其他板块作为项目价值提升的一个支撑点。主次、前后、强弱、多元、多形态复合开发必须考虑清楚这些不同元素板块之间的协同搭配。

有了明确的战略方向，确立发展的主线，厘清项目各形态、各板块之间的逻辑关系，项目就有了基本的发展框架。但是就本项目而言，还有一个最大的难点急需突破：如何提升项目品牌的知名度？

无论从地块的实际条件，还是从营销推广的角度而言，该项目都是一块待开发的"生地"。除了天沐温泉度假酒店，该项目在市场上的认知度几乎为零。而无论是养老还是旅游，无论怎样开发，树立项目强大的品牌知名度，让市场认知、认可，都是该项目的最大难点。

因此，该项目原定于2016年6月下旬举行一次常规的开盘活动。在和开总商讨、以及双方团队深入沟通后，一致认为要将开盘活动升级，其声势要大、规格要高、目的要明确。

我们建议将此次活动延后，通过中俄双方政府，邀请外交、民政、教育、旅游等部门参加这次活动，将开盘活动搞成中俄国际养老试验基地签约仪式，使之成为树立项目品牌的第一突破口和形象展示窗。

另外，项目宣传推广必须形成系列，不仅在本地传播，还必须向西北、东北乃至整个中国传播，同时面向俄罗斯重点推介。

俄罗斯小镇规划新思路

该项目总体规划占地35平方公里，不可能一次性全部铺开。而作为启动区，同时也是核心区的"俄罗斯小镇"，在完全转换发展战略的大背景下，其规划思路应当怎样调整？

这么大的项目必然要有一个全局性的战略规划，把控项目的整体发展方向。但首先应当对项目聚焦，将各个部分作为单独的项目逐次展开。首先启动的就是本项目核心区"俄罗斯小镇"。

按照项目原来的规划，"俄罗斯小镇"是仅仅做一条风格独特的商业街，兼具旅游景点功能。但结合即将进行的国际养老试验基地签约仪式，"俄罗斯小镇"功能应该由旅游景点转变为吸引和满足俄罗斯老人养老、度假、生活的家园。如果继续定位于旅游景点功能，那无非是在俄罗斯建筑、文化、风格上做文章，将这些元素充分运用。

如果要真正实现俄罗斯人生活家园的设想，那就必须对俄罗斯民族、俄罗斯人有深入全面的了解。

（1）"俄罗斯小镇"在建筑上必须是地道的俄罗斯风格。

（2）必须有一定的商业配套。因此，必须考虑到商业的业态、布局、层次、包装、产地、品牌以及销售方式必须是原汁原味的俄罗斯出产。

（3）必须有俄罗斯民族的休闲娱乐设施，如酒吧、剧场等。

（4）既然是小镇，必须有一定的规模，这个规模应当与客户群体的预期数量相匹配。

（5）必须有完善的生活配套，如学校、医院、邮局、交通设施、外事联络处等。

（6）必须有举行宗教活动的场地，以及音乐厅、广场等文化活动的设施。

（7）必须考虑俄罗斯人的居住习惯，在产品的格局、空间尺度、功能划分上做到满足俄罗斯客户的需求。

（8）还应当考虑是否需要融入中国或者其他的异国情调。"俄罗斯小镇"原计划沿着一条45米宽的绿道两旁展开，做一条风情商业街。显然，45米宽已经不能称之为街，强行去做绝对是不可行的。因此，必须由绿道单边展开做成内街。同时，其内涵也不仅仅局限于一条商业街，而是涵盖上述居住、度假、养老、教育、医疗等多种功能形态，成为一个真正意义上的小镇。

因此，就整体战略布局来看，该项目首先是要收缩力量，聚焦于核心；但就"俄罗斯小镇"而言，要进行扩张，充实其内涵。

在近两天的考察过程中，笔者同中旗团队与开总及开世集团团队进行了充分、深入的沟通，期间碰撞出许多火花，项目的发展规划已经初现轮廓，许多细节就不在此一一详述。中旗市调小组将继续留守旅顺，为下一步的策划报告做最详尽充分的准备。

3.20　养老院不能等同养老小镇

2017 年上班第一天，笔者怀着极其期待的心情奔赴江西，并与香港和内地几家企业的老板组成一个团队，准备与某市市委主要领导洽谈在该市温泉风景区开发一个养老度假小镇。

晚上 8∶30，开场白后，笔者将我们的开发构想做了简单介绍。哪知，主要领导一开口就问了一个问题："你们做养老项目，盈利模式是什么？"

笔者回答："目前养老模式有很多，但我们将会有所创新，其盈利模式主要是养老产业链的开发、养护运营、养老公寓出租。"

领导说："你这样根本不可能盈利，中国目前还没有一家养老院靠自身运营盈利了的。这和国家有关养老政策、法律、观念、经营不完善有关。你们是来投资的，没钱赚你们来干什么？告诉我你们最真实的想法。"

笔者回答："我们不仅仅是做养老院，我们是做养老小镇开发，小镇开发肯定离不开地产开发，我们将用地产开发的盈利弥补养老院的不足。"

领导说："我就知道你们是搞房地产开发，我明确告诉你们，我绝不容许这片土地做房地产开发，因为这不是真心做养老院。你们如果真心想做养老院，我可以给你们一小块地，甚至政府可以补贴你们一点，但毛利不能超过 5%，你们做不做？"

傻眼！我们集体傻眼。领导，毛利 5% 这是要我们倒贴啊。我们不是民政局，不是做公益，我们是来投资的，你那是一片荒土，你是在招商！

其实，这不能怪领导，只是领导把养老院和养老小镇混为一谈了，政府规划的是 2500 亩的养老小镇，但领导们就认为养老小镇就是建一个大规模的养老院。这世界上有 2500 亩的养老院吗？那得多少老人入住啊？

既然规划了 2500 亩的养老小镇，既然绝不可能做一个 2500 亩的养老院（其实几十亩最多 100 亩足够做一个相当规模的养老院了）。那么就意味着更多的土地是用于与养老相关联的其他产业的开发，首先必然是养老公寓，也就是养老地产开发。

这里我们必须厘清养老院和养老小镇的不同定义。

养老院是以医、养、护为主的机构运营主体，强调医、护的功能，注重的是老人身体和生命的维护。也就是说，入住养老院的更多是半自理甚至失能的老人。

养老小镇则是以希望独立生活的老人以及服务于老人的其他产业的聚集而形成的聚集地，它强调的是老年生活，包括了更多精神层面的需求，特别注重空气质量、自然资源、人文环境、生活休闲配套，当然，针对老人的医、护配套也是重点。

　　小镇的功能重在养，养身、养心、养情，而这样的小镇往往不仅是被老人所钟情，也同样被很多有度假需求的人所向往。也就是说，这样的小镇不仅具备了养老功能，同时也具备了度假的功能。因此，这就注定了小镇不仅仅只有老人，还有更多的其他关联产业的服务人员和度假旅居的人。如此规模的人口聚集，没有房地产的开发能成立吗？

　　所以，我们根本不必忌讳养老小镇开发首先是地产开发。没有房子，怎么会有人？不仅是文旅小镇、养老小镇，其他小镇同样如此。凡是视小镇房地产开发如洪水猛兽的思维都是无知的思维，我们必须旗帜鲜明地宣称："没有房地产就没有小镇！"

　　当然，文旅小镇、养老小镇的房地产开发绝不同于城市的地产开发，无论是建筑产品还是环境设计、配套功能，都必须根据小镇的定位和需求来规划，特别是关联产业的布局尤为重要。

　　目前，也只有做好了养老地产的开发，投资者也才有能力真正开发和运营养老产业、养老院。绿城的乌镇雅园正是如此，否则，就一定难以为继！

3.21 "国际范儿"大型养老旅游项目

研究新型地产这么久，愈来愈发现这股潮流势不可挡。规模从几十亩、上万亩到数十平方公里；业态从简单联营住宅、商业，到纵横旅游、文化、养老、商业、体育、教育无所不包；从土生土长的农家味，到风情十足的"国际范儿"，越来越眼花缭乱、风情万种。

中国开世集团所打造的，位于大连旅顺阳光海岸生态养老度假城项目就是一个规模超大、业态繁多且真正具备国际风范和国际资源的综合新型地产项目。

（1）规模超大。整个项目规划为35平方公里，占据12公里海岸线。

（2）业态繁多。奥特莱斯店、风情商业街、国际医疗养生中心、国际教育系统、红酒庄园、高尔夫练习场、游艇码头……

（3）国际风范。与俄罗斯政府签约打造专门针对俄罗斯客户的风情小镇。

笔者（左）与开世集团董事长开总讨论养老地产

该项目近期将启动项目养老部分的开发。由于笔者近期对养老地产有一点研究，开世集团董事长开总专程从大连只身飞到广州，向笔者咨询意见和建议，并洽谈相关合作事宜。开总是笔者的老大哥，因此笔者也毫无保留地就养老地产的一点经验同他分享，也谈了对该项目的看法和建议。

再定位，从专业角度厘清各业态间的逻辑关系

开总是位有眼光、有胸怀、有抱负的企业家，阳光海岸生态养老度假城项目也是一个有格局、有想法的项目，但不得不说就当下的状态而言，该项目存在定位不准确、业态逻辑关系不清晰的问题。

问题从何而来？

是因为该项目规模太大了，而且业态繁多（当然，只有这么多的业态才能支撑起这么大的项目），不可能一蹴而就。国内新型地产发展较为迟缓，没有可以借鉴的模式。因此，项目开发必然是边做边看、边看边做，摸着石头过河。最终的结果就是该项目整体缺乏一个明确的定位，而且各业态之间处于相对孤立的状态，没有完全协同，充分发挥"1+1>2"的效应。

那么，如何定位？

这种大型综合项目其实就是要抓"拳头"，找到最能代表项目特质、最能传播项目品牌的核心价值点。笔者认为，"俄罗斯小镇"就是该项目的核心价值点所在。

而"俄罗斯小镇"的出发点，就是很多俄罗斯朋友非常喜欢旅顺的气候和环境，每年都有不少俄罗斯游客来旅顺度假、学习、生活，甚至工作、定居。那么，开世集团就特别针对这部分市场，联合俄罗斯政府相关机构，开发一个能满足俄罗斯老人养老，兼顾小朋友入学等需求的风情小镇。据开总介绍，项目已邀请俄罗斯政府相关部门的官员举行了签约仪式。

既然我们把"俄罗斯小镇"作为项目的核心价值，那么就不如将整个项目定位为"中国首个国际养老试验基地"，强调首创性、国际性和探索性（以及潜藏的示范性）。

定位明确了，接下来就是如何厘清各业态间的逻辑关系。以养老为核心，那么相关的资源就必须向这里倾斜；其他业态不仅资源配置要节制，而且在总体规划、功能和价值定位上也要扮演相应配合、从属的角色，从而将养老业态的核心价值充分发挥出来。其他的指标，如面积空间、配套设施等也要有综合的考量。这里要注意的是，项目养老部分绝不可能是简单的养老院，必须能带动旅游、休闲、商业等业态，实现相互协调、共同发展，产生"1+1>2"的共振效应。

定位说起来简单，实际上也是非常考验开发商的眼光、胸怀和经验，对项目的理解得透不透彻，对项目的定位把握得准不准确，对各种业态熟不熟悉，对新型地产发展的趋势了不了解，都决定着项目未来的方向以及能达到的水平和高度。

"战斗民族"风情商业街要做地道

既然是针对俄罗斯客户，那就必须做出真正的"战斗民族"的味道来，切不可

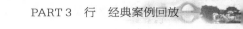

自己瞎摸索，最后弄得土不土、洋不洋，整成"洋土鳖"。

"俄罗斯小镇"开发的重点是打造一条俄罗斯风情商业街，让来到这里的俄罗斯客人不仅有所养，而且有所玩、有所乐、有所食、有所购。国内目前的商业街，大多停留在浅层次的购物服务，对休闲、消费体验注重较少，因此在俄罗斯风情商业街的打造上，继续搞国内的那一套是万万行不通的。

本项目的俄罗斯风情商业街要想做得地道，做出与众不同的特色，就必须深入了解俄罗斯民族、了解俄罗斯人，不只是了解他们在商业领域的需求特征，还有更广泛、更深入的内涵，如居住习惯、宗教信仰、饮食偏好、性格特征、民族风俗等。比如，俄罗斯人爱喝酒，是偏爱啤酒还是白酒，是只喝伏特加还是也接受二锅头；如果只喝伏特加，是加冰还是要温一温，还是说无所谓，只要有酒就行……因此，有必要进行一次详尽的摸底性市场调查，问一问俄罗斯朋友的意见：到底怎样才是真正的俄罗斯风情？

以市场调查结果为导向，在项目产品设计各方面都要做专业、做透彻、做细致，大到功能、风格、形态、组合，小到地铺、街灯、绿植、标识，都必须尊重俄罗斯人的消费需求、生活习惯和审美情趣。这种尊重不能仅停留在各种元素的运用，还要从功能、服务内容以及文化内涵上贴近。比如，俄罗斯人热情、奔放，甚至有点好斗，喜欢喝酒、跳舞和音乐，户外活动是其生活的重要组成部分，广场是其城市不可缺少的组成元素，是各种社交生活的中心。恰好，大连也是一个广场城市，那么，在本项目商业街的打造上，广场就必然成为关键的核心元素。

最后要达成的效果不仅仅是让俄罗斯朋友有"宾至如归"的感觉，还要更进一步，让他们感受如同置身于家乡一般，而气候、环境比家乡还更舒适。只有这样，才能算得上地道的俄罗斯风情。这样的项目不仅对俄罗斯客户具有强大的吸引力，同时也是项目独特的魅力所在，成为项目品牌树立和传播的支点。

美式养老服务设计要"又专又红"

本项目既然以养老为核心，那么，做养老的核心是什么？是模式！包括开发模式、运营模式、盈利模式。纵观国内的养老模式无非三种：一是以养老之名行住宅、商业之旧事；二是做成养老院，收会费和服务费；三是物业出售与持有并举。既然本项目定位是"中国首个国际养老试验基地"，那么就必须在模式上有所创新和突破，摸索出一套科学高效的模式，是决定项目成败的关键，这就需要做大量的研究和模型推演。

在养老模式的研究推演过程中，什么是我们关注的重点？是人，是我们服务的老年人群体，研究他们的切身需求，特别是老人的三大需求：一是直接需求，如医疗康复、家政服务、卫生护理等；二是精神需求，如社交、休闲娱乐等；三是关联需求，如子女前来看望所带来的餐饮、住宿需求等。这些需求有的是共性的。比如，我们经常说老年人是"越老越小"，年纪越长反而对童真、童趣更多一份渴望，也更喜欢人多热闹的氛围。那么，在项目商业、游乐园的设置上就应当考虑与养老院的关联。另外有一些需求则是个性的。比如，对于自理、半自理以及失能老人，在养护服务需求上就有明显的差异性，项目在功能设置及份额配置上也要科学合理的设置。

既然敢定位于"中国首个国际养老试验基地"，那么在养老服务上本项目也是高要求、高水准，请有经验的"洋教练"指导作战。养老部分由美国专业设计所进行设计，运营管理由美国专业养老机构来把控。引入美国养老机构，就是为了在目前国内养老服务还不够专业的背景下，以专业服务来形成差异化竞争优势。那么，项目首先在产品的设计上就要把专业做扎实，养老部分的设计切不可操之过急，而是应当让美国养老机构将一些相关功能要求、技术指标和设计意见发过来，并结合国际、国内养老发展的趋势、特点进行综合考虑，既充分发挥专业机构的专业能力，又能够切实落地、持久运营。

除了引入国外的先进经验，做到"专"，同时也要结合中国实际情况，做到"红"，在盈利模式上做出点"中国特色"。笔者建议赶快设计开辟一个"中国区"，通过物业出售和持有运营并举来平衡项目投入资金。"俄罗斯小镇"的"国际范儿"是项目特色，所谓墙外开花墙内香，不仅是俄罗斯人喜欢，这种特殊的国际文化风情必然会吸引国内的客户群体，因此"中国区"的开辟必将和"俄罗斯小镇"形成双轮驱动、交替互补。但要注意的是，"中国区"切不可再去卖房子，而是要卖服务。因此，"中国区"是专门针对自理型客户，但是设施要和"俄罗斯小镇"共享。另外，还要设计食堂、影院、康乐设施等，使老人进来真正过得舒心，做到卖服务而不是卖房子。

文化、自然资源双重引擎助推旅游业态开发

本项目横跨养老、商业、旅游、文化、养生休闲、教育等多种业态，养老为核心，商业、旅游为两翼。可以说，在养老、商业的带动下，旅游也是本项目发展的重要一极。

旅游地产的核心是什么？是资源，而本项目拥有自然与文化休闲双重优势资源。

第一，自然资源：海。

靠海是项目最大的、最基础的自然资源优势，而东北人对海也是情有独钟，海口、三亚等滨海城市，看到最多的就是东北人的身影。他们是推动当地旅游度假产品蓬勃发展的主要力量。同样，来自冰雪国度的俄罗斯人对海也是心有千千结。寒冷的黑海海滨是他们的旅游胜地，更温暖的旅顺、大连当然让他们更喜欢。但是要注意，与海南的热带风情不同，阳光、沙滩、椰树、椰风这些场景在这里不一定都

具备，如何打造北方滨海旅游特色，就需要寻找不同的切入点。围绕海做文章是必然的，但不能仅限于海边，更重要的在海上。如沙滩日光浴、沙滩欢乐排球、海水浴、近海潜水、远海观光、远海海钓、海上观景平台、环岛游等。充分利用海资源是本项目发展旅游业态的第一助推剂。

第二，文化休闲资源：浓郁的俄罗斯风情文化。

前面提到，要将俄罗斯风情小镇做得地道，不仅仅是为了迎合俄罗斯客户，这股纯正浓郁的俄罗斯风情对于国内游客同样具有吸引力。"生活在别处"，不正是一切旅游的出发点？俄罗斯风情小镇，不仅有地道的俄罗斯味儿，还有大量俄罗斯朋友，满足中国人对异域风情的一切好奇，而且交通、手续、服务等条件更便利，必然成为本项目发展旅游业态另一重要助推剂。

俄罗斯风情小镇做得地道、做得有特色，养老产业蓬勃发展，必然带动其他产业尤其是旅游业态的兴旺。

公关活动再升级打响项目品牌

该项目原计划在 2017 年 6 月举办一次开盘活动，笔者认为要利用这次契机进行一次更有效的宣传推广，将公关活动声势升级（规模可以适中），彻底打响项目的品牌知名度。

首先，在活动的定位上，应当将开盘仪式改为启动仪式，并且建议邀请中国、俄罗斯两国政府相关部门的官员出席，如民政、外交、旅游等部门的领导，提升项目的社会形象层级。这对树立项目品牌有极大推动作用。在此基础上，对项目进行系列专题报道，通过多种有效渠道进行推广，使项目的影响力不只停留在旅顺本地，而且要扩散到东北、西北、全国乃至俄罗斯。这场大型公关活动需要策划、公共、广告等多方机构联动，将项目的声势和品牌打出去。

项目应当争取中国及俄罗斯政府相关部门的支持（项目本身具备这样的优势和基础），将项目的意义推升至大连乃至辽宁大旅游、大养老的层次上去，使项目成为中国首个国际养老旅游试验基地和示范性项目。以此作为依托，项目可以全力投入到养老旅游服务经营以及相关模式的探索中去，并在全国进行推广和复制。

规模如此大、业态如此多的项目，必然要考虑资本运作支持。因此，在项目进一步推动前，还有一个重要的规划要预先设计，就是项目资本运作平台的设计，如何通过创新的资本运作模式来支持项目可持续的健康发展。

在充分交换意见后，开总殷切希望由中旗公司来对项目进行全程策划。讨论过程中，双方始终情绪高昂，观点也十分契合，对项目发展前景有了更饱满的热情和信心，并就全面战略合作迅速达成一致。

PART 4

小镇情怀

4.1　做特色小镇仅有情怀是不够的！

特色小镇建设呈燎原之势。住建部提出了"到 2020 年在全国范围内建设 1000 个左右特色小镇"的目标。

作为地产界风云人物，绿城中国董事长宋卫平对小镇颇有研究。按照他的构思，绿城未来 5 ～ 10 年将打造 5 ～ 10 个理想小镇，探索中国城镇化建设，带动中国新一轮农村改造。

"理想小镇完全超越了房地产开发，将以农业或文化等产业作为主导，深度整合教育、医疗、养老、园区服务等跨界资源，在城市近郊形成一个完整的城镇化解决方案。"宋卫平说。

"小镇计划"的诞生让外界再一次看到了宋卫平式的情怀主义，他确实是中国最值得敬佩的开发商之一。

然而，做特色小镇，仅有情怀是远远不够的。笔者在接受《南方农村报》记者采访时表示，并非每个地方都适合做特色小镇，要有产业、文化或者旅游基础才行。以下是访谈全文，以飨读者。

并非每个地方都可以做特色小镇

《南方农村报》记者（以下简称"记者"）：如今特色小镇风头正劲，国家和广东均有专题部署。在您看来，特色小镇包括哪些因素？

陈仁科（以下简称"笔者"）：特色小镇不宜在全国大范围地铺开，因为做特色小镇必须有基础，否则就是一句口号、一个符号。比如，经济发达的可以做产业小镇，旅游或者文化资源丰富的可以做旅游小镇、文化小镇。

特色小镇主要有两个因素：一是宜居，二是产业。

为什么说是"宜居"呢？长期以来，人类都喜欢临水而居，但做一个小镇，不一定选址水边，但一定要适合生存居住。中国的城市化进程走到今天，交通拥堵等"大城市病"已经出现，公共服务向农村延伸的能力已经大大增强。在城市与乡村之间建设特色小镇，实现生产、生活、生态融合，既云集市场主体，又强化生活功能配套与自然环境美化，符合现代都市人的生产、生活追求。

小镇之间竞争的关键是生态竞争。良好的生态不仅使内在的发展动力得以充分释放，对外在的高端要素资源也形成强大的吸附力。因此，宜居的生活环境非常重要。

在诸多因素中，产业可以说是特色小镇的依托、基础和"灵魂"。特色小镇归根到底是要解决农民城镇化问题。农民进城（小镇）后，他们不仅需要良好的自然环境，还希望产业和生活的配套。

特色小镇还要突出一个"特"字。即每一个特色小镇都应主攻一个最有基础、最有优势的产业方向或产品，凸显特色、放大特色，力求"特而强"，做好产业链，不能"百镇一面"、同质竞争。即便主攻同一产业，也要差异定位、细分领域、错位发展，不能丧失独特性。

综上所述，特色小镇是解放农民和农村、推动城乡一体化发展的一条道路，但并非每个地方都适合做特色小镇。

产业鼓励多样化探索

记者：在您看来，特色小镇包括哪些类型？您刚刚重点提到的"产业"又如何理解？

笔者：特色小镇是一个完整的小型城市，它面积不大，可以只有 3 平方公里，却拥有完善的医疗、教育、娱乐、消费系统，全方位满足人们的需求。

特色小镇包括文化小镇、医疗小镇、教育小镇、养老小镇和农业小镇等类型，开发商需要根据不同的功能定位去开发。

我刚才提到的小镇产业主要包括两种类型，一种是以工业产业为经济基础的"产业"，另一种是农业、文旅产业、休闲农业产业。

比如，全国最大塑胶原料集散地之一——东莞市樟木头镇就是以工业产业为基础发展起来的专业镇。它的塑胶产业成交量占全省的 30% 以上，在行业内素有"北有余姚、南有樟木头"的美誉。在塑胶产业的推动之下，人流、物流得以高度集中，医疗、教育、商业等系统也随之发展，塑料重镇由此兴旺。

被称为"中国最后的枕水人家"的乌镇则是文化旅游小镇的代表。当地政府通过市场化手段开发旅游资源，多次引入战略投资者，将其打造成受市场欢迎的旅游产品。如今，乌镇每年吸引了超过 600 万人次前来观光旅游，游客数量已跃为国内单个景点之首。

樟木头和乌镇，产业迥异，成功却是一致的。它们的经验告诉我们，特色小镇的产业既不是家家都能做的大路货，也不是"一个都不能少"的百杂货，而是特别适应当地"水土"、体现资源禀赋和区位优势的主导产业，或是刚刚崭露头角、有独特题材的新兴产业，或是颇有历史积淀、至今仍有市场的经典产业。

宜农则农，宜工则工，鼓励多样化探索、差异化发展，不要"千镇一面"。

产城融合考验开发商智慧

记者：很多房企提出了建设小镇的计划，比如绿城、碧桂园等，您认为房企建设小镇有什么优势和劣势？

笔者：房企造小镇，当然有先天优势。但在中国，有些开发商就是打着"小镇"旗号卖房子、卖概念，这不是传统意义上的特色小镇。

房子好卖，而小镇不好建。在我看来，小镇的城市运营和产城融合等问题是不能回避的巨大挑战。

首先，随着地价的高涨，农村的地块也会越来越贵，这会大大增加小镇的建设成本；其次，如何平衡开发商和镇政府、村政府以及农民之间的利益也至关重要；再次，农村基建、教育、医疗等领域的配套改造工程也增加开发商的负担；最后，小镇产业能否留住农村人，这是特色小镇可持续发展的关键。

现在有一些小镇往往出现这样的情景：房子建起来了，人却没来；人来了，配套却跟不上；配套跟上了，工作岗位却跟不上。产城无法融合，小镇也就没有生命力，这是房企应该避开的问题。

小镇功能应力求"聚而合"

记者：刚刚您提到"全面配套"的问题，小镇全面配套会增加开发商的资金压力吗？企业又该如何着手开发特色小镇？

笔者：有些项目的配套花销巨大，动辄几十亿甚至上百亿，在一定程度上增加了开发商的资金压力。

但硬币总有正反两面。完善的配套也会增加项目的附加值，提高特色小镇的区域和市场价值。从这个角度来说，开发商需要平衡资金和开发的关系，既不能埋头苦干盲目开发，也不能因资金问题束手束脚。

笔者认为，开发特色小镇需要注意四点：一是了解项目依托的核心，二是明确小镇的定位，三是不能乱，四是不能自娱自乐。

首先，你要明白小镇依托的核心是什么。如果依托的是产业，那么要了解清楚产业的背景、发展前景，否则匆忙上马项目，容易遭遇"滑铁卢"。在这过程中，加强顶层设计就显得非常必要。

其次，小镇的定位也非常重要。每个城市都有自己的定位，比如广州是商贸之城，深圳是高科技文化产业城市，东莞是加工工业城市。差异化的定位有利于提高小镇的核心竞争力。因此，小镇也要有准确、与众不同的定位，指导后续发展的路径。

再次，开发商不能乱，小镇功能切忌"堆砌"。因为核心和定位不清楚，有些开发商想到什么就做什么，看别人做得好就照搬照抄，这样最容易做出"四不像"产品。

实际上，特色小镇是以小空间实施大战略，融合产业、文化、旅游、生活等功能的重要发展平台，但功能叠加不能"散而乱"，而是力求"聚而合"。小镇的建设形态也不能"大而广"，而是力求"精而美"。

开发商或者地方政府需要根据当地经济、山水资源、历史文化的比较优势，通过资源整合、项目组合、功能集合，推动特色小镇发展。

最后，不能自娱自乐。有些开发商认为，山好水好，就一定可以做成旅游小镇、特色小镇。但并非如此。另外，房地产开发越来越专业，缺乏专业的团队和知识，也无法成功。

总而言之，开发商再造一个小镇，仅有情怀是远远不够的，上述四个因素缺一不可。

提升农民的自主学习意识

记者：广东罗定市推出了"旅游+观光"的小镇模式，它以稻米生产为基础，推动三产融合，以实现农村发展。对此，您怎么看？

笔者：罗定市的思路很好。台湾有很多休闲农业产业，我们去考察并学习过相关经验，很多模式也值得引进。

就罗定而言，笔者认为，大米的附加值太低，还应围绕大米进行深度开发，融入高新技术，比如提取食用油、酿酒、制成化妆品等，推动产业链向下延伸，形成高附加值的东西。此外，还可以加强规划，做成休闲农业产业。

除了整合和升级产业外，还要加强对相关人员的培训，解决持续发展的问题。随着城镇化的推进，不少农民"洗脚上楼"后过上了"包租婆""包租公"的生活，生活作风比较腐败，缺乏上进心，容易造成社会问题。

因此，开发商在推广特色小镇时，应该考虑一个问题："把农民从田里拉上岸后，他们在岸上该干什么？"毕竟，农民依靠租金过日子是有风险的，他们更需要掌握一门技能，才能在社会立足，而这离不开政府的引导。

4.2 有一种感受叫"不想离开"

笔者在《文旅特色小镇如何让游客来了又来》一文中提到，真正让游客流连忘返的核心因素并不是"吃喝玩乐"，而是小镇独特的氛围能够给人独特的感受。

我们不能让小镇变成"千镇一面"，我们要注重建设既有原始且独特自然资源，又有浓厚乡土文化，还有不同于常态的生活方式的小镇。只有这样的小镇，才能让人感受到生命的悸动。

这种感受不是在城市能产生的，其他小镇也无法取代，只有这个小镇才有。人们需要慢慢玩味，去多次才能真正感受到，所以这个小镇让大家"去了又去"。

举个例子。有一年秋天，笔者去丹麦的一个小镇，这个小镇绿树掩映，远处的山若隐若现，低矮且有特色的欧式建筑错落有致。

这里的树木非常粗壮且五彩缤纷，有的树叶是红色的，有的是金黄色的，各色树叶飘然而下，层层堆积在地面上，让人看了很感动。

笔者当时静静地站在那条铺满落叶的步道上注视眼前的景色，没有惊叹，只有静默。因为没有任何语言能表达自己的心情，只有无声地敬仰大自然的美丽，感受着生命的愉悦。与笔者同行的朋友也在欣赏着这一切。三三两两的行人慢悠悠地散步，偶尔轻声耳语，也怕破坏了这份美好的纯真。

有两个小童搀扶着一对老人，时而有些欢声笑语传来，笔者听不懂他们的语言，但是绽放在他们脸上的那份快乐、宁静、舒畅却那样明显。

当时，笔者内心突然有个极不和谐的声音在发问：为什么丹麦人乃至欧洲人能静下心来享受大自然的恩赐？是因为西方国家的社会制度更完善，福利更健全，不需要为明天的生存生活担忧，还是他们对人生的理解不同？

中国人心太累，负担得太多，我们太缺少安全感了，因此在任何一个环境下都不敢放下自己。

这种急躁的心理在旅游时展露无遗。中国游客到一个地方，更多的是拍几张照片，题几个字，证明"到此一游"，很难静下心来欣赏美景。

笔者曾在新西兰访问过很多当地人，也对他们轻松的生活状态感到惊讶。新西兰人是以小时计算工资的。很多人上了2个小时的班，双手一摊，结了工资后，马上就去玩，过得非常开心。

他们认为，活着必须快乐自由，赚钱是为了更快乐地生活。而我们靠责任活着，每天就想着赚大钱。文化的差异，造成了人们度假体验的差异。

所以，在做文旅小镇时，有个问题我们不得不认真研究：游客或者度假人的消费特征到底有哪些？

目前很多文章得出的总结是，做文旅就是要做到玩、吃、看、乐、住、购。确实，这6个字基本囊括了度假者的消费需求，能把这6个字做好也不是那么简单的事，因为人不同，需求也不同。

但是，我们做文旅小镇不是在做旅游风景区，不是在做游乐园，不仅仅希望游客"到此一游"，也不希望游客拍个照就走人。我们希望他们能驻足留下来，哪怕两天、三天，更希望他们来了再来，甚至是来了就不想走。那么，仅仅做好玩、吃、看、乐、住、购就真的能够实现我们的愿望吗？

显然不可能。

旅游或者度假，我们到底是为了满足新奇还是其他什么？这是一个心理学的问题。当我们不再为生存担忧后，追求精神层面的东西就成为一种必需。

而日复一日、年复一年地重复一种劳动，则必会使人产生某种心理疲劳或者扭曲，这就需要另一种不同于重复劳动的生活环境进行调节，度假就是最好的调节方式。因此，不同的人，其选择的度假环境和方式也就不同；甚至同一个人，因为不同的心态在不同的时间，其度假方式也不同。

表面看，各个旅游风景区或者游乐园也能起到这种调节作用，因为我们都有同样的理解：旅游、度假不就是到一个从未去过的地方，看一些从未看过的风景，吃一些从未吃过的食物，玩从未玩过的……总之，就是体验从未有过的新奇和独特。

但是，如果我们认真地审视自己的内心，你需要的真是这些吗？如果你还是孩童，我们尚可同意这一说法；但如果你已开始承担责任，这种表层的满足真的能够平衡你的内心？

所以，我们必须从人性的更深层探讨这个问题：度假，其实就是想得到某种感受，而这种感受恰好应和了你那个时间段的需求。

比如你恋爱了，和你的恋人去度假，你内心期冀的是有那么一个浪漫的环境，让你们放肆地表达彼此的爱恋和激情。可是，如果你失恋呢，这个环境带给你的又会是什么？无边的痛苦和孤独感。那么，你不是想能多待几天，而是希望尽快地逃离。

不同时间段里不同的心态，你对度假的环境和方式的选择就绝对不同。还有，你一个人度假、带着家人度假或者和同事一起度假，你的选择同样不同。

因此，不同的人对度假有不同的选择，我们作为提供度假环境的开发者，又怎么能不考虑这种内心更深层次的需求呢？

记住：玩、吃、看、乐、住、购只是表象的需求，度假的最高境界是感受。打造独一无二的感受，才能真正做到独一无二！

就在笔者写这篇文章的前一天，在澳大利亚的一个大学同学给笔者留言：为什么就不能做个安静的小镇？人们安安静静地来，安安静静地住下，安安静静地离开？人气又不只是开张时的热闹，而是持续地回头，商家能安安静静地赚钱。

心灵感应啊！老三，祝你在异国他乡安安静静地快乐着。

4.3　有一种感动，叫作海口桃李春风！

这几天，笔者的心情颇不宁静。有一种感动要喷薄而出，有万千思绪需要表达，这一切都与海口桃李春风有关。

笔者想说："以前我们住的只是盒子，这才是真正的房子！"

笔者想说："海口桃李春风是一辈子理想的居所，真不想离开。"

……

是的，笔者再也找不到更好的形容词来表达：从来没有一个项目让笔者如此感动。

笔者（中间佩戴胸卡者）与学员们在海口桃李春风

与她相遇是在一个阳光明媚、春意盎然的上午。在此之前，笔者已经跟着文旅小镇考察团的 20 多名老板考察了几个项目，整个人疲惫不堪。但桃李春风却像一股春风，吹散了心头的困倦。

那天，笔者跟几个学员一起，搭上一辆电瓶车，视野所到之处，皆是美景。弯弯曲曲的路径两旁，木棉花、鸡蛋花等植物肆意生长，毫无拘束，空气中飘浮着各类花草的清香。不远处，一对情侣在绿油油的草坪上相依相偎，轻声耳语；湖面波光粼粼，在微风爱抚下，漾起层层涟漪……

"真舒服!"笔者忍不住大声喊了出来,旁边的学员都咧嘴笑了。但从他们的眼神里也看到了肯定的表情:是的,雾霾早已遮住了很多大城市的蓝天,在高楼林立的都市里,你只能跟拥挤的人群共享一片小绿地,或者到人头攒动的公园逛逛,哪像现在这样清净、愉快、悠闲?

与传统的户型设计不同,桃李春风确实颠覆了笔者的想法。推开古朴的宅院门,映入眼帘的是一条笔直的连廊。抬腿轻轻迈过门槛,走进屋子,收获的是春风扑面的梦想:左边是书房,书籍错落有致,古琴优雅地摆放着,闲时抚琴看书;右边是简约、大方的卧室,倦时庄周梦蝶。

更难得可贵的是,每个房间都推窗见绿,或一窥花草树木,或一瞥湖景,毫无遮蔽,让人身心愉悦。而巧妙的落地花窗设计更将室内与室外的美景一一连通,"天人合一"的思想得到淋漓尽致地体现。

海口桃李春风项目实景

流连于连廊之间,笔者在想,大概春雨飘落时,可以听着沥沥的雨声,透过落地的花窗,体会"晓看红湿处"的绝美意境;抑或是夜深人静的时候,坐于此,揽明月而眠。

"啊,这是多么美好的享受啊!"

走着走着,一个中式的庭院闯入了笔者的视野:在方寸土地间,在白墙黑瓦的屋檐下,三两张休闲的大藤椅一一展开,桌上精致的陶瓷茶杯在阳光下闪着白光。旁边,若干个盆景看似摆放随意,好像书画大师笔下的字一样,一笔一画,耐人寻味。

"清泉绿茶,素雅茶具,同二三人共饮,得半日之闲,抵十年的尘梦。"

笔者心里想，自由自在大概就是这种感觉吧。是的，多亏桃李春风把中式庭院搬到了室内，我们才有资格独享这一份清净。

听现场的工作人员说，桃李春风室内与室外（庭院）面积比例为1：1，墅中有院，院中有墅。石山、小池、花草，错落看似随意，却是匠心布局而成，道法自然，为的是寻求居者与生活的和谐。

桃李春风对细节的把控随处可见。对于无法整体规划的边边角角，项目设计者把它们围成了一个更小的院子，或精心设计了一座石山，或插上几株鲜竹，或干脆放上一个白色的大浴缸。寥寥几处，让人感觉"妙笔生花"。

如此好的房子，当然配得上最好的赞美。当工作人员说海口桃李春风"未开盘先售罄"时，笔者没有一点怀疑。因为身边有太多人无法按捺自己的心情。

有人蹲在花丛前，用手机静静地拍照。

有人屁股一落，双手一摊，坐在藤椅上各种"葛优躺"。

有人闲庭信步，双眸游离。

有人轻轻推开漂亮的花窗，眺望远方——青山隐隐，白云悠悠，碧水潺潺……

此时此刻，任何的语言和感慨都是苍白的，大家静静地看着室内窗外，沉默不语。笔者突然想起许巍的一首歌：

阵阵晚风吹动着松涛，吹响这风铃声如天籁。

站在这城市的寂静处，让一切喧嚣走远。

只有青山藏在白云间，蝴蝶自由。

看那晚霞盛开在天边，有一群向西归鸟……

突然间，笔者的心好像被什么撞了一下，有个声音在说：看，我们的故乡不是在这里找回了吗？

4.4　文旅特色小镇如何让游客来了又来

当下，文旅特色小镇开发如火如荼，但"叫好不叫座"的现象也普遍存在。文旅特色小镇如何让游客来了又来，这是一个非常考验智慧的问题。

一个游客之所以一而再，再而三地来同一个地方，是因为他在这里没有吃够、玩够、体验够。

他可能想放下都市的繁华生活，追求心灵的放松，希望返璞归真，而这里满足了他。

或者，他像鲁滨逊一样喜爱冒险，探索未知，而这里符合他的气质。

或者，他钟情于这里悠久的传统文化，因而流连忘返。

……

一千个人心中，有一千个哈姆雷特。对于一个城市乃至小镇的喜爱，不同的人能说出不同的理由。但你仔细研究就会发现，具有以下特征的文旅特色小镇会深受游客喜欢。

风景优美，"颜值高"

风景优美是一个文旅特色小镇吸睛的基础条件。无论是新西兰的皇后镇，还是莫干山的裸心谷，她们都有一个共同的特征：风景优美。

以皇后镇为例，她是一个被南阿尔卑斯山包围的美丽小镇，你在这里可以感受四季分明的风景：春天的湖光山色、夏天的蓝天白云、秋天的缤纷多彩、冬天的白雪皑皑。优美，让游客记住了皇后镇，因而想一来再来。

美有千百种，皇后镇只是展示了其中一种。悠闲的田园风光、一望无垠的戈壁绿洲、辽阔深邃的海洋、摇曳多姿的江南风情……这些同样是"美丽"的元素。

试想想，当你卸下都市生活的压力，置身于芳草萋萋、风景优美的文旅小镇时，将是一种怎么样的享受？你会放下烦恼，收获最纯真的快乐。

没有高"颜值"，做不了文旅小镇，也很难得到游客的垂青。所以，大家在规划一个文旅小镇时，要特别注重挖掘其自然资源。

文化氛围好

文化是文旅小镇的"灵魂"。没有文化的特色小镇，只能成为"到此一游"的过眼云烟。

现代社会的节奏非常快，都市人旅游度假并不是为了拍几张照片，他们需要放松，他们要返璞归真，更希望心灵得到洗礼。因此，简单的景区一日游满足不了他们的需求，他们需要来一场深度的文化之旅。

这个文化，范围非常广，可以是农耕文化、创新文化、历史文化、山水文化。比如，扬名天下的乌镇就以独特的历史文化吸引各方来客。这个小镇虽经 2000 多年的沧桑，但依然保留着原来水乡古镇的格局，梁、柱、门、窗上的木雕和石雕工艺，复原了具有当地特色的酿酒、制酱等手工作坊，给游客们留下了深刻的印象。

又比如，新西兰皇后镇提供高空弹跳、雪上摩托车、户外冒险等一系列活动，这种冒险文化会让很多运动爱好者趋之若鹜，玩上瘾。

旅游的根本是文化，文化是心灵的体验。本地的民俗、典故、独特的建筑都是上好的"文化大餐"。

在这里，笔者想重点提一下农耕文化。现在以"农家乐"、民宿为代表的文旅特色小镇铺天盖地，但是很多都在做表面文章，没有对农耕文化进行深入的挖掘。如何挖掘不同的文化以及如何将这些原汁原味的文化呈现出来，这也是一道非常重要的命题。

要有各种适合不同人群玩的东西

一个好的文旅特色小镇，要尽量满足不同人群的需求，让大家闲不下来。这就需要我们了解不同人的生活习惯或者行为习惯。比如，妇女喜欢逛街、美容、做SPA，小孩喜欢儿童乐园，老人可能喜欢喝茶、聊天，青少年可能更喜欢机动游戏、健身。

莫干山的裸心谷在这一方面做得非常好。莫干山，位于浙江省北部德清县境内，是国家级风景名胜区。裸心谷可谓是莫干山的一颗"明珠"。

占地 60 英亩的裸心谷就在一个私人山谷中，这里青山环抱、松竹青翠、沟壑幽深，环境十分优美。121 间客房散落其中，与周围的环境相互辉映。

除了住宿设施外，裸心谷还有很多休闲养生设施。年轻人可以在这里骑马、骑自行车，妇女可以做 SPA，老人可以喝茶、垂钓……每个人都可以玩得很尽兴。

因此，一到旺季，裸心谷度假村一房难求，一间民宿一晚租金高达近万元也不为奇。文旅小镇并非简单地卖风景，实际上卖的是一种生活方式。如果一个小镇能激发人们对生活、生命的原始热爱，它就具有长久的生命力。

业态全面

现在老百姓富裕了，不再为温饱而四处奔波，他们需要更高层次的享受。一个好的文旅小镇应该跳出门票经济的误区，全方位地规划住宿、文化、娱乐等功能，

做好"吃、喝、玩、乐、购、享"等文章，推动消费全面升级，拉长产业链条，释放最大的经济效益。

综观乌镇、华侨城等案例，无不具有全面的业态。但业态的规划切忌乱，做成"四不像"产品。因为业态太多，战线太长，资金回笼慢；业态太小，无法带动消费，也无法弥补前期的投入。

设计要别具一格

随便搬一块大石头，就说是什么千年姻缘石；随便搬一棵树过来，就说是什么发财树；在高山上随便建个客栈，厕所都没有，美其名曰"民宿"……这样粗制滥造、山寨版的文旅小镇根本得不到人们的喜欢，更不要提"一来再来"。

文旅小镇的设计要走心，小到一块砖、一扇门、一个垃圾桶，大到一栋建筑，都要用心用爱去做，这样才能打动人心。所以，这也要求开发者要有工匠精神，将项目当作一个艺术品加以雕琢。

但是，做好这些就一定能保证游客"来了又来"吗？其实，如果我们从更深层次的度假需求进行分析，上面所提示的仍然只是表层的东西。

因为再美的自然风景人看久了也会麻木；再好吃的特产，吃多了一样会腻；再好玩的设施，多玩几次也不会再新鲜。所以，你即便做到了极致，依然难以让游客流连忘返、来了又来。那么，到底什么是让人"来了不想走，此生不想回"的真正原因呢？

4.5　平静下来的特色小镇，隐隐地透出一丝畏惧！

特色小镇从热得发烫到趋于平静，不过用了一年的时间。不同于往日的喧嚣，政府似乎也失去了很多热情，开发商们也不再到处赶场参加各种峰会，那些曾经热血沸腾、信誓旦旦的投资者们也静了下来。

这仿佛是一场王子的盛宴，那么多人盛装出席，以为可以饱尝一顿佳肴，等进场后才知道，那是贵族们的游戏，一般人还真玩不起，只好悄然退场。顿时，偌大的会场只剩下几位穿着晚礼服的人，端着酒杯穿梭在绚丽的灯光下，满脸灿烂。但到底是真的胸有春雷，还是不得已的强撑，只有他们自己知道。

总的来说，一场轰轰烈烈的小镇运动就这样突然沉寂了。笔者认为这是好事，让那些想乘机捞一笔的人离场，让真正做事的人静下来认真琢磨，这才是特色小镇应该有的环境。笔者早就说过，不是人人都可以做小镇的，除了资金实力、政策扶持、运作团队，更重要的是一定要专注和有情怀！

但是，最近有几个开发商来电，他们不是咨询有关小镇的专业问题，而是问"小镇还能开发吗"。从交流中，笔者隐隐地感到，他们害怕了，真的害怕了！

小镇建设可不比房地产开发，后者市场看得见，无论是开发模式还是产品，他们都能驾轻就熟，虽然有风险，但至少心里有底。可这小镇开发是新事儿，虽然乍一看全是白花花的"大肥肉"，但谁知道最后能否吃到嘴里？

八大原因让开发者却步

仔细一想，他们害怕的原因到底是什么？笔者总结了八大原因：一是看不清前路，二是资金压力过大，三是开发周期过长，四是资金回笼慢，五是包含内容太多、过于复杂，六是对市场心里没底，七是对后期运营担忧，八是不清楚什么是主要盈利点。

第一，看不清前路。

特色小镇是个新东西，新在"特色"两个字。到底什么是特色，有人说是产业，有人说是文化，有人说是资源。但什么产业、什么文化、什么资源才称得上"特"呢，没有人讲得清楚。因为，特色本身并没有定论，只要是新的、好的、稀缺的就是有特色的。

但是，这里有三个问题需要厘清：一是新的不一定是先进的，虽然也很特别，但不一定能给人带来愉悦或者价值；二是在此处是新的，但在彼处不一定新；三是即使是最新的，但如果大家一哄而上都去尝新，眨眼间就可能不新了。一个可以复制的"新"，生命力到底有多长？所谓好的、稀缺的，同样因为判断标准不确定，让人懵懵懂懂。此为第一个看不清。

第二个看不清的是特色小镇到底是不是一个新机遇。三五年后，全国到处都是这种小镇，能存活的一定不会太多，那么谁敢保证自己的小镇就一定能活下去？不仅能活下去，还要活得滋润的必要条件是什么？到目前为止，还没有谁能清楚地告诉我们。我们只知道，市场决定成败，但市场翻云覆雨，谁又能把握？所以，弄明白自己小镇的存活基础至关重要。但可惜的是，没多少人考虑过这个问题，也没几人能真正明白。

其实，存活基础就是抗风险能力，不同的小镇，其存活基础是不一样的。比如，产业小镇就是产业的聚集能力，而这个产业又分为两类：一类是先进的产业，如智能化、机器人、金融、互联网等。另一类是专业产品。如长三角和珠三角很多小镇，从设计、生产、销售已经形成规模，只是这一类小镇因为是原始、自发生长的，虽颇有特色，但宜居性较差，难以健康发展。这是大隐忧。

而文旅小镇存活的基础首先是资源，不管是自然资源还是文化历史资源，必须独特，最好是稀缺。但仅有资源是不够的，要想存活，如何表达资源成为关键，也就是如何让你的资源成为举世品牌。

第三个看不清的是产业小镇和文旅小镇的关系。现在国家提出特色小镇（无论是产业小镇还是文旅小镇）都必须达到宜居、宜业、宜游的标准，要实现生活、生产、生态"三生"并举，这确实为难了开发商，因为这让他们无所适从。

产业小镇的核心是产业集聚能力，重点是营造好生活、生产环境。宜居宜业是根本，但宜游是否有必要？那么多游人蜂拥而至，对那些埋头生产、设计、研究的人是否会造成干扰？

而文旅小镇的核心是旅游消费，一部分人是悠闲的过客，一部分人是度假的"住民"，这两者如何实现统一？关键是政府指导性文件规定一定要统一，有的地方政府还规定文旅小镇要达到5A级景区的标准，产业小镇要达到3A级景区的标准。有的地方政府则要求，无论产业小镇还是文旅小镇，必须有"一产"，也就是有农业，或者有"二产"，也就是工业进驻，有的甚至还规定一定要有世界500强企业。这些似是而非、不明就里的规定让开发商无所适从，谁还敢轻易下手？

第四个看不清的是世界的经济环境。小镇开发不像房地产，快进快出，在一定时间段风险和收益基本能掌控，即使是大盘开发，也可以根据市场变化调整节奏。

但一个特色小镇真正形成少说五六年，多则十几二十年，而且一旦启动，就必须按照开发计划实行，不可能有选择地只做什么不做什么，因为任何单一功能的建设，都不可能达到小镇的要求。这么长的时间跨度，世界风云变幻，一旦出现波折又会是什么景象？消费者首先考虑的是温饱和安全问题，旅游、度假都只是奢侈品。谁又敢保证自己永远鸿运当头、衣食无忧呢？

第二，资金压力过大。

我们必须承认，小镇一般选址在城市边郊或者远离城市但自然资源非常优秀的地方；同时，借助国家政策的优势，其土地成本相对房地产开发而言，几乎可以忽略不计。这也正是很多人最初热血沸腾的主要原因。他们天真地以为，用很少的资本投入小镇建设，就可"空手套白狼"。

在了解小镇开发的基本环节后，他们终于意识到，小镇建设资金的投入远远大过房地产开发！因为，小镇要宜居、宜业、宜游，不能只有房地产开发，还要有基础建设、生活服务、产业投入、旅游配套、交通等，这几乎就是一个新城的建设，房地产只是小镇开发的一个组成部分。

初步估算，一个3平方公里的小镇，基本成型需要30亿左右；如果再大一点、复杂一点、先进一点，其投入根本无法估量。关键是，小镇建设无法像房地产那样滚动开发，任何单一功能都无法完成小镇的需求。比如说，产业小镇，你不能仅仅只开发用于生产的基础设施，如厂房、仓储、研发、安装、包装等，那就又变成10多年前的产业园了！除了产业基础设施外，生活服务配套更加重要，比如商业、医院、学校、公园、体育馆、图书馆等。不然，凭什么那些精英不在大城市待着，非要跑到你这小镇来？只有小镇的各方面都优于大城市，而且还有更独特的环境和生活质量，小镇才具备聚集效应。因此，产业基础设施与生活服务配套必须同步完成，否则我们根本无法进入运营阶段，小镇也无法发挥作用。

当然，与房地产开发相比，小镇建设耗资甚大，但获取资金的渠道也更多，如政府补贴、PPP模式（即政府和社会资本合作模式）、金融机构扶持等。但关键是你的小镇必须满足这些渠道的要求。政府不傻，投资机构更精明。

第三，开发周期过长。

无论是产业小镇还是文旅小镇，要想进入运营阶段，少则四五年，多则十几二十年。相比房地产开发快进快出，这是一个艰难的煎熬过程。最关键的是节奏不好把握，市场风险不好把控，其间的各种困扰更是无法预料。因此，很多开发商在最初的冲动过后，实在难有勇气一头扎进去，毕竟真正具有情怀和专注的人少之又少。

我们没有资格批判他们的急功近利，因为我们所处的时代就是一个浮躁的时代。但是，人生的价值不仅仅只有金钱和财富，更有意义的是自己的追求和思想能通过某个载体去体现，而小镇开发就是最好的评判标准。

当某个小镇能够极大地驱动某一区域经济、环境、人文的发展时，那么，这个小镇的创建者必然会被人们铭记在心。当然，我们创建小镇并不是为了被歌颂，但毕其一生做一件遗世之作，此生还有何憾？

明确小镇盈利点，远离畏惧

小镇的主要盈利点有三个：一是产业工作者居住用房开发，也就是房地产开发，这是大家驾轻就熟的一块。二是生活消费，诸如餐饮、购物、休闲、商务等，也就是我们在大城市里也必须有的消费。三是产业及服务，也就是小镇最大的盈利点。无论是研发还是生产，最终都要转换成效益。如果一个小镇的某种产品成为品牌，就像瑞士小镇的钟表、美国格林尼治小镇的对冲基金、德国的奥迪之城等，那么就等于你站在了这个领域的高端，而高端的价值就不仅仅是用"收益"两字能诠释的。可以说，一旦你的小镇拥有了某一领域的高端品牌，那么，围绕这个品牌的产业链所上下延伸的环节，就成为小镇永续发展的支撑。

那么文旅小镇的盈利点又有哪些呢？文旅小镇的主要消费对象是旅游、度假的游客，他们不是小镇的长居者，特别是以观光旅游为主的田园小镇，一般都是就近中心城市的消费者，"一日游"成为主流，因此，这一类小镇的主要盈利点就是餐饮、门票、特产等。

但度假小镇却有所不同，首先是度假屋的开发，可以是别墅、公寓，也可以是民宿、酒店，这类产品可卖可租，投资大、收益也高，而且快。

所以，明白了各类小镇的各种盈利点，在最开始的时候就设计好盈利模式，"畏惧感"就会离你远去。

透过现象看本质，精准定位市场

做小镇，心里最没底的恐怕就是对市场没有把握。如果我们将市场分为局部市场、区域市场、全国市场及国际市场四个层级，那么，不同的市场，其消费特征有很大的不同。

这里有一个市场定位的问题，若果定位不准，极有可能出现两种情况：一种是小牛拉火车，这叫蚍蜉撼树、异想天开，其结果就是投入巨大却换来门可罗雀、寂寞孤冷的局面；另一种是小牛拉自行车，空有一身蛮力却使不上劲，这叫鼠目寸光、胸无大志，其结果就是大好的资源被浪费，人满为患，想要扩建却因为没有更多空间，只能捶首顿足、仰天长叹。

还有一个更重要的问题，也是很少有人思考且很多人始料不及的问题——市场定位不准。开发者极有可能面临这样的情况：预判的市场不活，但换一个市场却可能大放异彩。

简而言之，你以为你的小镇面对的是一个局部或者区域市场，辐射的是本市、本省市场，然而"死"了。但如果一开始就定位全国或者国际市场，则极有可能出乎预料的火爆。反过来，你认为可以做全国市场，却"死"了；但如果一开始就瞄准就近消费，也就是局部市场，也许就活了。看似不可思议的矛盾，其实就是市场定位准不准的问题。

谈到市场定位，首先应该了解定位的原则和基础。市场定位的基础，一是资源，二是交通。什么样的资源，决定什么样的市场，这大家都理解，但再好的资源没有通达性高的交通，游客也只能望洋兴叹。市场定位的原则很简单：**透过现象看本质**；**量力而行，志存高远。**

在平淡中发现特色，评估特色对市场的冲击力和吸附力，这叫量力而行。将特色表达得淋漓尽致（这需要高水平策划），瞄准更高一级的市场，这是志存高远。但不同的小镇、不同的资源就一定有不同的定位，复制、抄袭的路到底会怎样，陕西袁家村的例子摆在那，相信做小镇的人都知道。这就要求我们对市场定位要精准。

这里，笔者简单说一下本人诊断的 3 个小案例。

第一个是广州从化的一个项目。开发商说这里有山有水，做个度假小镇，吸引广州有钱人来消费一定没问题。我看后说了两点：其一，你这一片小山、一湾细水，在广州周边随处可见，而且极为普通，凭什么有钱人一定要来？其二，从高速下来要走 20 分钟乡道，连坐车都难，谁没事跑到这里来堵车玩？

后来，笔者写了一篇《有一片山一汪水，你也做不成文旅小镇》的文章，反响很大，那个开发商还专门发微信来感谢我。

第二个案例是广西柳州鹿寨项目。该项目在一国家地质公园旁，深入山腹，与桂林一样属于喀斯特地貌，其秀美不输阳朔。开发商将市场定位为"柳州人的度假胜地"。

经诊断后，笔者说，定位柳州市场死，定位全国市场活！开发商不解，笔者分析给他们听：广西人对喀斯特地貌司空见惯，柳州人抬头就能看见，他们为什么要花一个半小时车程跑到这里来度假？就因为你盖了几栋别墅？不可能！但全国其他地方的人却很稀罕喀斯特地貌，否则为什么桂林每年游客接待量达 4000 万人次？鹿寨的自然资源不输桂林，距桂林、阳朔仅 70 多公里，如果表达得好，完全可以分流桂林的部分游客，甚至可以与之直面竞争。因为该去桂林的游客都去过了，有些人甚至还去了好几次。他们有点腻了，该换换口味了，而鹿寨的独特风貌完全可以承接桂林的辉煌。

后来笔者又写了一篇《一个世界级的小镇是这样拉开序幕的》，据说当地政府高度重视。这个案例说明，市场定位精不精准，确实需要透过现象看本质。局限于局部市场"死"，放眼全国市场"活"，看似不可理解却非常合理。

第三个案例是新疆建设兵团红星二场的戈壁小镇。2016 年 11 月，笔者受邀到红星二场为一个项目做诊断，党政领导都参加了此次会议。

兵团的海政委说，他们想在 4000 亩地的戈壁滩上做一个湿地公园，一是为了满足团场职工家属和哈密市民休闲度假需求；二是红星团场或者说整个建设兵团都面临产业转型升级，他们想通过这个项目提高第三产业的比重。

笔者听了他们的介绍，问了一句："做湿地公园有市场支撑吗？投入和产出比是多少？"海政委回答："这正是我们犹豫不决的主因，总觉得就一个哈密市难以支撑这个项目，投入和产出不成比例。"

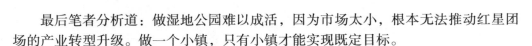

　　最后笔者分析道：做湿地公园难以成活，因为市场太小，根本无法推动红星团场的产业转型升级。做一个小镇，只有小镇才能实现既定目标。

　　有领导马上说："我没有资源啊，这里只有戈壁滩、盐碱地。哈密交通本来就不方便，我们离哈密市又有一定的距离，做个小镇没有人来消费啊！"

　　粗粗一想，他们确实没有什么资源，一望无际的戈壁滩连生命都难以存活，还谈什么资源？可是，这极目无边、风沙弥漫的戈壁不就是最好的资源吗？大漠孤烟直，长河落日圆。其悲壮、辽阔谁敢比美？且不说还有如剑直刺苍穹的天山，就金庸、古龙、梁羽生等笔下演绎的无数悲喜剧，又该令多少少男少女向往？

　　"戈壁小镇"，中国独此一家，世界上其他国家有没有，没人知道。

　　发现资源需要智慧，但表达资源更需要情怀！今天不讲情怀，只讲市场。

后　记

　　本书经过数次增删之后，终于定稿了。再回看每一篇文稿，为每一个论及的案例不断推敲的过程，感觉就像是一个十月怀胎一朝分娩的母亲，感慨万千。

　　笔者知道，一本书能阐述表达的东西始终是有限的。然而，之所以坚持结集付梓，除了是对文旅小镇这一课题做一个阶段性总结之外，更多的是希望能够给越来越多的小镇开发者和建设者一些及时的建议，甚至不妨说是苦口良言。

　　小镇开发比房地产开发更为复杂，涉及的学科和行业更多，因此，小镇的顶层设计就显得尤为重要。笔者对文旅小镇的热衷无须多言，且密切关注着许多正在建设中的项目，同时对那些业已立项的项目也有着浓厚兴趣。本书权当抛砖引玉，愿与所有热爱小镇的策划者、建设者和运营者共同探讨交流。

　　在此，特别感谢有"中国房地产之父"之称的孟晓苏博士的垂爱荐言！

　　感谢北京师范大学管理学院教授董藩先生亲笔作序！

　　感谢中旗地产曾经的和现在的合作伙伴们！

　　感谢所有关注、关心笔者的朋友们！